Kurt Remele

Die Würde des Tieres ist unantastbar

Kurt Remele

Die Würde des Tieres ist unantastbar

Eine neue christliche Tierethik

Butzon & Bercker

„Orientierung durch Diskurs"

Die Sachbuchsparte bei Butzon & Bercker, in der dieser Band erscheint, wird beratend begleitet von Michael Albus, Christine Hober, Bruno Kern, Tobias Licht, Cornelia Möres, Susanne Sandherr und Marc Witzenbacher.

Bibliografische Information der Deutschen Nationalbibliothek

Die Deutsche Nationalbibliothek verzeichnet diese Publikation in der Deutschen Nationalbibliografie; detaillierte bibliografische Daten sind im Internet über http://dnb.d-nb.de abrufbar.

Das Gesamtprogramm von Butzon & Bercker finden Sie im Internet unter www.bube.de

ISBN 978-3-7666-2233-4
E-Book (Mobi): ISBN 978-3-7666-4290-5
E-Book (PDF): ISBN 978-3-7666-4291-2
E-Pub: ISBN 978-3-7666-4289-9

Umschlagmotiv: © inferio – Fotolia.com
Umschlaggestaltung: Christoph M. Kemkes, Geldern
Satz: Schröder Media GbR, Dernbach
Printed in Germany

Inhalt

Vorwort

Wer an Tierschützerinnen und Tierrechtler denkt, an menschliche Anwälte und Fürsprecherinnen der Tiere, dem fällt nicht sofort Desmond Tutu ein. Der ehemalige anglikanische Erzbischof von Kapstadt und Friedensnobelpreisträger des Jahres 1984 ist als gewaltloser Kämpfer gegen die Apartheid in Südafrika bekannt, als jemand, der sich seit Jahrzehnten für die Würde des Menschen und für die Menschenrechte einsetzt. Weniger bekannt ist, dass Tutu seit einiger Zeit auch ein Ende der menschlichen Ausbeutung von Tieren fordert, dass er sich auch für die Würde des Tieres und für die Tierrechte engagiert.

Im Vorwort des 2013 veröffentlichten *Global Guide to Animal Protection* erklärt Desmond Tutu: „Mein ganzes Leben lang schon kämpfe ich gegen Diskriminierung und Ungerechtigkeit, unabhängig davon, ob es sich bei den Opfern um Schwarze, Frauen, Schwule oder Lesbierinnen handelt. [...] Aber es gibt noch weitere Aspekte der Gerechtigkeit, die nicht nur Menschen betreffen, sondern auch die anderen empfindungsfähigen Geschöpfe dieser Erde. Die Probleme des Missbrauchs der nichtmenschlichen Tiere und der Gewalt gegen sie muss uns stärker bewusst werden, auch wenn die Liste der moralischen Anliegen, für die wir kämpfen, schon voll zu sein scheint. [...] Ich habe selbst gesehen, wie man Fragen der Gerechtigkeit unbeachtet lässt, wenn die Opfer macht- und wehrlos sind, wenn niemand da ist, der für sie eintritt und wenn ihnen die Möglichkeit fehlt, an eine höhere Autorität zu appellieren. Das ist ganz genau die Situation, in der sich die Tiere befinden."[1]

In weiterer Folge kommt Tutu auf das mangelnde Engagement der christlichen Kirchen für Tierschutz und Tierrechte zu sprechen: „Es ist in vielfältiger Weise seltsam, dass meine Mitchristen nicht in der Lage sind zu erkennen, dass es sich bei der Frage, wie wir Tiere behandeln, um eine Angelegenheit des Evangeliums handelt. Denn immerhin sind auch die Tiere Geschöpfe Gottes. [...] Es ist eine Art theologischer Schwachsinn zu glauben, dass Gott die gesamte Welt nur für die Menschen gemacht habe oder dass Gott nur an einer Spezies unter den Millionen Lebewesen, die Gottes gute Erde bevölkern, interessiert sei."[2]

Das sind harte Worte eines verdienten und berühmten Erzbischofs. Tutus Urteil über die weitgehende Nichtbeachtung der Tiere durch die christlichen Kirchen wird heute von vielen Menschen geteilt. Es gab allerdings auch tierfreundliche Zeiten und Episoden in der Kirchengeschichte. Die Bewegung gegen Tierversuche *(Antivivisectionists)* und die vegetarische Bewegung im England des 19. Jahrhunderts zum Beispiel waren stark christlich geprägt. Die einflussreichste Tierschutzorganisation dieser Zeit, die *Victorian Street Society*, hatte ein dreiköpfiges Leitungsteam: Ihr Präsident war Lord Shaftesbury, ein prominenter Vertreter des britischen Evangelikalismus. Einer der Vizepräsidenten war William Thompson, der anglikanische Erzbischof von York, der andere war Kardinal Henry Edward Manning, der katholische Erzbischof von Westminster, London. Über Tierversuche hat Manning wie folgt geurteilt: „Meiner Ansicht nach ist ungewiss, ob die Ergebnisse [von Tierversuchen] überhaupt zu gebrauchen sind. Gewiss ist nur, dass dadurch entsetzliches und unvorstellbares Leid entsteht. Wir haben so starke Argumente dagegen, dass ich mir nicht vorstellen kann, wie ein zivilisierter Mensch eine solche Praxis durchführen oder deren Fortführung unterstützen kann."[3] Die ethische, medizinische und wissenschaftliche Problematik von Tierexperimenten, die Kardinal Manning im Jahre 1882 anspricht, ist nach wie vor gegeben und hochaktuell, doch würde eine solch deutliche Kritik heute höchstwahrscheinlich keinem katholischen Erzbischof und auch keiner evangelischen Landesbischöfin über die Lippen kommen.

Aber nicht nur in England, auch hier an der Universität in Graz, gab es einen frühen christlichen Anwalt der Tiere: den Vierfachdoktor, katholischen Priester und Professor für Spekulative Dogmatik, Johannes Ude. In seinem Werk *Du sollst nicht töten!* aus dem Jahre 1948 erklärte Ude: „Das Mitleid mit dem Tier und der damit verbundene Tierschutz ist demnach keine bloße Gefühlsduselei, sondern das Zeichen eines edlen Herzens, das an der wahren Liebe ausgerichtet ist, an jener ewigen Vaterliebe, die Gott zu den Tieren hat. [...] Wer also aus Mitleid mit dem Tier und aus Ehrfurcht vor dem Leben, also aus sittlichen Gründen – ganz abgesehen von den großen gesundheitlichen und wirtschaftlichen Vorteilen einer richtigen vegetarischen Lebensweise – auf den Fleischgenuss verzichtet, bekundet entschieden eine höhere Auffassung vom Werte des Tierlebens, als [... jene, die] mitschuldig sind, dass Tiere eigens zum Schlachten gezüchtet werden, [die] mitschuldig sind an all den Qualen und Grausamkeiten, die diesen Tieren vor ihrem Tod und im Augenblick des Schlachtens zugefügt werden."[4]

Das vorliegende Buch will an diese tierfreundlichen christlichen Traditionen anknüpfen und sie in die heutige Zeit übersetzen. Das ist u. a. deshalb möglich geworden, weil ich in meinem tierethischen Forschen und meinem tierrechtlichen Engagement von zahlreichen Menschen lernen durfte. Zwei von ihnen erwähne ich hier: Charlotte Probst, die unermüdliche Grazer Tierschutzlehrerin der ersten Stunde, und Andrew Linzey, der großartige Oxforder

Pionier der christlichen Tierethik. Dank für ihre Unterstützung beim Schreiben dieses Buches schulde ich meiner Frau Cordula und meiner Tochter Sophie sowie Herrn Dr. Berthold Weckmann und Frau Dr. Christine Hober vom Verlag Butzon und Bercker.

Gewidmet sei dieses Buch meiner eigenen Familie in Graz und der Familie Linzey in Oxford.

Graz, im Januar 2016 *Kurt Remele*

I. Was läuft da in der Ethik?

„In den letzten dreißig, vierzig Jahren ist die öffentliche Diskussion darüber, wie wir Tiere behandeln, stark angewachsen, darüber, was wir ihnen schulden, welche Pflichten wir ihnen gegenüber haben, ob Tiere Rechte haben“, diagnostiziert Andrew Linzey, anglikanischer Geistlicher, Direktor des *Oxford Centre for Animal Ethics* und Wegbereiter der neueren christlichen Tierethik. „Manchmal wird sogar behauptet“, fährt Linzey fort, „dass es in den letzten dreißig Jahren mehr intellektuelle Debatten über Tiere gab als in den dreitausend Jahren zuvor.“[5] Nach Linzey findet gegenwärtig ein Paradigmenwechsel statt, der uns von der traditionellen Auffassung wegführt, Tiere seien Sachen, Mittel zum Zweck und reine Gebrauchsartikel für die Menschen. Es wachse die Überzeugung, als fühlende Wesen hätten Tiere auch ihre eigene Würde, ihren eigenen Wert und ihre eigenen Rechte.

Andrew Linzey ist zuzustimmen: Die Anzahl der Menschen, die keine Tiere oder weder Tiere noch Tierprodukte essen, ist in der sogenannten westlichen Welt in den letzten Jahren kontinuierlich gestiegen. Die Anzahl der Vegetarier und Veganerinnen[6] liegt je nach Studie und Land zwischen zwei und neun Prozent der Gesamtbevölkerung. Auch wenn neben tierethischen Gründen ökologische und gesundheitliche Gründe eine wichtige Rolle für eine vegetarische oder vegane Ernährungsweise spielen, so nimmt doch insgesamt der Fleischhunger tendenziell ab, die Sorge um das Wohlergehen der sogenannten „Nutztiere“ zu.[7] Es gibt in europäischen und nordamerikanischen Großstädten immer mehr vegetarische und vegane Restaurants und Lebensmittelangebote in Supermärkten. Verlage bringen eine Fülle entsprechender Kochbücher heraus, Beiträge über Tierschutz, gesunde Ernährung und die Schattenseiten des Fleischkonsums füllen die Tages- und Wochenzeitungen. Immer mehr Menschen lehnen auch die Verwendung von Tieren für menschliche Unterhaltung in Zirkussen, Stierkampfarenen und Delfinarien ab, kaufen keine Bekleidung aus Pelz, ja sogar keine Schuhe aus Leder, sind kritisch gegenüber der Jagd eingestellt, vor allem der Vergnügungs- oder Hobbyjagd, distanzieren sich von Tierversuchen in Forschung, Medizin und beim Militär, protestieren gegen das rapide fortschreitende Artensterben. Sie engagieren sich für eine artgerechte Haltung von Heimtieren (Haustieren, Kumpantieren), sie bemühen sich sogar, wie dies der bekannte österreichische Tierrechtler Martin Balluch in Bezug auf seinen Hund Kuksi[8] versucht, um eine stärker egalitäre, die Autonomie der Tiere respektierende Beziehung zu ihnen. Tiere und die Frage, wie wir mit ihnen umgehen, spielen in den öffentlichen Diskursen der Medien- und Zivilgesellschaft und in den privaten Gesprächen innerhalb von Familien, vor allem jenen der akademisch gebildeten (oberen) Mittelschicht, eine unübersehbare Rolle.

Auch die an Universitäten betriebene philosophische und theologische Ethik beschäftigt sich seit Mitte der 1970-er Jahre mit Tieren, mit deren moralischem Status und mit den Pflichten, die Menschen gegenüber Tieren haben. Das ist nicht selbstverständlich, ja es ist im Grunde revolutionär. Albert Schweitzer, der weltberühmte deutsch-französische Theologe und Philosoph, Kirchenmusiker und Urwaldarzt, Friedensnobelpreisträger und Tierschützer, hat in seinem 1923 erschienenen Werk *Kultur und Ethik* noch festgestellt: „Wie die Hausfrau, die die Stube gescheuert hat, Sorge trägt, dass die Türe zu ist, damit ja der Hund nicht hereinkomme und das getane Werk durch die Spuren seiner Pfoten entstelle, also wachen die europäischen Denker darüber, dass ihnen keine Tiere in der Ethik herumlaufen."[9]

Schweitzers bildhafter Vergleich des von der Hausfrau ausgesperrten Hundes mit den aus der traditionellen Ethik ausgeschlossenen Tieren ist zutreffend: Auch wenn es in der Geschichte immer wieder Ausnahmen gab, so wurden die Tiere in der philosophischen und theologischen Ethik westlich-abendländischer Prägung im Allgemeinen nicht berücksichtigt. Sie galten nicht, wie es in der ethischen Fachsprache heißt, als *moralische Objekte*. Tiere als solche hatten und haben auch heute in der klassischen anthropozentrischen, also ausschließlich auf den Menschen und sein Wohl bezogenen Ethik keinen *moralischen Status*, keinen Wert und keine Würde. Sie sind lediglich dazu da, damit Menschen sie für ihre Zwecke benutzen. Dieses Denken folgt, um noch einmal Albert Schweitzer zu zitieren, dem „Dogma, dass die Ethik es eigentlich nur mit dem Verhalten des Menschen zum Menschen und zur Gesellschaft zu tun habe."[10]

Trotz des geschilderten Bewusstseinswandel der letzen Jahrzehnte sind auch in der Gegenwart viele Menschen nach wie vor von dieser instrumentellen Mentalität geprägt, nach der die Tiere, aber auch die übrige belebte (Pflanzen) und unbelebte (Mineralien, Gesteine, Gase, Flüssigkeiten) Natur einzig und allein dazu existierten, um von den Menschen für ihre eigenen Zwecke verwendet und verwertet zu werden. Der 1968 verstorbene US-amerikanische Trappistenmönch und Schriftsteller Thomas Merton hat diese Haltung mit folgenden Worten exakt charakterisiert: „Es gibt Menschen, für die ein Baum nur dann wirklich ist, wenn sie daran denken, ihn umzusägen, für die ein Tier erst dann einen Wert bekommt, wenn man es in einen Schlachthof gebracht hat, Menschen, die nur jene Dinge anschauen, die sie zu missbrauchen gedenken und etwas, das sie nicht zerstören wollen, gar nicht wahrnehmen."[11]

Ich erinnere mich noch gut an das Lied *Weil der Mensch zählt,* mit dem der Kabarettist Alf Poier im Jahre 2003 beim *Eurovision Song Contest* für Österreich antrat und einen passablen sechsten Platz erreichte. In seinem das Popgeschäft parodierenden und im steirischen Dialekt vorgetragenen Song beschwört Poier zunächst seine Liebe zu allen Tieren: „Die Tiere dieser Erde / die mog i[ch] ziemlich gern / Doch am allerliebsten mog i[ch] die Haserln und die Bär[e]n.“ Gleich darauf jedoch spricht er die Zerstörung tierischer Lebensräume und den fortschreitenden Verlust von Tieren und Tierarten an, die durch das menschliche Bevölkerungswachstum (mit)verursacht werden: „Es sterb[e]n bald alle Vögel / es sterb[e]n bald alle Käfer / Nur im Bett da liegt der Adam und vermehrt sich mit der Eva.“[12] Aus Sicht einer rein anthropozentrischen Ethik, in der nur der Mensch zählt und die Poier hier offensichtlich anprangert, ist ein von der wachsenden Zahl der Menschen herbeigeführtes Vögel- und Käfersterben an sich kein Problem, jedenfalls solange es keine negativen Auswirkungen auf die Menschen selbst hat.

Seit Schweizers Feststellung über den Ausschluss der Tiere aus der traditionellen Ethik hat sich, wie bereits festgestellt wurde, einiges verändert. Heute werden Fußböden bisweilen auch von Männern gescheuert, und seit Mitte der 1970er Jahre läuft eine wachsende Anzahl an Tieren in der akademischen Ethik herum, im angloamerikanischen Raum vor allem, aber zunehmend auch im deutschsprachigen. In Philosophie und Theologie tummeln sich auf einmal alle möglichen Tiere. Und diese Tiere werden nun ethisch berücksichtigt, werden als *moralische Objekte* gesehen. Diese neu entstandene, tierfreundlichere Ethik hat die ausschließliche Orientierung am Menschen und seinen Interessen hinter sich gelassen und anerkennt, dass auch Tiere und die übrige Natur einen Eigenwert besitzen und um ihrer selbst willen geachtet werden sollten. Ich bezeichne Ethikansätze, in denen auch Vögel und Käfer, Blumen und Bäche eine

Rolle spielen, zunächst einmal ganz allgemein als *post-anthropozentrische Ethiken.* Unter den verschiedenen post-anthropozentrischen ethischen Ansätzen besteht keine Einigkeit darüber, welchen genauen Wert und welchen genauen moralischen Status Vögel, Käfer, Blumen, Bäche, Pflanzen, Ökosysteme und natürlich auch Menschen haben und wie dies zu begründen ist. Die wichtigsten dieser unterschiedlichen ethischen Ansätze werden im Laufe dieses Kapitels vorgestellt.

Um die Entwicklung hin zu post-anthropozentrischen Ethikmodellen besser zu verstehen, wird zunächst einmal die klassische, konsequent anthropozentrische Ethik mit ihrer Tiervergessenheit und ihrer Gleichgültigkeit gegenüber tierischem Schmerz, Leid und Tod genauer betrachtet. Diese Ethik ist noch längst nicht ausgestorben. Ausgestorben dagegen sind unzählige Tierarten, darunter ein außergewöhnlicher Vogel namens Dodo, dessen Schicksal hier im Folgenden den Ausgangspunkt für weitere Überlegungen zum menschlichen Umgang mit Tieren bildet. Dem amerikanisch-britischen Autor Bill Bryson zufolge handelt es sich bei der Ausrottung bzw. beim Aussterben (biologischer Fachbegriff: „Extinktion“) des Dodo um einen „Meilenstein“[13] der Menschheitsgeschichte und zwar um einen, der die aus menschlicher Grausamkeit und Gedankenlosigkeit begangenen Vergehen gegenüber Tieren eindrucksvoll dokumentiert. In seinem Buch *Eine kurze Geschichte von fast allem* beschreibt Bryson dieses historische Ereignis lapidar wie folgt: „Weit draußen im Indischen Ozean, auf der Insel Mauritius ... hetzte ein ... Seemann oder sein Hund den letzten Dodo zu Tode, jenen berühmten flugunfähigen Vogel, der mit seinem einfältigen, aber zutraulichen Wesen ... ein unwiderstehliches Ziel für gelangweilte Matrosen auf Landurlaub war.“[14]

1. Auslöschung. Über das Ende des Dodo und anderer Tierarten

„Dead as a Dodo"

Dodos, auch Dronten genannt, waren truthahngroße, bis zu zwanzig Kilogramm schwere Vögel, die zur Familie der Tauben gehörten. Sie waren höchstwahrscheinlich auf Mauritius im Indischen Ozean endemisch, das heißt sie kamen nirgendwo sonst vor als dort. Der flugunfähige Dodo wurde innerhalb von acht bis neun Jahrzehnten von niederländischen Seeleuten, die Ende des 16. Jahrhundert auf der Insel landeten, ausgerottet. *Dead as a Dodo* ist eine englische Redewendung, für die wir im Deutschen die Übersetzung *mausetot* verwenden, was ziemlich inadäquat ist, weil Mäuse ja gar nicht mausetot sind. Im Gegensatz zum Dodo, der ausgerottet wurde, sind die meisten Mäusearten weit verbreitet und nicht gefährdet. Was viele nicht wissen: Die „Maus"[15] in der Wortzusammensetzung „mausetot" kommt vom niederdeutschen Wort „mūs", was „ganz" bedeutet. „Mūsdōd" heißt demnach einfach „ganz tot".

Auf der Website des zur berühmten englischen Universität gehörenden Naturgeschichtemuseum in Oxford (Oxford University Museum of Natural History) wird der Dodo als „Symbol der Ausrottung und des unwiederbringlich Verlorenen"[16] bezeichnet. Vor knapp zwei Jahrzehnten hat der „Dodo von Oxford" mein Interesse für diese ausgestorbene Vogelart und die mit ihrem Schicksal verbundenen Fragen geweckt. Das Museum bewahrt nämlich zwei der bedeutendsten Relikte des verschwundenen Dodo-Vogels auf: einen mumifizierten Kopf, der als einziger Dodo-Überrest noch Weichteilgewebe vorzuweisen hat, und ein Bein. Das Naturhistorische Museum in Wien[17] besitzt sowohl ein vollständiges Dodoskelett, das vermutlich aus den Resten mehrerer Vögel zusammengesetzt wurde, als auch seit 2011 die modernste Rekonstruktion dieses ausgerotteten Vogels. Nach dem Schweizer Zoologen Vincent Ziswiler[18] besitzen heute sieben Museen mehr oder weniger komplette Skelettrekonstruktionen des Dodo und 13 weitere vereinzeltes Knochenmaterial.

Dodos waren in der Regel nicht so fett und plump wie sie auf älteren Gemälden dargestellt werden. Diese Bilder zeigen nämlich nicht freilebende Dodos, sondern haben gefangene, kranke, in engen Käfigen eingepferchte Exemplare als Vorlage, die die niederländischen Seeleute auf ihren Schiffen nach Europa mitnahmen. Zweifellos aber waren Dodos flugunfähig und freundlich, zwei Eigenschaften, die ihnen nicht gerade nützlich waren, als im Jahre 1598 niederländische Seefahrer als erste menschliche Wesen auf Mauritius landeten. Die Vögel waren auf die Seeleute und auf die Ratten, Hunde und Schweine, die mit ihnen auf die Insel gelangten, nicht vorbereitet. In einem zeitgenössischen Bericht ist zu lesen: „Da die Insel nicht von Menschen bewohnt war, fürchteten sich die Vögel nicht vor uns und saßen still, sodass wir sie ohne Mühe totschlagen konnten.“[19] Das taten die Menschen ohne zu zögern und mit großer Intensität. Reiner Spaß und bloßes Vergnügen, die leutseligen Tiere umzubringen, spielten dabei zweifellos eine Rolle, der Nahrungsaspekt, vor allem der Verzehr von Fleisch, nach dem die Matrosen nach der wochenlangen Seefahrt ein starkes Verlangen hatten, stand aber wohl im Vordergrund.

Nach dem US-amerikanischen Wildbiologen und Naturschutzexperten Stanley Temple von der University of Madison-Wisconsin spielten die Dodos im Ökosystem von Mauritius eine wichtige Rolle.[20] Das Faktum, dass die Zahl der tropischen Calvaria- oder Tambalacoque-Bäume auf Mauritius im Laufe der Zeit drastisch zurückgegangen ist sowie seine profunde Kenntnis der Anatomie des Dodo bewogen Temple im Jahre 1977 zur Formulierung der Hypothese, dass zwischen der geringer werdenden Zahl der Bäume und dem Aussterben des Dodo ein Kausalzusammenhang bestehe. Zwischen Calvariabäumen und Dodos existierte nach Temple eine symbiotische Beziehung, die wie folgt ausgesehen hat: Dodos fraßen die Früchte des Baumes und damit auch deren Samen. Die von einer dicken harten Schale umgebenen Samen wurden im Verdauungstrakt der Dodos abgeschliffen oder sogar partiell aufgesprengt und damit auf die Keimung vorbereitet. Nach dem Ausscheiden war es für den Keimling nicht schwierig, die Schale zu durchstoßen. Zur Untermauerung seiner These fütterte Temple einigen Truthühnern Calvaria-Samen. Die ausgeschiedenen Kerne begannen tatsächlich zu keimen, nach Stanley Temple das erste Mal seit etwa dreihundert Jahren.

Vielleicht schon 1681 oder 1683, mit ziemlicher Sicherheit aber 1693 war der Dodo ausgestorben, für immer mausetot, „as dead as a dodo“. Der Mensch rottete in weniger als hundert Jahren ein zutiefst friedfertiges Lebewesen aus, das ihm nie den geringsten Schaden zugefügt hatte und das keinen anderen Anspruch an den Menschen stellte, als in Ruhe gelassen zu werden.

Der Dodo und sein Schicksal wurden zum Sinnbild für den rücksichtslosen Umgang des Menschen mit der Natur und für die sinn- und achtlose, mutwillige und rasante Auslöschung zahlreicher Tierarten. Zu den bekanntesten Artenverlusten allein in den letzten 350 Jahren gehören neben dem Dodo noch die Stellersche Seekuh, die im Jahre 1768, nur 27 Jahre nach ihrer Entdeckung auf den Kommandeurinseln im Fernen Osten Russlands ausgerottet wurde, und der Beutelwolf oder Tasmanische Tiger, dessen letztes Exemplar 1936 in einem Zoo nahe Hobart, der Hauptstadt der australischen Insel Tasmanien, starb. Des Weiteren zu nennen sind Säugetiere wie etwa der Falklandwolf (Falklandfuchs, 1876 ausgestorben) und das dem Zebra ähnliche Quagga (1883), Vögel wie Riesenalk (1844), Koafink (1896) und der

Karolinasittich (Carolina-Papagei, 1918) und Reptilien wie der Rodrigues-Riesengecko (1842) und der Kawekaweau-Gecko (1870).[21]

Das sechste Artensterben

In der Geschichte der Erde gab es bisher fünf große Massensterben, die auf geologische Veränderungen und Naturkatastrophen zurückgingen.[22] Bis zu 90 Prozent aller Tier- und Pflanzenarten starben im Zuge dieser Ereignisse aus. Im Unterschied dazu ist das gegenwärtige sechste Massensterben, das seit dem 17. Jahrhundert im Gange ist, durch menschliches Handeln verursacht und geht weit über natürliche Aussterberaten hinaus: ein Verlust an Biodiversität durch Überfischung der Meere, gnadenloses Abschlachten von Landtieren, Umweltverschmutzung und anthropogenem (vom Menschen verursachten) Klimawandel. Menschen jagen unzählige Tiere und ganze Tierarten zu Tode, sie zerstören riesige (tierische) Lebensräume (Tropen- und Auwälder, Moore und Wiesen), schlachten gefährdete Tierarten aus finanzieller Gier ab oder aus Lust an kulinarischen Spezialitäten („Bushmeat“) und fragwürdigen medizinischen Traditionen (das Horn des Rhinozeros gilt als Heil- und Potenzmittel), beuten die Meere aus, vergiften Nahrungsmittel und betreiben eine Form von industrieller Viehzucht, die den Tieren eine artgerechtes Leben verwehrt, wertvolle Ressourcen verschwendet und den Klimawandel vorantreibt.

Wir wissen nicht genau, wie viele Tier- und Pflanzenarten es auf der Erde gibt. Wir können auch nicht präzise sagen, wie viele davon in jedem Jahr von dieser Erde verschwinden. Die meisten Experten sind der Ansicht, dass zwischen 0,01 und 0,1 Prozent aller Arten im Jahr ausstirbt. Je nachdem, wie hoch man die Zahl der Arten ansetzt, sterben demnach jedes Jahr zwischen 200 und 10.000 Tier- und Pflanzenarten aus. Auch wenn die Bandbreite der Schätzungen groß ist, machen diese deutlich, dass selbst bei der allerniedrigsten Annahme an mindestens jedem zweiten Tag eine Tier- oder Pflanzenart ausstirbt. Hier ein Beispiel jüngeren Datums zur Illustration: Im November 2015 ist im Zoo von San Diego ein Nördliches Breitmaulnashorn, das 41-jährige Weibchen Nola, gestorben.[23] Jetzt leben nur noch drei Exemplare dieser Nashorn-Unterart in einem Reservat in Kenia, zwei Nashornkühe und ein Nashornbulle. Aufgrund ihres Alters und wegen Schwierigkeiten bei der Reproduktion ist eine Vermehrung auf natürlichem Wege sehr unwahrscheinlich.

Heutzutage ist Mauritius übrigens nach China der größte Exporteur von Affen, vor allem Langschwanzmakaken.[24] In Versuchslabors in den USA und Europa, vor allem in Frankreich, Großbritannien und Deutschland, werden diese für invasive, das heißt mit dem Eindringen von medizinischen Geräten oder Apparaturen in den Körper des Tieres verbundene Tierversuche verwendet. Bei Giftigkeitsprüfungen von Substanzen werden zum Beispiel Chemikalien mit einem Schlauch in den Magen der Affen gepumpt. Für Hirnexperimente werden Elektroden über ein Bohrloch im Schädel in die Affengehirne eingeführt. Durch Flüssigkeitsentzug gefügig gemacht, müssen die Tiere mit angeschraubtem Kopf jeden Tag stundenlang Aufgaben an einem Bildschirm erfüllen. Anfang 2015 war das Max-Planck-Institut in Tübingen in die Schlagzeilen geraten, nachdem Undercover-Fotos aus einem Labor blutverschmierte Tiere mit Implantaten im Kopf zeigten.[25]

2. Ausschluss. Über den traditionellen moralischen Status der Tiere

Fragen der Tierethik

Blicken wir zunächst noch einmal auf den Dodo und auf das, was der Mensch ihm angetan hat. Die meisten heute lebenden Menschen sind zumindest intuitiv davon überzeugt, dass die Abschlachtung und Ausrottung dieses Vogels ein massives moralisches Übel darstellt. Für manche würde es zynisch klingen, wenn jemand die Frage stellte, warum dies eigentlich so sei. Ethisches Nachdenken jedoch bedingt, einer solchen Frage nicht auszuweichen. Darüber zu reflektieren, worin denn im Fall der Ausrottung des Dodo das konkrete moralische Unrecht besteht, kann die scheinbar selbstverständlichen Grundlagen und stillschweigend vorausgesetzten Annahmen aufdecken, die hinter tierethischen Überzeugungen stecken. Traditionell war die Tötung eines Tieres ausschließlich dann verboten, wenn es sich dabei um das Eigentum eines anderen handelte. Wer ein Tier, das einem Mitmenschen gehörte, mutwillig verletzte oder tötete, beging ein Eigentumsdelikt. Diese Begründung zählt beim Dodo nicht: Als die niederländischen Seeleute auf Mauritius landeten, gehörten die Dodos niemandem. Warum also sollte es dann ethisch falsch gewesen sein, sie zu töten? Auch diverse andere Fragen stellen sich: Beginnen die ethischen Probleme erst dann, wenn man erkannt hat, dass eine bestimmte Tierart komplett ausgerottet wurde? Oder vorzugsweise knapp davor, damit man noch etwas gegen das Aussterben tun kann? Bedarf nicht schon die Tötung jedes einzelnen Tieres einer hinreichenden Begründung, unabhängig davon, ob die Art, der es angehört, eines Tages ausstirbt oder nicht? Macht es einen Unterschied, ob ein Matrose einen Dodo aus Vergnügen und Übermut oder aus Ernährungszwecken tötet? Wäre die Tötung eines Dodo ethisch anders zu bewerten, wenn für die Matrosen die Möglichkeit bestanden hätte, sich auf Mauritius ohne das Essen von Tieren, also vegetarisch oder vegan, gut und gesund zu ernähren? Besteht diese Möglichkeit heute nicht für sehr viele Menschen, zumindest in den meisten wohlhabenden Ländern dieser Erde? Was folgt ethisch daraus?

Man könnte auch die Frage stellen, ob die Ausrottung der Dodos vor allem deshalb schlimm war, weil sie – zumindest nach Meinung einiger Forscher – das Ökosystem der Insel aus dem Gleichgewicht brachte, zur drastischen Reduzierung der Calvaria- oder Tambalacoque-Bäume führte und damit auch den Menschen, die zu diesem Zeitpunkt schon auf Mauritius lebten, Schaden zufügte. Wäre die Ausrottung der Dodos weniger bedenklich gewesen, würde der behauptete Zusammenhang zwischen totem Vogel und totem Baum gar nicht existieren, das heißt wenn für andere Lebewesen keine negativen Folgen eingetreten wären?

Tierethik zu betreiben beinhaltet, sich diesen und anderen Fragen zu stellen. An dieser Stelle können solche Fragen jedoch nur erwähnt werden, um die ethische Neugier zu wecken und zu ermutigen, sich eigene Gedanken zu machen. Ethisch verantwortliche und einsehbare Antworten werden sich nach und nach im Laufe der Lektüre dieses Buches erschließen. Das sind jedenfalls die Absicht dieses Buches und die Hoffnung, mit der es geschrieben wurde.

Vernünftige Philosophen, unvernünftige Tiere

Die Ausrottung des Dodo geschah aus menschlicher Unwissenheit und Fahrlässigkeit. Sie stellt aber auch eine Folge der bis in die Gegenwart verbreiteten Auffassung dar, der Mensch als Vernunftwesen sei die Krone der Schöpfung und alle Tiere stünden unter seiner Herrschaft.[26] Der griechische Philosoph Aristoteles[27] (384–322 v. Chr.) war davon überzeugt, dass die Pflanzen um der Tiere willen geschaffen wurden und die Tiere um der Menschen willen; die zahmen Tiere für die Arbeit und die menschliche Ernährung, die wilden Tiere zum größten Teil ebenso für die Ernährung oder auch für andere Dinge, die uns nützen, wie z. B. Kleidung. Aristoteles lehrte übrigens auch, dass Männer den Frauen übergeordnet seien, und manche Menschen aufgrund ihrer Körperkraft die Bestimmung hätten, Knechte oder Sklaven zu sein.

Aristoteles' Auffassung über das Verhältnis von Menschen und Tieren wurde von den großen christlichen Theologen weitertradiert und durch die Berufung auf die Bibel abgesichert, allen voran von Thomas von Aquin (1225–1274), dem *Doctor angelicus*, dem engelgleichen Lehrer, wie einer seiner Ehrentitel lautete. Zwischen Doktor Thomas und dem lieben Vieh bestand ein weiter Graben, denn nach Thomas von Aquin ist nur der Mensch als göttliches Ebenbild geschaffen und mit Verstand ausgestattet worden. Die vernunftlosen Tiere dagegen würden ausschließlich zum Wohle des Menschen existieren und seien zum Gebrauch durch ihn bestimmt. Der Mensch habe zwar das Eigentumsrecht an Tieren zu respektieren, an sich allerdings bestünden keine Verpflichtungen eines Menschen gegenüber Tieren, sondern das umfassende Recht, sie zu töten und nach Belieben zu verwenden: „Aus der Göttlichen Vorsehung nämlich werden sie [die Tiere] durch die natürliche Ordnung zum Gebrauch des Menschen geordnet, weswegen der Mensch sie ohne Unrecht gebraucht, sei es, indem er sie tötet, sei es auf irgendeine andere Weise."[28]

Die sich im 17. Jahrhundert anbahnende Aufklärung brachte keinen tierethischen Fortschritt, ganz im Gegenteil. Der einflussreiche französische Philosoph René Descartes[29] (1596–1650) beschrieb die Tiere als Maschinen oder Automaten ohne Gefühle des Schmerzes und Wohlbefindens, als Geschöpfe ohne Vernunft und ohne Seele. Descartes und seine Anhänger hatten von Anfang an keine Probleme, brutale Tierversuche zu rechtfertigen. „Wissenschaftlich interessierte Cartesianer konnten ... lebende Hunde an Bretter nageln, aufschneiden und davon überzeugt sein, dass sie ihnen keine Schmerzen zufügen und dass die Laute, die die Objekte ihrer Forschung von sich gaben, nichts anderes wären als das Quietschen einer Maschine. (Manchmal wäre es allerdings von Vorteil gewesen, die Stimmbänder der Hunde zu durchschneiden, um das lästige Winseln nicht mehr zu hören.)“[30] Immanuel Kant[31] (1724-1804), der große Aufklärungsphilosoph des 18. Jahrhunderts, sprach Tieren ebenfalls keinen Eigenwert und keine Würde zu. Wie für Thomas von Aquin war auch für Kant Tierquälerei ethisch nur deshalb problematisch, weil sich aus der Grausamkeit gegenüber Tieren eine allgemeine Neigung zur Grausamkeit entwickeln könnte, die auch vor Mitmenschen nicht haltmacht.

3. Ausweitung. Über die Würde der Tiere und andere ethische Begriffe

Angemessene Begrifflichkeit

In Jonathan Safran Foers Buch *Tiere essen* ist folgender Bericht eines Arbeiters in einem amerikanischen Schlachthof abgedruckt:

„Im Tötungsbereich, wo immer viel Blut fließt, macht einen der Blutgeruch ganz aggressiv. Wirklich. Du kriegst die Einstellung, dass wenn ein Schwein nach dir tritt, du es ihm heimzahlst. Eigentlich tötest du es ja schon, aber das reicht noch nicht. Es muss leiden. ... Du gehst hart ran, setzt ihm zu, schlägst ihm die Luftröhre kaputt, lässt es in seinem eigenen Blut ertrinken. Spaltest ihm die Nase. Da rennt also ein lebendes Schwein durch die Wanne. Es guckt zu mir hoch, und wenn ich gerade den Job als Stecher habe, dann nehme ich das Messer und – krrrk – schneide ihm ein Auge raus, während es einfach dahockt. Und dann schreit das Schwein wie am Spieß. Einmal habe ich mein Messer genommen – es ist ziemlich scharf – und einem Schwein ein Stück von der Nase abgeschnitten, als wär's eine Scheibe Mortadella. ... Dann ... nehme ich eine Handvoll Salz und reibe es ihm in die Nase. Da ist das Schwein richtig ausgeflippt. ... Ich war nicht der Einzige, der solche Sachen gemacht hat. Ein Schlachter, mit dem ich zusammenarbeite, treibt die Schweine manchmal noch lebend in das Brühbad."[32]

Mein hier vorliegendes Buch handelt von der kontrafaktisch unantastbaren Würde der Tiere. Faktisch ist sie, wie dieser Bericht drastisch zeigt, antastbar und verletzlich. Die beschriebene Schlachthofszene legitimiert und provoziert den Gebrauch des Begriffes der Tierwürde in einem expressiven Sinn und wegen seiner appellativen Wirkung. Es mag aus ethischer, juristischer und rechtsphilosophischer Sicht Vorbehalte gegen diesen Begriff geben – ähnlich wie es Vorbehalte gegen den Begriff der Menschenwürde gibt – und selbstverständlich kann man ihm Vagheit und Allgemeinheit vorwerfen. Seine fehlende Konkretheit oder „Dünnheit"[33], um die Diktion des US-amerikanischen Moralphilosophen Michael Walzer aufzugreifen, ist jedoch nicht primär Schwäche, sondern Stärke: Nahezu jeder, der diesen Begriff hört, wird etwas wahrnehmen, was er wiedererkennt. Wer über Tierwürde und deren Verletzung spricht, evoziert Bilder von Schlachthöfen und Tierfabriken, Tiertransporten und Gänsestopfleber, abgehackten Haifischflossen und in den Müll geworfenen Hundewelpen. Der Begriff der Tierwürde wird also in diesem Buch nicht philosophisch-ethisch analysiert und reflektiert, sondern als Ausdruck eines intensiven Protestes gegen all diese und andere Grausamkeiten verstanden sowie als Appell an christliche Gemeinschaften und alle Menschen guten Willens, etwas Konkretes dagegen zu tun. Was genau getan werden sollte, wird sich im Laufe dieses Buches erschließen.

Nach post-anthropozentrischen Ethiken steht fest: Wer einzelne Tiere quält oder willkürlich tötet, wer Tierarten ausrottet und den tropischen Regenwald großflächig abholzt, handelt ethisch falsch. *Richtig* oder *falsch* zu handeln ist – in der ethischen Fachsprache ausgedrückt – nicht dasselbe wie *gut* oder *schlecht / böse* zu handeln. Während es bei den Begriffen *sittlich richtig* und *falsch* um die unter Menschen intersubjektiv auszuweisenden und argumentativ darzulegenden Gründe für die Qualität einer ethischen Handlung geht, beziehen sich die Begriffe sittlich gut und schlecht / böse auf die einem Menschen innerliche Disposition und Motivation.[34] An einem Beispiel erklärt: Man kann eine ausgeprägte Liebe zu Hunden und die besten Absichten haben, Hunden Freude zu bereiten, aus veterinärmedizinischen Gründen ist es dennoch nicht ratsam, die Tiere dadurch erfreuen zu wollen, indem man sie mit Schlagsahne oder Schokolade füttert. Wer immer solches tut, handelt ethisch zwar *gut* (Motivation), aber dennoch im Sinne des umfassenden Wohls der Tiere nicht *richtig* bzw. ausgesprochen *falsch*. Wer dagegen aus Abneigung gegenüber Hunden Giftköder auslegt, handelt sowohl ethisch *schlecht* oder *böse* (Motivation) als auch ethisch *falsch* (objektive Schädigung der Hunde). Motivation und Sachgerechtigkeit zu unterscheiden ist analytisch hilfreich, darf aber nicht dazu führen, beide strikt zu trennen. Denn an sich ist beides notwendig: eine auf Mitgefühl aufbauende gute Motivation und eine auf Sach- und Fachkenntnis gestützte ethische Entscheidungskompetenz.

Es legt sich nahe, an dieser Stelle noch zwei weitere begriffliche Klarstellungen vorzunehmen. Die erste weist auf Gemeinsamkeiten und Unterschiede zwischen den Begriffen

Moral und *Ethik* hin: Vor allem in der Alltagssprache werden diese Begriffe weitgehend synonym verwendet. Dagegen ist nichts einzuwenden. In der akademischen Ethik bezieht sich der Begriff *Moral* allerdings im Allgemeinen auf die in einer Gesellschaft vorherrschenden Moralvorstellungen und sittlichen Regeln, der Begriff *Ethik* dagegen auf die theoretisch-wissenschaftliche Reflexion über eben diese Moralvorstellungen und Regeln, „mit der Absicht, diese Ansichten auf die eine oder andere Art zu verbessern, weiter zu entwickeln oder zu präzisieren“[35]. Eine dritte begriffliche Klarstellung bezieht sich auf die Sprache, mit denen wir die Tiere und ihre Welt benennen. Das Anliegen von Tierethik und Ökolinguistik[36], in der Rede über Tiere keine Wörter und Begriffe zu verwenden, die diese abwerten oder die die menschliche Grausamkeit gegenüber Tieren euphemistisch verschleiern, wird in diesem Buch voll unterstützt. Die durchaus zu respektierende Empfehlung von Tierrechtlern, nicht von *Menschen* und *Tieren*, sondern stattdessen von *menschlichen Tieren* und *nichtmenschlichen Tieren* zu sprechen, wird hier allerdings bis auf wenige Ausnahmen nicht übernommen. Für viele Leserinnen und Leser ist diese Sprachregelung sowohl ungewöhnlich als auch ungewohnt und wirkt eher verstörend als zum Denken anregend. Zudem wird durch den Begriff *nichtmenschliche Tiere* trotz der Intention, die evolutionäre Kontinuität allen Lebens dadurch sprachlich sichtbar zu machen, das Faktum nicht aus der Welt geschafft, dass es sich beim Begriff der *Tiere* um eine undifferenzierte Sprachregelung handelt, „die die Wirklichkeit dessen, war sie vorgibt zu beschreiben, verdeckt, nämlich ein breites Spektrum von höchst unterschiedlichen Wesen von erstaunlicher Vielfalt und Komplexität.“[37] Anders gesagt: Menschen und Schimpansen sind sich in vieler Hinsicht ähnlicher als Schimpansen und Seegrasquallen, dennoch werden beide, Menschenaffen und Quallen, mit dem einheitlichen und undifferenzierten Begriff *Tier* bezeichnet.

Zwei Jahrhunderte bevor der Dodo ausstarb, hatten die europäischen Eroberer der so genannten Neuen Welt begonnen, die indigene Bevölkerung Nordamerikas auszurotten. Wie der Historiker Howard Zinn darlegt, flohen die amerikanischen Indianer nicht, als sie Christoph Kolumbus und seinen Männern das erste Mal begegneten, sondern verhielten sich lange Zeit äußerst gastfreundlich. Kolumbus selbst beschrieb das Zusammentreffen wie folgt: „Die Indianer sind so naiv und so freigebig, das niemand es glauben würde, der es nicht mit eigenen Augen gesehen hat. Wenn man sie um etwas bittet, das ihnen gehört, sagen sie niemals nein. Ganz im Gegenteil, sie sind bereit, mit allen zu teilen.“[38] Doch diese Freundlichkeit der indigenen Bevölkerung wurde von den europäischen Eroberern mit Geringschätzung und Verachtung beantwortet, mit Völkermord, nicht mit Völkerverständigung. Die amerikanischen Indianer wurden gefangen genommen, gequält, versklavt und niedergemetzelt.

Im Jahre 1776 verabschiedete der Zweite Kontinentalkongress der dreizehn britischen Kolonien in Nordamerika die Unabhängigkeitserklärung und proklamierte damit die Loslösung des neugegründeten Staatenbundes von Großbritannien. In der Unabhängigkeitserklärung wird festgehalten, dass alle Menschen gleich geschaffen und von ihrem Schöpfer mit angeborenen, unveräußerlichen Rechten auf Leben, Freiheit und dem Streben nach Glück ausgestattet seien.[39]

Im selben Jahr, in dem die Unabhängigkeitserklärung verabschiedet wurde, veröffentlichte Dr. Humphry Primatt, ein anglikanischer Geistlicher im Ruhestand, eine Abhandlung mit dem Titel *Die Pflicht der Barmherzigkeit und die Sünde der Grausamkeit gegenüber Tieren*[40]. Primatt tritt darin zunächst für die Gleichheit von Menschen verschiedener Hautfarbe ein und stellt fest: „Es hat Gott, dem Vater aller Menschen, gefallen, manche Menschen in weiße Haut einzuhüllen und andere in schwarze Haut. Auch wenn unmenschliche Traditionen und Vorurteile anderes vermuten lassen, so hat ein Mensch mit weißer Hautfarbe aufgrund dieser Hautfarbe trotzdem nicht das Recht, einen Menschen mit schwarzer Hautfarbe zu unterdrücken oder zu versklaven, denn die Hautfarbe ist weder ein Verdienst noch ein Mangel. Ein hellhäutiger Mensch hat auch kein Recht, einen dunkelhäutigen Menschen zu verachten, zu missbrauchen und zu beleidigen. Ich glaube auch nicht, dass ein großgewachsener Mensch aufgrund seiner Gestalt ein gesetzliches Recht hat, auf einem kleinwüchsigen Menschen herum zu trampeln."[41]

Primatt geht noch einen Schritt weiter, wendet die Argumente für Gleichheit und Gerechtigkeit unter Menschen auch auf die Beziehung der Menschen zu den Tieren an und weitet damit den Kreis der Lebewesen, denen ein moralischer Status zuerkannt wird, noch einmal aus.[42] Er schreibt: „Wenn also menschliche Unterschiede in Intelligenz, Hautfarbe, Gestalt und Schicksal keinem Menschen das Recht geben, einen anderen Menschen aufgrund dieser Unterschiede zu missbrauchen oder zu beleidigen, hat auch kein Mensch ein naturgegebenes Recht, ein Tier zu missbrauchen oder zu quälen, nur weil es weniger intelligent ist als ein Mensch."[43]

Einer der Hauptgründe, warum Menschen Tiere respektvoll zu behandeln haben, liegt für Reverend Primatt in ihrer Empfindungsfähigkeit. Der anglikanische Geistliche stellt fest: „Ein Tier ist nicht weniger schmerzempfindlich als ein Mensch. Es hat ähnliche Nerven und Sinnesorgane. Auch wenn es sich nicht verbal oder in einer Menschenstimme beschweren kann, so zeigen uns die Schreie und das Stöhnen, die es von sich gibt, wenn ihm körperliche Gewalt angetan wird, dennoch ganz klar, dass es schmerzempfindlich ist, ähnlich wie es die Schreie und das Stöhnen eines Menschen tun, dessen Sprache wir nicht verstehen."[44]

Kurze Zeit später, im Jahre 1789, hat der englische Philosoph Jeremy Bentham in einer Fußnote seiner *Einführung in die Prinzipien der Moral und der Gesetzgebung* fast das Gleiche gesagt: Nach Bentham lautet nämlich die entscheidende Frage, die das menschliche Verhalten gegenüber Tieren bestimmen soll, weder „Können sie [die Tiere] logisch denken?“ noch „Können sie sprechen?“, sondern einzig und allein „Können sie leiden?“[45]

Benthams Diktum hat den Status eines klassischen tierethischen Argumentes erlangt. Der Schweizer Philosoph und Tierethiker Jean-Claude Wolf bezeichnet Bentham sogar als einen der „philosophischen Hausgötter des modernen Tierschutzes“[46]. Der anglikanische Geistliche Humphry Primatt dagegen, der schon dreizehn Jahre vor Bentham klar darauf hingewiesen hatte, dass es ein Unrecht ist, Tiere zu quälen und zu missbrauchen, ist zumindest im deutschen Sprachraum weitgehend unbekannt geblieben.

Zeitgenössische tierethische Ansätze

Die 1776 verabschiedete Unabhängigkeitserklärung der Vereinigten Staaten von Amerika proklamierte die angeborene Gleichheit aller Menschen und ihre angeborenen, unveräußerlichen Rechten auf Leben, Freiheit und dem Streben nach Glück. In der Realität standen diese Rechte lange Zeit nur weißen männlichen Grundbesitzern zu. Die rechtliche Gleichheit zwischen Mann und Frau, weißen und schwarzen sowie armen und reichen Amerikanern wurde erst durch einen blutigen Bürgerkrieg, den Kampf der Suffragetten um ein allgemeines Frauenwahlrecht, die direkten Aktionen der Bürgerrechtsbewegung und durch eine unter Präsident Lyndon B. Johnson in den Jahren 1964 und 1965 durchgesetzte umfangreiche Sozialgesetzgebung erreicht. Und nach wie vor gibt es in den USA beträchtliche faktische Ungleichheiten zwischen Männern und Frauen, Arm und Reich, Afroamerikanern und Weißen.

Die ebenfalls 1776 veröffentlichte Abhandlung Humphry Primatts über die Pflicht der Barmherzigkeit gegenüber Tieren weitete den Kreis der moralischen Objekte über Menschen jedweder Hautfarbe, jedweden Geschlechts und jedweden Einkommens hinaus auf empfindungsfähige Tiere aus. Weil viele Tiere ebenso wie Menschen Schmerzen empfinden können, ist es nach Primatt eine Pflicht, sich ihnen gegenüber barmherzig zu verhalten und eine Sünde, sie grausam zu behandeln. Primatts Werk war noch wesentlich länger kein sichtbarer Erfolg beschieden als der Unabhängigkeitserklärung. Auch wenn nach Primatt (und Bentham) immer wieder einzelne tierethisch orientierte Ethiken auftauchten, so etwa Arthur Schopenhauers Mitleidsethik[47] und Henry S. Salts Abhandlungen über Tierrechte und Vegetarismus[48], so hat es doch zwei Jahrhunderte gedauert, bis die Argumente von Primatt (und Bentham) in der philosophischen und theologischen Ethik auf breiterer Basis zur Kenntnis und nach und nach auch ernst genommen wurden.

Tierethik ist jener Bereich der Angewandten Ethik, in dem vernünftig begründete normative Aussagen darüber gemacht werden, wie wir Menschen uns gegenüber Tieren verhalten sollen. Eine zeitgemäße tierethische Perspektive bedingt, dass man sich von einer rein anthropozentrischen, also ausschließlich auf den Menschen und seine Bedürfnisse ausgerichteten Ethik verabschiedet. Man wendet sich einem Ethikkonzept zu, das auch die nichtmenschliche Natur berücksichtigt, und zwar die nichtmenschliche Natur im Allgemeinen, Tiere als (in vielen Fällen zweifellos) empfindungsfähige, Lust und Schmerz, Freude und Leid verspürende Wesen im Besonderen.

Als Pioniere der in den siebziger und achtziger Jahren des 20. Jahrhunderts entstandenen neueren akademischen Tierethik sind vor allem die Philosophen Peter Singer, Tom Regan, Stephen R. L. Clark, der Philosoph und Psychologe Richard

D. Ryder und der anglikanische Theologe und Geistliche Andrew Linzey zu nennen. Sie alle gehörten zur so genannten *Oxford Group*, einer Gruppe von Wissenschaftlern und anderen Intellektuellen, die Anfang der 1970er Jahre in der berühmten englischen Universitätsstadt forschten und lehrten und „die die Initialzündung für das moderne Interesse am moralischen Status der Tiere darstellten.“[49] Richard Ryder weist jedoch darauf hin, dass die Schriftstellerin Brigid Brophy die erste war, die mit ihrem Beitrag *The Rights of Animals* in der *Sunday Times* vom 10. Oktober 1965 das lange Schweigen über dieses Thema in der britischen Öffentlichkeit brach.

Im Folgenden werden die wichtigsten post-anthropozentrischen Ethiken, ihre Grundgedanken, ihre Übereinstimmungen und Unterschiede kurz dargestellt. Gemeinsam ist ihnen, dass sie sowohl den strengen traditionellen als auch den revidierten gemäßigten Anthropozentrismus zurückweisen, auch wenn sie mit bestimmten Ausprägungen des letzteren manche Anliegen teilen, z. B. die Abschaffung der industriellen Massen- und Intensivtierhaltung.

In der zeitgenössischen Tierethik gibt es unterschiedliche Ansätze oder Positionen. Alle sind darum bemüht, Tiere als empfindungsfähige Lebewesen ethisch aufzuwerten, unterschiedlich sind die dafür verwendeten philosophischen Argumente oder Begründungsstrategien. Als grundlegende tierethische Theorien[50] sind zu nennen: der utilitaristische Ansatz, die Theorie der Tierrechte, die feministisch inspirierte Care-Ethik (englisch *ethics of care*) und die Theorie der Großzügigkeit (englisch *generosity theory*).

Der *utilitaristische* Ansatz der Tierethik geht zurück auf den bereits erwähnten Philosophen Jeremy Bentham. Seine utilitaristische Ethik verlangt von den Menschen, so zu handeln, dass sie Glück und Nutzen, Lust und Freude vermehren, Unglück und Schaden, Unlust und Schmerz verringern, und zwar sowohl für Menschen als auch für Tiere. Die Tierethik von Peter Singer[51], dessen Eltern Wiener Juden waren, die in der Zeit des Nationalsozialismus nach Australien emigrierten und der seit 1999 an der US-amerikanischen Princeton University lehrt, ist maßgeblich von Bentham beeinflusst. Allerdings stehen in Singers Präferenzutilitarismus nicht Lust und Unlust im Vordergrund, sondern die Interessen von Menschen und Tieren. Dabei geht es ihm nicht einfach um die größte Gesamtsumme befriedigter Interessen, sondern auch um deren Gewichtung: Das Interesse eines Menschen, aus geschmacklichen Gründen lieber ein Tier zu essen als Hülsenfrüchte, steht nach Singer hinter dem Interesse des Tieres zurück, nicht gequält und getötet zu werden.[52]

Menschliche Interessen von vornherein über tierische zu stellen, ist nach Singer „speziesistisch". Mit dem Begriff des „Speziesismus", der auf den britischen Philosophen und Psychologen Richard Ryder[53] zurückgeht, wird eine ethische Auffassung bezeichnet, die die Interessen der Mitglieder der eigenen Spezies generell höher bewertet als die Interessen der Mitglieder einer anderen Spezies. Das ist bei der traditionellen Überordnung der Menschen über die nichtmenschlichen Tiere der Fall. Nach Ryder und Singer besteht eine große Ähnlichkeit zwischen *Rassismus*, der bestimmte Menschen wegen ihrer Hautfarbe diskriminiert, *Sexismus*, der bestimmte Menschen wegen ihrer Geschlechtszugehörigkeit benachteiligt, und Speziesismus, der bestimmte Lebewesen wegen ihrer Zugehörigkeit zu einer nichtmenschlichen Spezies zurücksetzt. In einem Interview stellte Peter Singer fest: „Wir sind ... immer noch so blind – wie es die Rassisten gewesen sind – gegenüber Milliarden anderen empfindungsfähigen Wesen, die leiden können und die ein Bewusstsein haben."[54] Es gebe eine Parallele zwischen der Art und Weise, wie wir Tiere behandeln und wie Rassisten Menschen behandeln, die der ‚falschen' Rasse angehören. Singer zufolge sollten wir den Kreis derjenigen, die ethisch zählen, über die

Menschen hinaus ausweiten. Nach Singer haben alle empfindungsfähigen Wesen, egal ob Mensch oder Tier, einen grundsätzlich gleichen Anspruch, die Berücksichtigung ihrer Interessen einzufordern. Als Utilitarist geht es Singer um die Abwägung konkurrierender Interessen, nicht um moralische und legale Rechte.

Im Gegensatz dazu betrachtet die *tierrechtliche* Position (Tom Regan[55], Gary Francione[56]) bestimmte Tiere – nach Regan geht es dabei um geistig normal entwickelte Säugetiere, die ein Jahr oder älter sind – als empfindende „Subjekte-eines-Lebens" („subjects-of-a-life") und moralische Objekte („moral patients"), die Berücksichtigung verdienen und mit eigenen Rechten ausgestattet sind. Dem tierrechtlichen Ansatz zufolge haben diese Tiere einen Rechtsanspruch darauf, mit Rücksicht behandelt und nicht getötet zu werden. Das kanadische Forscherehepaar Sue Donaldson und Will Kymlicka[57] fordert sogar, Kumpantiere (Haustiere) und andere domestizierte Tiere als volle Mitglieder unserer Gesellschaft anzusehen und ihnen Bürgerrechte zu gewähren.

Bei der feministischen *Care-Ethik* und der *Ethik der Großzügigkeit* stehen nicht Theorien der Güterabwägung und Rechtsnormen im Vordergrund, sondern die persönliche Beziehung zu jedem einzelnen Tier und seinem Schicksal. Wesentlich für die *Care-Ethik* sind Aufmerksamkeit, Mitgefühl und Fürsorge. Einige Vertreterinnen der tierethischen Care-Ethik, z. B. Carol Adams[58] und Marti Kheel[59], stellen eine Verbindung her zwischen der Unterdrückung von Frauen und der Unterdrückung von Tieren durch das Patriarchat.

Die Ethik der *Großzügigkeit* geht von einer großen Ähnlichkeit zwischen dem Status der Tiere und dem Status der Kinder aus. Beide, Kinder und Tiere, seien nicht oder nur begrenzt zustimmungs- und ablehnungsfähig, beide könnten ihre Interessen nicht verbal formulieren, beide seien schuldunfähig, verwundbar und weitgehend wehr- und machtlos. Deshalb sollten sie nicht bloß den gleichen Anspruch auf die Hilfe Erwachsener haben wie andere Gruppen, sondern einen größeren und besonderen. Hauptvertreter ist der anglikanische Priester und Theologe Andrew Linzey[60], der auch das Oxford *Centre for Animal Ethics* leitet. Linzeys Tierethik, die die Gemeinsamkeiten von Tieren und Kindern betont, stellt in diesem Punkt eine bewusste Gegenposition zum tierethischen Ansatz von Peter Singer dar, dessen Aufwertung von Tieren mit Ich-Bewusstsein mit einer Abwertung von menschlichen Babys ohne Ich-Bewusstsein einhergeht.[61] *Großzügigkeit* hat in Linzeys Verständnis zudem nichts mit Gönnerhaftigkeit oder Paternalismus zu tun, sondern ist als solidarische Haltung zu verstehen, die Gerechtigkeit, Menschenpflichten und Tierrechte mit einschließt und das Töten von Tieren nur in wenigen Ausnahmefällen für ethisch vertretbar hält: „Zu töten ohne dass strenge Bedingungen dafür vorliegen, bedeutet, ein Leben mit mangelnder Großzügigkeit zu leben."[62]

Aus jüngerer Zeit sind z. B. noch die Übernahme tierethischer Perspektiven in die *Tugendethik* durch die neuseeländische Ethikerin Rosalind Hursthouse[63] zu erwähnen sowie die Ausweitung von John Rawls *Vertragstheorie der Gerechtigkeit* durch Martha Nussbaum[64] und Mark Rowlands[65]. Den beiden letztgenannten geht es darum, auch nichtmenschliche Spezies in die bisher auf Menschen beschränkte Gerechtigkeitskonzeption des Harvard-Philosophen John Rawls einzubeziehen.

Primaten, Krabben, Insekten

Was der Theologe Primatt und der Philosoph Bentham vor über 200 Jahren über Tiere festgestellt haben, wird durch die heutige kognitive Ethologie (Verhaltensbiologie) und die Neurowissenschaft empirisch bestätigt. Eine große Anzahl von Tieren ist empfindungsfähig (englisch: *sentient*), kann (körperlichen) Schmerz empfinden, einige davon auch (emotionales, seelisches) Leid[66], und natürlich auch deren Gegenteil, nämlich Lust und Freude[67]: Das gilt für Wirbeltiere wie Säugetiere, Vögel, Amphibien, Reptilien, Fische, aber sogar für einige Wirbellose, Kraken und Tintenfische zum Beispiel und – wie die Forschungsarbeiten des Belfaster Zoologen Bob Elwood[68] nahelegen – auch für Krebse und Krabben. Unklar ist, ob zum Beispiel Insekten[69] Schmerzen fühlen können. Das Fehlen eines sogenannten nozizeptiven Systems, das auf gewebeschädigende Reize reagiert, spricht nach Meinung mancher Forscher eher dagegen. Andere Wissenschaftler meinen jedoch, Insekten könnten zumindest über einige nozizeptiven Nervenfasern verfügen, die Schmerzempfindungen weiterleiten. Es spricht aus ethischer Sicht einiges dafür, in einem Zweifelsfall wie diesem die vorsichtigere Wahl zu treffen – die moraltheologische Tradition bezeichnet dies als *Tutiorismus* – und deshalb zu Gunsten der Insekten zu entscheiden.

Zahlreiche Tiere haben Bewusstsein, einige (Primaten, Elefanten, Delfine, Schweine, Elstern) nachgewiesenermaßen (Spiegeltest) sogar Ich-Bewusstsein. Einige von ihnen sind fähig, moralische Regeln zu befolgen („wilde Gerechtigkeit“[70]). Die Frage, ob und in welchem Sinn Tiere moralisch handeln können, wird gegenwärtig kontrovers diskutiert, wobei mir hier die „mittlere“ Position des Philosophen Mark Rowlands am angemessensten erscheint: Rowlands nimmt an, dass verschieden Tiere zumindest manchmal moralische Motive hätten, um etwas zu tun, was aber nicht heiße, dass sie für ihr Tun moralisch verantwortlich sind. Rowlands spricht in diesem Zusammenhang von „moral subjecthood“[71] im Unterschied zu „moral agency“.

Wie aber halten es die Tiere mit der Religion? Der Katechismus der Katholischen Kirche[72] erklärt, dass Tiere allein schon durch ihr Dasein Gott preisen und verherrlichen. Aber es gibt offenbar noch explizitere Formen der Religionsausübung bei manchen Tieren. Die renommierte Primatologin Jane Goodall hat nämlich entdeckt, dass Schimpansen Werkzeuge benutzen und Werkzeuge herstellen, dass sie nicht nur brutal Krieg gegeneinander führen, sondern auch altruistisch füreinander sorgen. Sie beobachtete bei Schimpansen, die sich bei einem gigantischen Wasserfall aufhielten, zudem (proto-)religiöse Verhaltensweisen: eine große Ergriffenheit und eine tiefe Ehrfurcht vor dem Naturphänomen des herabstürzenden Wassers, die sich in rhythmischen Tänzen, aber auch in einem achtsamen Staunen manifestierten.[73]

Wie Charles Darwin ist Goodall davon überzeugt, dass die Unterschiede zwischen Menschen und Tieren keine grundsätzlichen seien, sondern graduelle.[74] Aus ihrer umfangreichen Forschungstätigkeit zieht Goodall folgendes Resümee: „Wenn ich auf diese fünfzig Jahre zurückblicke, wird sehr klar, dass wir Menschen nicht die einzigen Lebewesen mit Persönlichkeit, Verstand und Gefühlen sind und dass es keine scharfe Trennungslinie zwischen uns und dem restlichen Tierreich gibt."[75] Im Rahmen des *Great Ape Project* fordert Jane Goodall deshalb auch, bestimmte Grundrechte für Primaten als höchstentwickelten Tieren staatlicherseits anzuerkennen. Geschehe dies, wäre es gesetzlich verboten, Schimpansen und Bonobos, Gorillas und Orang-Utans zu töten, einzusperren oder für wissenschaftliche und medizinische Versuche zu verwenden. Eine zeitgemäße philosophische, aber auch eine zeitgemäße theologische Tierethik haben diese Tatsachen über die erstaunlichen Fähigkeiten und Fertigkeiten von Tieren und über die vielen Gemeinsamkeiten von Mensch und Tier zur Kenntnis zu nehmen und in ihren ethischen Werturteilen zu beachten.

Es gibt offenbar bei Tieren und Menschen eine, wie Martin Balluch das nennt, „Kontinuität von Bewusstsein"[76]. Das bedeutet allerdings nicht, dass es keine Unterschiede zwischen Menschen und Tieren, Menschen und Menschenaffen gebe: Goodall verweist nämlich auf die geistigen Anlagen und die intellektuellen und sprachlichen Fähigkeiten des Menschen, die selbst bei einem durchschnittlich intelligenten Menschen wesentlich höher seien als selbst beim klügsten Schimpansen. Theologisch wird häufig die dem Menschen von Gott gegebene Seele als Merkmal genannt, die den Menschen vom Tier unterscheide. Die komplexe Frage nach einer Seele bei Mensch und Tier wird im Kapitel 3 ausführlicher behandelt werden. Hier sei nur erwähnt, dass es irreführend und problematisch ist, wenn man versucht, die menschliche Seele dafür zu verwenden, die natürlichen Gemeinsamkeiten von Mensch und Tier übernatürlich zunichte zu machen und erneut einen tiefen theologischen Graben zwischen Mensch und Tier auszuheben. Ein Beispiel dafür ist der Salzburger Weihbischof und katholische Moraltheologe Andreas Laun, der behauptet: „Keine Gemeinsamkeit und keine Ähnlichkeit im Bereich des Leibes können diesen ‚Graben' zwischen Mensch und Tier sozusagen zuschütten. Der Menschen ähnlichste Menschenaffe ist, genau genommen, ähnlicher der Kaulquappe oder einer Amöbe als dem Menschen – trotz allen Respekts, den wir besonders den höheren Tieren schulden."[77]

Tierschutz und Tierrechte kontra Natur- und Umweltschutz?

Eine zeitgemäße Tierethik fordert, dass die Existenz, die Interessen und das Wohlergehen von Tieren in menschlichen Entscheidungen und Handlungen berücksichtigt werden. Erkenntnistheoretisch (epistemisch) ist alle Ethik selbstverständlich ein an bestimmte Vorgaben und Bedingtheiten der Natur gebundenes „Kunstprodukt der menschlichen Vernunft"[78], erdacht und gestaltet von Menschen innerhalb spezifischer geschichtlicher und gesellschaftlicher Kontexte.

Ethische Normen werden von Menschen geschaffen, diskutiert und reformiert. Sie können nicht in einem Diskurs oder Gespräch zwischen Menschen und Tieren ausgehandelt werden. Diese Tatsache aber bedeutet nicht, dass es in der Ethik ausschließlich um den Menschen und seine Bedürfnisse gehen sollte. Ganz im Gegenteil: Immer mehr Ethiker wenden sich heute Ethikkonzepten zu, die auch die nichtmenschliche Natur berücksichtigen, und zwar die nichtmenschliche Natur im Allgemeinen, Tiere als – zumindest in vielen Fällen – empfindungsfähige, Lust und Schmerz, Freude und Leid verspürende Wesen im Besonderen.

Es gibt unterschiedliche post-anthropozentrische Ethikansätze[79]: das sentientistische (pathozentrische) Ethikmodell, in dem nicht nur der Mensch, sondern alle empfindungsfähigen Lebewesen, also neben dem Menschen auch empfindungsfähige Tiere berücksichtigt werden; das biozentrische Modell, das alle Lebewesen, also auch Pflanzen, einschließt (Albert Schweitzers „Ehrfurcht vor dem Leben"), und das ökozentrische Modell (Holismus, „deep ecology"), dem es vor allem um die Bewahrung von Ökosystemen geht, weil es weder menschliches noch tierisches und pflanzliches Leben geben würde, wenn diese nicht zumindest einigermaßen intakt sind. Innerhalb jedes dieser Ethikmodelle gibt es wiederum verschiedene Untergruppen, die hier aber nicht besprochen werden müssen und können. Zwischen den genannten post-anthropozentrischen Ethikmodellen gibt es Gemeinsamkeiten und Zusammenhänge, aber auch Differenzen und Spannungen.

Im alltäglichen Sprachgebrauch wird kaum zwischen „Tierschutz" (Verbesserungen für Tiere im Rahmen des nicht grundsätzlich in Frage gestellten menschlichen Nutzungsanspruchs) und „Tierrechten" (Rechte der Tiere, Pflichten der Menschen, sehr enges Verständnis des Begriffs „Vermeidung unnötigen Tierleids") unterschieden, wobei ohnehin die Frage nach einer eindeutigen Abgrenzung nicht völlig geklärt ist. Im alltäglichen Sprachgebrauch wird zudem auch zwischen bio- oder ökozentrischen Umweltschützerinnen und pathozentrischen Tierschützern bzw. Tierrechtlern nicht streng differenziert: Beide fallen unter die breite Kategorie „Naturschützer" / „Umweltschützer". Einer weit verbreiteten Auffassung nach sind Schutz der Umwelt und Schutz der Tiere mehr oder weniger ein und dieselbe Sache. Tierethik wird häufig als Unterkapitel der Umweltethik betrachtet, gerade auch in der Moraltheologie bzw. der theologischen Ethik. Das ist nicht von vornherein völlig falsch, denn Tierschutz und Naturschutz, Tierethik und Umweltethik haben vieles gemeinsam: Sowohl die Umweltbewegung als auch die Tierrechtsbewegung wurden in den 1970er Jahren populär, beide widersetzen sich einem obsoleten, einseitigen Anthropozentrismus, der der nicht-menschlichen Natur jeden Eigenwert abspricht. Zudem sind viele Umweltschützer zugleich Tierschutzaktivisten und selbstverständlich decken sich Forderungen und Anliegen des Umwelt- und des Tierschutzes in vielen Punkten.

Blickt man genauer hin, kann man allerdings erkennen, dass es bei allen Gemeinsamkeiten auch Differenzen zwischen Umwelt- und Tierrechtsethik gibt.[80] Während die Tierrechtsethik den Kreis der berücksichtigungswürdigen moralischen Objekte („moral patients") auf empfindungsfähige (nichtmenschliche) Lebewesen ausdehnt, geht es in der Öko-Bewegung um den Eigenwert aller Lebewesen, also auch von Bäumen und anderen Pflanzen (Biozentrismus) oder von zu Ökosystemen verbundenen Menschen, Tieren, Pflanzen, Steinen, Gewässern und Böden (Ökozentrismus).

Das primäre Ziel einer ökozentrischen Ethik ist es, die Integrität, Stabilität und Schönheit von Ökosystemen zu erhalten, das primäre Anliegen einer sentientistischen Ethik dagegen ist das Wohlergehen jedes einzelnen empfindungsfähigen (menschlichen und nichtmenschlichen) Tieres. Lebewesen und Ökosysteme, denen kein Lust- und Schmerzempfinden zu eigen ist, verdienen dieser Ansicht zufolge ethisch nicht die gleiche Beachtung. „Es wäre unsinnig zu behaupten“, schreibt Peter Singer völlig zu Recht, „es sei nicht im Interesse eines Steines, von einem Schuljungen die Straße entlang gekickt zu werden. Ein Stein hat keine Interessen, weil er nicht leiden kann. Nichts, was wir ihm zufügen können, würde sein Wohlergehen auf irgendeine Weise beeinflussen. ... Eine Maus [dagegen] hat ein Interesse daran, nicht ... getreten zu werden, weil sie dabei leiden würde.“ [81]

Während Umweltschützer häufig keine Probleme damit haben, zu jagen, zu fischen und Tiere zu essen, solange diese Tätigkeiten ihrer Meinung nach das Ökosystem nicht gefährden oder womöglich sogar erhalten helfen, scheuen vor allem Tierrechtler davor zurück, das konkrete Leben einzelner Tiere mehr oder weniger bereitwillig für das im letzten doch recht vage und abstrakte Wohl eines Ganzen zu opfern.

Die unterschiedlichen Prioritäten des sentientistischen und des ökozentrischen Ethikkonzeptes führen einerseits bisweilen zu moralischen Konflikten und Dilemmata. Anderseits ist auch klar, dass das Wohl des Ökosystems und das Wohl der einzelnen Lebewesen eng miteinander verbunden sind. Die Retinität (Vernetzung) allen Lebens und die Einbindung der Menschen und Tiere in das tragende Netzwerk der übrigen Natur sind unbestritten. Eben weil ein angemessener Lebensraum (Habitat) für das Überleben und Wohlergehen von Tieren so wichtig ist, bedarf es intakter Ökosysteme. Weil aber die Integrität des Ökosystems auf das Wohl aller und jedes einzelnen Lebewesens hin zu ordnen ist, dürfen Tiere nicht bloß instrumental als reine Mittel oder Hindernisse zur Systemerhaltung betrachtet werden, sondern sind in ihrem Eigenwert und ihrer Befindlichkeit zu respektieren. Dies ist sowohl die normative Richtlinie als auch die praktische Herausforderung.

Die Fähigkeit einer Kreatur, Lust und Schmerz zu empfinden, ist zweifellos ein wesentliches Kriterium dafür, es in besonderer Weise moralisch zu berücksichtigen. Es wäre jedoch falsch, den Fehler früherer Generationen zu wiederholen und eine einzige Eigenschaft oder Fähigkeit wie zum Beispiel Vernunft, Sprache oder eben Empfindungsfähigkeit herauszugreifen und zur Grenzbarriere zu stilisieren, jenseits derer ethische Überlegungen unnötig sind. Nicht empfindungsfähige Kreaturen sowie Ökosysteme dürfen deshalb nicht aus dem Kreis der moralischen Objekte entlassen werden. Dies verbieten sowohl ihr Eigenwert und die Interdependenz alles Seienden als auch das Wissen um die Tatsache, „dass alle moralischen Kategorien und Unterschiede der Veränderung unterliegen, weil sich unser Bewusstsein weiterentwickelt und unsere wissenschaftlichen Erkenntnisse ständig wachsen."[82]

Artensterben als Verstümmelung

Das moralische Bewusstsein in der Gesellschaft in Bezug auf Tiere hat sich geschichtlich gewandelt und weiterentwickelt, auch das moralische Bewusstsein in den christlichen Kirchen. Thomas von Aquin lehrte, dass die Tiere allein zum Gebrauch durch die Menschen bestimmt seien. Noch die Pastoralkonstitution des Zweiten Vatikanischen Konzils, *Gaudium et spes*, erklärte, dass der Mensch die auf Erden „einzige von Gott um ihrer selbst willen gewollte Kreatur ist."[83] Und auch im Katechismus der Katholischen Kirche aus dem Jahre 1993 ist zu lesen: „Er [Gott] hat alle materiellen Geschöpfe [Engel dagegen sind nichtmaterielle Geschöpfe] zum Wohl des Menschengeschlechtes bestimmt:" (Paragraf 353)

Doch bereits der Sozialhirtenbrief der katholischen Bischöfe Österreich, der 1990, also drei Jahre vor dem Katechismus erschienen ist, stellte fest, „dass die Schöpfung und alles was lebt, einen gottgewollten Eigenwert besitzt und nicht allein zum Nutzen des Menschen da ist."[84] Im darauffolgenden Jahr betonten die katholischen Bischöfe der USA in ihrer pastoralen Erklärung *Renewing the Earth. An Invitation to Reflection and Action on Environment in Light of Catholic Social Teaching*: „Die übrigen Geschöpfe ... sollten nicht bloß als Mittel für die Erfüllung menschlicher Bedürfnisse behandelt werden, sondern auch als Geschöpfe Gottes, die einen unabhängigen, eigenen Wert besitzen und die unseren Respekt und unsere Fürsorge verdienen."[85] In seiner Enzyklika *Laudato Sí* vom Mai 2015[86] und in seiner Ansprache vor der UNO im September 2015 bestätigte Papst Franziskus die neue kirchenamtliche Lehre auf höchster Ebene: „Jedes Geschöpf – besonders die Lebewesen – hat einen Eigenwert, einen Wert des Daseins, des Lebens."[87]

Die gegenwärtige kirchenamtliche Lehre verkündet den Eigenwert aller Lebewesen und der gesamten Schöpfung. Sie betont jedoch ebenso die gegenseitige Verflechtung und Interdependenz aller Kreaturen. In *Laudato Sí* betont Papst Franziskus, „dass sämtliche Geschöpfe des Universums, da sie von ein und demselben Vater erschaffen wurden, durch unsichtbare Bande verbunden sind und wir alle miteinander eine Art universale Familie bilden, eine sublime Gemeinschaft." Der Papst fährt fort: „Ich möchte daran erinnern, dass ‚Gott uns so eng mit der Welt, die uns umgibt, verbunden [hat], dass die Desertifikation des Bodens so etwas wie eine Krankheit für jeden Einzelnen ist, und wir [...] das Aussterben einer Art beklagen [können], als wäre es eine Verstümmelung'."[88]

Gegen Anfang dieses ersten Kapitels wurde über die Ausrottung des Dodo berichtet und darüber, dass die christliche Lehre von der göttlichen Bestimmung der vernunftlosen Tiere zum Wohle des Menschen und zum Gebrauch durch ihn nicht unwesentlich dazu beigetragen hat. Am Ende des

Kapitels erfahren wir, dass der amtierende Papst ein solches Aussterben einer Tierart in ökozentrisch anmutender Art und Weise als *Verstümmelung* der mit allen anderen Geschöpfen verbundenen Menschheit bezeichnet.

Eine „natürliche" Beziehung zu Tieren?

Die eben dargelegten neueren päpstlichen und bischöflichen Lehraussagen über die Tiere betonen ganz offensichtlich den Eigenwert jedes Tieres und die ökologische Verbundenheit aller Wesen mit- und untereinander. Das ist ein nicht zu unterschätzender Wandel in der theologischen Schöpfungslehre, den es zu würdigen gilt. Die Frage, ob diese neuen theologischen Akzentsetzungen Verhaltensänderungen im täglichen Umgang mit Tieren zur Folge haben sollten und, falls ja, welche genau, wurde in den genannten kirchenamtlichen Dokumenten bestenfalls sehr allgemein beantwortet. Das konkrete Handeln der meisten Christen ist explizit oder implizit nach wie vor von der traditionellen theologischen Überzeugung geprägt, der Mensch sei die Krone der Schöpfung und die übrige Kreatur habe ihm bis zur Hingabe und Opferung des Lebens zu dienen. Wäre es anders, würden wissenschaftliche und medizinische Tierversuche in bischöflichen Hirtenbriefen als moralisches Problem benannt und ihre sittliche Qualität sowie ihre wissenschaftliche Relevanz in Frage gestellt. Wäre es anders, würde es in Spanien zumindest einen Bischof geben, der sich gegen das grausame, religiös verbrämte Ritual der Stierkämpfe stellt. Wäre es anders, würden Bischöfe, Pfarrer und fromme Kirchgänger nicht der Jagd als Hobby nachgehen. Wäre es anders, würden sich auch viel mehr Christen vegetarisch oder vegan ernähren.

Kurz nach seiner Ernennung zum Bischof der österreichischen Diözese Graz-Seckau im April 2015 wurde Wilhelm

Krautwaschl von der lokalen Kirchenzeitung gefragt, ob er Tiere möge. „Ich bin auf einem Bauernhof aufgewachsen", antwortete der neue Bischof, „da bekommt man eine sehr gute und natürliche Beziehung zu den Tieren." Gut und schön. Worin aber zeigt sich für Krautwaschl diese gute und natürliche Beziehung zu Tieren? Seine verblüffende Antwort lautet: „Meine wichtigste Aufgabe war das ‚Sauschwanzerl-Halten' [Halten des Schweineschwanzes] beim Schlachten."[89]

Wilhelm Krautwaschl ist ein frommer und freundlicher, offener und auf die Menschen zugehender Bischof. Er ist, wie er selbst bekennt, in kleinbäuerlichen Verhältnissen aufgewachsen und durch sie stark geprägt. Es ist dies ein Kontext, in dem das Schlachten von Tieren selbstverständlich ist, so selbstverständlich jedenfalls, dass Krautwaschl eine Schlachtszene als Musterbeispiel für eine vorbildliche, natürliche Mensch-Tier-Beziehung in den Sinn kommt. Dieser idyllisch verklärte, kleinbäuerlich-agrarisch geprägte Blick auf so genannte Nutztiere, die man zwar kennt und die Namen haben, deren Lebenszweck und -sinn aber dennoch ausschließlich darin besteht, dem Menschen zu dienen und für den Menschen geschlachtet zu werden, bestimmt noch heute die Einstellung und das Essverhalten des überwältigenden Teils der Christen. Die Tatsachen, dass die Bauernhöfe der Vergangenheit weder für Mensch noch für Tier eine Idylle darstellten, und dass die kleinbäuerliche Landwirtschaft sukzessive durch agroindustrielle Tierfabriken abgelöst wurde und diese Entwicklung noch weitergeht, wird ausgeblendet. Wie sonst wäre es zu erklären, dass fast alle Theologen, Pfarrer und Bischöfe und, soweit ich weiß, auch der Papst selbst, mehr oder weniger unbekümmerte Omnivoren, also Alles(fr)esser sind, die auch Tiere bedenkenlos verspeisen? Mag sein, dass der eine oder die andere dieser Christen zumindest gelegentlich darauf achtet, dass Fleisch, vielleicht auch noch Milch und Eier, die er oder sie konsumiert, aus artgerechter Tierhaltung stammen, aber das ist eine verschwindende Minderheit. Die große Mehrheit aller Christen, der Katholiken wie der Protestanten, der Anglikaner wie der Orthodoxen, hat – zumindest was ihr tatsächliches Verhalten betrifft – keine Probleme damit, sogenannte Nutztiere auf engem Raum einsperren, in kurzer Zeit mästen und im Kindesalter unter hohem Stress am laufenden Band schlachten zu lassen. Dies scheint den meisten Christen der angemessene und unhinterfragte Preis zu sein, den sogenannte Nutztiere eben zahlen müssen, damit die Menschen ihren Geschmackskonservatismus und ihre davon bestimmten kulinarischen Vorlieben aufrecht erhalten können. Wenn aber, wie Papst Franziskus in *Laudato Sí* so eindrucksvoll formuliert, die Desertifikation des Bodens jeden einzelnen Menschen wie eine Krankheit betrifft und das Aussterben einer Art wie eine Verstümmelung, warum gilt Gleiches nicht auch für die Intensiv- und Massentierhaltung in Tierfabriken, die fühlenden Wesen massive Einschränkungen und Schmerzen zufügt und zudem maßgeblich zur Desertifikation der Böden beiträgt?[90] Ist die traditionelle christliche Tierethik nicht durch tiefgreifende Ambivalenzen und Widersprüche gekennzeichnet? Werden diese Ambivalenzen und Widersprüche in den Kirchen überhaupt als solche wahrgenommen? Ist die Macht kollektiver Gewohnheiten so stark, dass selbst neue naturwissenschaftliche Erkenntnisse über Tiere, menschliches Mitgefühl und eine franziskanische Schöpfungsspiritualität sie nicht brechen können? Stimmt der Vorwurf von Kirchenkritikern, das christliche Verhältnis zu den Tieren sei im Innersten nach wie vor von einem arroganten Anthropozentrismus geprägt, vielleicht doch? Hier soll zunächst nur so viel gesagt werden: Christen verhalten sich gegenüber Tieren unter anderem deshalb ambivalent und widersprüchlich, weil diese Ambivalenz und Widersprüchlichkeit fast die gesamte christliche Ethik durchzieht. Sie ist in den Schriften der Bibel grundgelegt.

II. Die Bibel: Gottes Lizenz zum Töten von Tieren?

In seinem geistreichen kurzen Roman *Das Leben der Tiere* erzählt der südafrikanische Literaturnobelpreisträger John M. Coetzee von der Schriftstellerin Elizabeth Costello. Frau Costello erhielt vom Appleton College, einer angesehenen Hochschule in einer amerikanischen Kleinstadt, die Einladung, die prestigeträchtigen Gates-Gastvorträge zu halten. Diese Vorlesungen werden vom College jedes Jahr einer anderen prominenten Person übertragen. Zum Thema ihrer Vorlesungen am Appleton College, wo ihr Sohn John Assistenzprofessor für Physik und Astronomie ist, hat Costello nicht ihr eigenes Leben oder ihre Romane gewählt, sondern ein Problem, das sie persönlich seit längerem sehr beschäftigt, nämlich die Beziehung zwischen Menschen und Tieren, vor allem die menschliche Grausamkeit gegenüber Tieren. „Wenn ich zu Ihnen über Tiere spreche", erklärt Costello in ihrem ersten Vortrag, „will ich Sie mit der Schilderung der Schrecken ihres Lebens und Sterbens verschonen. Obschon ich keinen Grund zu der Annahme habe, dass Ihnen deutlich vor Augen steht, was Tieren in diesem Augenblick überall auf der Welt angetan wird – in Produktionsstätten (ich zögere, sie noch Bauernhöfe zu nennen), in Schlachthöfen, auf Fischtrawlern, in Versuchslabors. [...] Ich möchte Sie nur darauf hinweisen, dass diese Schrecken, die ich hier ausspare, trotzdem im Mittelpunkt dieser Vorlesung stehen."[91]

Nach dieser ersten Vorlesung findet ein feierliches Abendessen zu Ehren von Frau Costello statt, zu dem Professor

Garrard, der Rektor des College, eingeladen hat. In der Tischkonversation kommt Garrard auf religiöse Speisevorschriften zu sprechen. Er regt damit eine lebhafte Diskussion über reine und unreine Nahrungsmittel an, über Schlachtvorschriften und über Sühnerituale, mit denen man schon in der Antike den Segen Gottes für das Schlachten und Essen von Tieren erbeten hat. „Vielleicht ist das der Ursprung der Götter", wirft Costello ein. „Vielleicht haben wir die Götter erfunden, damit wir sie verantwortlich machen können. Sie haben uns erlaubt, Fleisch zu essen. ... Es ist nicht unsere Schuld, es ist die ihre. Wir sind nur ihre Kinder." „Und das glauben Sie?", fragt die Frau des Rektors vorsichtig. Frau Costello antwortet mit einem Bibelzitat: „Und Gott sprach: Alles, was sich regt und lebt, das sei eure Speise." Und sie fügt hinzu: „Das ist bequem. Gott hat uns gesagt, dass es in Ordnung ist."[92]

In diesem Kapitel werde ich mich mit Frau Costellos folgenschwerem Verdacht auseinandersetzen, Gott sei nichts Anderes als eine menschliche Projektion, die dazu diene, das Töten und Essen von Tieren zu gestatten und damit die Menschen aus ihrer Verantwortung zu entlassen. Dabei steht hier nicht die metaphysische Frage nach der Existenz Gottes im Mittelpunkt, sondern die metaethische und theologische Frage, ob eine bestimmte, in einem konkreten historischen Kontext entstandene Bibelstelle legitimerweise als unangreifbare ethische Norm und als autoritativer, für alle Zeiten gültiger Ausdruck des Willens Gottes verstanden werden darf. Anders ausgedrückt: Hat Elisabeth Costello recht, wenn sie den Christen vorwirft, daran zu glauben, dass die Herrschaft des Menschen über die Tiere dieser Erde und damit auch das Recht, sie zu töten und zu essen, als göttliches Wort und göttlicher Wille unverrückbar für alle Zeiten in der Bibel festgeschrieben sind? Und hat sie recht, dass sich nach christlicher Überzeugung deshalb jede weitere ethische Diskussion darüber erübrige, ob der Mensch Tiere töten und essen dürfe?

Die kulinarische Praxis des überwiegenden Teils der Christen gibt Frau Costello recht: Bis auf wenige Ausnahmen wird Fleisch in christlichen Familien ebenso wie in Ausbildungsstätten des christlichen Klerus, in katholischen Bildungshäusern wie in evangelischen Akademien, im Vatikan wie im Bible Belt als selbstverständlicher und fester Bestandteil des Speiseplanes gesehen. Fleisch ist eine Gabe Gottes, für die man Gott im Tischgebet dankt: „Herr, segne uns und diese Gaben, die wir von Deiner Güte empfangen haben, durch Christus, unseren Herrn. Amen.“[93] Und wenn es einmal kein Fleisch gibt, dann eben meist Fisch. Fische sind Kaltblüter, atmen unter Wasser, säugen keine Jungen und gelten traditionell als Fastenspeise. Aber Fische besitzen ebenso wie Säugetiere und Vögel Intelligenz und individuelle Charaktereigenschaften, sie benutzen Werkzeuge und empfinden Schmerzen.[94]

Die Auseinandersetzung mit Elizabeth Costello ist nur sinnvoll, wenn man ihr zentrales Argument, dass Christen sich auf Gottes Erlaubnis berufen bzw. ausreden würden, wenn sie Tiere essen, ernst nimmt. Das wird hier getan. Dieses Kapitel ist deshalb ein ehrlicher Versuch, sich Costellos kritischer Interpretation grundlegender theologischer Konzepte wie des Willens Gottes oder des Wortes Gottes zu stellen. Immerhin haben beide Konzepte dazu gedient und dienen weiterhin dazu, die Unterwerfung der Tiere unter die Vorherrschaft des Menschen sowie das Recht des Menschen, Tiere zu nutzen und zu töten, göttlich zu legitimieren.

1. Gottes Wille und die Versuchung des *Sakralismus*

Die Geschichte demonstriert zur Genüge, dass Religion im Allgemeinen, das Konzept von „Gottes Willen“ im Besonderen, dazu verwendet wurden und manchmal heute noch werden, um Unterdrückung und Gewalt, vermeidbare Not und soziales Elend zu rechtfertigen. „Vom Willen Gottes sprechen“, behauptete der große niederländische Theologe Edward Schillebeeckx deshalb zu Recht, „ist nicht selten eine Gotteslästerung: Verabsolutierung eines Status quo, eines dummen Zufalls oder der eigenen Ansicht, die auf Gott projiziert wurde. ... Gläubige aus vielen Religionen haben ... den Namen und den Willen Gottes allzu oft missbraucht und dabei dem Menschen seine menschliche Würde und sein Glück vergällt, ihn geknechtet und entehrt.“[95]

Ebenso wie Informatiker und Immobilienmakler bedienen sich auch Theologen häufig und gerne eines Fachjargons. Fachsprachen dienen einerseits dazu, die Gruppe der Wissenden von der Gruppe der Unwissenden abzugrenzen. Fachbegriffe können andererseits auch dazu beitragen, einen Sachverhalt präzise zu benennen und zu thematisieren. Der Fachbegriff des *Sakralismus* ist so ein Wort.

Sakralismus ist ein theologischer Begriff, der bisher vor allem im englischen Sprachraum *(sacralism)* verwendet wurde und auch dort eher selten. Die renommierten Theologen Matthew Lamb und Gregory Baum verstehen darunter einen Gebrauch von Religion, der dazu dient, Unterdrückung und Unmenschlichkeit, Gewalt und Ausbeutung zu rechtfertigen und theologisch zu überhöhen. In seinem Werk *Solidarity with Victims* stellt Lamb der theologischen Wissenschaft diesbezüglich ein schlechtes Zeugnis aus: „Zu fast jeder ideologisch verzerrten Denkweise, die in der Geschichte ihre Fratze zeigte, gibt es eine Theologie, die sie unterstützt. [...] Es gibt unzählige Theologien, die sich bemüht haben, Imperialismus, Kolonialismus, Rassismus, Sexismus, Kapitalismus, Militarismus, Totalitarismus, Kommunismus, ... Faschismus, Antisemitismus, Nazismus, Chauvinismus ... [und] klerikalen Autoritarismus zu rechtfertigen.“[96] Der kanadisch-deutsche Theologe Gregory Baum, der am Zweiten Vatikanischen Konzil als theologischer Berater (Peritus) wirkte, ist der Ansicht, dass besonders katholische Frauen heute oft der Gedanke kommt, Gott werde von den männlichen Oberhirten ihrer Kirche dazu verwendet, ihnen die Gleichberechtigung zu verwehren: „Der Gedanke, dass Gott nur ein ideologisches Konstrukt ist, um die Ordnung einer ungerechten Gesellschaft aufrecht zu erhalten, beunruhigt heute zahlreiche Katholiken. Vor allem Frauen fragen sich oft, ob der Gott, den die Kirche verkündet, nur eine religiöse Überhöhung des Patriarchats sei. Jahrhunderte lang hat die Kirche es vorgezogen, die christliche Botschaft jenen Menschen, die von der Gesellschaft ungerecht behandelt wurden, als Mittel der Vertröstung zu verkünden, nicht als Inspiration für ihre umfassende Befreiung."[97]

Der Begriff „Wille Gottes" ist historisch belastet, denn das Christentum hat sich im Laufe seiner Geschichte nicht selten als „zerstörerische Religion"[98] manifestiert und seine Zerstörungen durch den Verweis auf Gottes Willen gerechtfertigt. Unter Berufung auf den Willen Gottes wurden Kriege geführt, Ketzer verbrannt, Sklaven gehalten und indigene Völker zwangsmissioniert. „Deus lo vult!" (mittelalterliches Latein für „Deus vult!", „Gott will es!") rief die Menschenmenge, als Papst Urban II. im Jahre 1095 zur Teilnahme am ersten Kreuzzug aufrief, und „Gott will es!" wurde dann auch zum allgemeinen Schlachtruf der Kreuzfahrerheere.[99]

Ist auch die traditionelle christliche Auffassung, dass die Tiere Gottes Willen gemäß dem Menschen untergeordnet sind, ihm als Nahrung zu dienen haben und der Mensch ihnen deshalb das Leben nehmen darf, ein solch ideologisches Konstrukt? In die Fachsprache der theologischen Ethik übersetzt würde die Frage lauten: Ist Speziesismus eine Spielart des Sakralismus? Dieser Verdacht legt sich nahe. Aber ist nicht, so kann man erwidern, gerade in den von Christen als Heilige Schrift und Wort Gottes verstandenen Büchern der Bibel festgehalten, dass der Mensch über die Tiere herrschen und sie ihm als Nahrung dienen sollen? Ist nicht, wie Frau Castello es deutlich ausspricht, die Bibel eine göttliche

Lizenz zum Töten und Essen von Tieren? „Gott hat uns gesagt, dass es in Ordnung ist“[100]: Nach Elizabeth Costello hat diese Erlaubnis, die in der Bibel als göttlicher Wille ausgewiesen ist, dazu geführt, dass Christen sich in ihrem traditionellen Verhalten gegenüber Tieren bestätigt, von jedem Zweifel befreit und von jeder Schuld freigesprochen fühlen.

2. Gottes Wille als das Glück aller Wesen

Zeitgenössische Theologie ist, was das Wissen um den Willen Gottes betrifft, vorsichtiger und demütiger geworden. Sie behauptet nicht, den Willen Gottes von vornherein in allen Einzelheiten unfehlbar zu kennen. „Niemand hat Gottes Sicht der Dinge oder erfüllt Gottes Willen auf Gottes Art und Weise“[101], stellte der anglikanische Theologe und ehemalige Bischof von Durham, David Jenkins, klar. Die Theologie hat erkannt, dass der Wille Gottes sowohl im Hinblick auf persönliche Lebensentscheidungen als auch im Hinblick auf allgemeine moralische Normen nicht vom Himmel fällt, sondern eine menschliche Suchbewegung voraussetzt, die göttliche Offenbarung und kirchliche Tradition, Achtsamkeit für die *Zeichen der Zeit* und kritische Rationalität zueinander in Beziehung setzt.

In modernen Theologien wird der Wille Gottes zurückgebunden an das Wohl des Menschen, an das Glücken seines Lebens. In eindrucksvoller Sprache hat der bekannte Schweizer Theologe Hans Küng dieses revidierte theologische Verständnis des Willens Gottes schon vor über vier Jahrzehnten in seinem Bestseller *Christ sein* dargelegt: „Gott will nichts für sich, nichts zu seinem Vorteil, nichts für seine größere Ehre. Gott will nichts anderes als den Vorteil des Menschen, seine wahre Größe, seine letzte Würde. Also das ist der Wille Gottes: *das Wohl des Menschen.* Gottes Wille, von der ersten bis zur letzten Seite der Bibel, zielt auf das Wohl des Menschen auf allen Ebenen, zielt auf das definitive und umfassende Wohl, biblisch das ‚Heil' des und der Menschen. Gottes Wille ist ein helfender, heilender, befreiender Heilswille. Gott will das Leben, die Freude, die Freiheit, den Frieden, das Heil, das letzte große Glück des Menschen: des Einzelnen wie der Gesamtheit."[102]

Die von Küng vorgelegte Definition verbietet, Eroberungskriege und Sklaverei, Ausbeutung und soziale Not mit der Berufung auf Gottes Willen zu legitimieren. Sie untersagt, diesen Willen mit obsoleten kirchlichen Traditionen und spätmodernen ökonomischen Ideologien zu verwechseln. Die Rückbindung des Willens Gottes an das Glück und Glücken des Lebens aller und jedes einzelnen Menschen ist deshalb ein gewaltiger theologischer Fortschritt: keine religiöse Rechtfertigung von Imperialismus und Totalitarismus, Antisemitismus und Homophobie, Rassismus und Sexismus!

Doch so befreiend Küngs Definition des Willens Gottes im Vergleich zu früheren Erklärungsversuchen auch ist, so bleibt sie doch eindeutig anthropozentrisch: Gottes Wille erscheint demnach unvereinbar zu sein mit Rassismus und Sexismus, nicht aber mit Speziesismus! Der Gott Hans Küngs ist einer, der sich ausschließlich um menschliches Wohl und menschliches Gedeihen zu sorgen scheint. Das hängt u. a. damit zusammen, dass die erste Auflage von *Christ sein* im Jahre 1974 publiziert wurde, ein Jahr vor Peter Singers *Animal Liberation* und zwei Jahre vor Andrew Linzeys *Animal Rights*. Der sogenannte *Animal Turn*, ein Begriff, der das „wachsende wissenschaftliche Interesse an Tieren, an der Beziehung zwischen Menschen und anderen Tieren und die Rolle und den Status von Tieren in der (menschlichen) Gesellschaft"[103] beschreibt, stand zwar kurz bevor, war aber noch nicht erfolgt. Das Problem ist jedoch grundsätzlicher: Die christlichen Kirchen und die theologische Ethik tun sich trotz gewisser Fortschritte und löblicher Ausnahmen auch nach dem *Animal Turn* im Großen und Ganzen nach wie vor schwer, wirklich tierfreundlich und tiergerecht zu sein.

In einer Zeit, die um die Bedeutung des interreligiösen Dialogs weiß, macht es Sinn, auf die buddhistische Ethik zu blicken, auf die buddhistischen Geisteshaltungen des Nicht-Verletztens (ahimsā) und des Mitgefühls (karuna) und auf deren Ausweitung auf alle Wesen, wobei unter „Wesen“ vorrangig fühlende, schmerzsensible Wesen verstanden werden. Mitgefühl wird im Buddhismus definiert als „der Wunsch, dass alle Wesen frei von Leid sein mögen.“[104] „Mögen alle Wesen frei von Leiden und den Bedingungen für Leiden sein! Mögen alle Wesen Glück und die Bedingungen für Glück besitzen! Mögen alle Wesen glücklich sein!“[105], lautet ein bekannter buddhistischer Segensspruch. Dementsprechend wäre Hans Küngs Definition des Willens Gottes in einer post-anthropozentrischen Ethik, die alle Geschöpfe, vor allem aber die empfindungsfähigen, mit berücksichtigt, wie folgt umzuformulieren: Gott will nichts für sich, nichts zu seinem Vorteil, nichts für seine größere Ehre. Gott will nichts anderes als den Vorteil seiner Geschöpfe, zumal der empfindungsfähigen, ihre artspezifische Entfaltung, ihre letzte Würde. Also das ist der Wille Gottes: *das Wohl aller Wesen.* In diesem Sinne ist Gottes Wille gleichzeitig Auftrag an den Menschen.

Den Willen Gottes als Auftrag an den Menschen zu verstehen, die Integrität der Schöpfung, also ihre fundamentale Gutheit, anzuerkennen und zu respektieren, und sich für das Wohl aller Wesen, zumal der empfindungsfähigen, einzusetzen, ist eine fundamentale und unverzichtbare, aber doch recht allgemeine ethische Vorgabe. Sie dispensiert uns nicht davon, uns mit Moralphilosophie, Ethologie, Bibelexegese und mit anderen wissenschaftlichen Disziplinen auseinanderzusetzen. Sie erspart uns nicht, im Kontakt mit den praktischen Erfahrungen der Menschen weitere ethische Grundsätze (elementare oder dünne Moral) und detaillierte

Handlungsanweisungen (differenzierte oder dichte Moral) zu formulieren.[106] Den Willen Gottes zu erkennen und praktisch umzusetzen, bedeutet demnach aus ethischer Sicht, sich für jene Handlungsoption zu entscheiden, die uns unter den gegebenen Bedingungen als die fairste, mitfühlendste und gerechteste zugunsten aller Kreaturen und jeder einzelnen Kreatur Gottes erscheint. Das bedingt, dass wir moralischen Konflikten und Dilemmas mitunter nicht ausweichen können. Gerade in diesen wird uns aber bewusst werden, dass wir den Willen Gottes häufig nur auf eine vorläufige und annähernde Weise finden, ja in gewisser Weise vernünftig und verantwortlich „er-finden" können. „Ich habe dazu geneigt, alles, was passiert, als Wille Gottes zu akzeptieren", bekennt der englische Theologe und katholische Priester Kevin Kelly. „Inzwischen habe ich erkannt, dass Gottes Wille nur dann wirklich in die Tat umgesetzt wird, wenn ich für all das, worüber ich selbst entscheiden kann, die volle Verantwortung übernehme. [...] Gottes Wille ist nicht von vornherein in einer Art göttlichen Datenbank festgelegt. [...] Wir lassen Gottes Willen gleichsam entstehen oder, besser ausgedrückt, Gottes Wille nimmt durch unsere Entscheidungen Form an. [...] Es geht bei Gottes Willen nicht darum herauszufinden, welche ethischen Entscheidungen Gott für uns bereits getroffen hat, damit wir diese dann in die Tat umsetzen. Es geht vielmehr darum, Gottes Wille in uns [und gemeinsam mit anderen] zu entdecken, indem wir so entscheiden, wie es den Kriterien der Liebe und der Verantwortung am besten entspricht."[107] Dass es sich dabei nur um die Liebe und Verantwortung für alle (empfindungsfähigen) Wesen handeln kann, ist im Kontext dieses Textabschnittes offensichtlich.

3. Gottes Wort im historischen Kontext

In einem Punkt ist Frau Costello zweifellos recht zu geben: Die von ihr zitierte Bibelstelle Gen 9,3 („Alles Lebendige, das sich regt, soll euch zur Nahrung dienen.“) hat neben anderen, vor allem jener im Buch Genesis, die vom Auftrag Gottes an die Menschen spricht, sich die Erde zu unterwerfen und über Fische, Vögel und Landtiere zu herrschen (Gen 1,28) wirkungsgeschichtlich entscheidend dazu beigetragen, das Töten, das Essen sowie andere Nutzungsmöglichkeiten von Tieren ethisch zu legitimieren. Das ist bis heute so. So heißt es in Paragraf 2417 des Katechismus der Katholischen Kirche klipp und klar: „Gott hat die Tiere unter die Herrschaft des Menschen gestellt, den er nach seinem Bild geschaffen hat. [...] Somit darf man sich der Tiere zur Ernährung und zur Herstellung von Kleidern bedienen. Man darf sie zähmen, um sie dem Menschen bei der Arbeit und in der Freizeit dienstbar zu machen. Medizinische und wissenschaftliche Tierversuche sind sittlich zulässig, wenn sie in vernünftigen Grenzen bleiben und dazu beitragen, menschliches Leben zu heilen und zu retten.“[108]

Der zitierte Paragraf aus dem Katechismus der katholischen Kirche zeigt deutlich auf, dass sich auch das kirchliche Lehramt bei seiner Aufzählung der menschlichen Verwendungsmöglichkeiten von Tieren auf Gottes Autorität beruft: Weil Gott die Tiere nach der Bibel unter die Herrschaft des Menschen gestellt hat und weil nur der Mensch nach Gottes Bild geschaffen ist, darf der Mensch Tiere ohne Gewissensbisse dafür gebrauchen, um seine eigenen Bedürfnisse zu befriedigen. Elizabeth Costellos Kommentar zu dieser Passage des Katechismus, die die Verwendung und Tötung von Tieren theologisch legitimiert, würde, wie wir wissen, lauten: „Das ist bequem. Gott hat uns gesagt, dass es in Ordnung ist.“[109]

Elizabeth Costello hält eine solche ethische Begründung für unbefriedigend. Sie hat recht, sie ist es auch. Wenn man aber zeigen will warum, wird man auch Frau Costello kritische Anfragen nicht ersparen können. Denn bei ihrer demonstrativen Wiedergabe einer konkreten Bibelstelle als Beleg für Gottes Willen bzw. Gottes Lizenz zum Töten von Tieren ist sie sich offenbar nicht bewusst, dass biblische Texte in einer bestimmten historischen Situation entstanden sind und der sachkundigen Auslegung wie der schöpferischen Übersetzung in neue Kontexte bedürfen. Dass wissenschaftliche Wort dafür heißt „Hermeneutik“[110].

Die Bibel ist eine Sammlung von zahlreichen Texten verschiedener literarischer Gattungen aus unterschiedlichen vergangenen Zeitepochen. Die meisten biblischen Texte sind sogar, wie der katholische Neutestamentler und Pfarrer von St. Etheldreda's in London, Tom Deidun, feststellt, „nicht bloß allgemein historisch und kulturell bedingt, sondern in viel engerem Sinn kontextuell, denn sie sind auf ganz bestimmte Situationen bezogen und auf dem Hintergrund ganz bestimmter Verhältnisse entstanden.“[111] Der komplexen Frage der Vermittlung dieser historischen Texte in die Gegenwart kann man nicht dadurch entkommen, dass man sich einem unkritischen Biblizismus und naiven Legalismus verschreibt, der einzelne streng kontextbezogene biblische Moralforderungen unreflektiert und vorschnell für überzeitlich gültig erklärt. Theologische Redlichkeit erfordert zudem zuzugeben, „dass sich in der Bibel Heiliges und Unheiliges, Göttliches und Magisches, Menschliches und Unmenschliches in engster Vermischung finden, ähnlich wie in der ganzen Menschheitsgeschichte.“[112] Wer der Bibel gerecht werden will, benötigt Kenntnisse der historisch-kritischen Exegese; er oder sie muss sich zudem bewusst sein, dass die Bibel kein Handbuch der Ethik und Moral ist, „in welchem auf alle konkreten sittlichen Fragen wenn schon nicht aller Zeiten, so doch jener Zeit systematisch geordnete … Antworten zu finden wären.“[113]

Was bedeutet dies im Hinblick auf Elizabeth Costellos auf Gen 9,3 gestütztes Argument, dass Gott das Töten und Essen von Tieren gestattet habe? Man wird diesem Text nur gerecht, wenn man seine situativen Rahmenbedingungen berücksichtigt. Der Satz „Alles Lebendige, das sich regt, soll euch zur Nahrung dienen“ ist kein autoritatives und endgültiges, ewiges und unangreifbares Urteil Gottes, das das Töten und das Essen von Tieren für alle Zeiten und Orte gestattet, sondern ein im Rahmen der Erzählung von der Sintflut berichtetes situationsbedingtes Zugeständnis an schwache und gebrechliche Menschen in der Zeit nach der großen Flut, in der es offenbar wenig essbare Pflanzen gab. Außerdem sollte klar sein, dass der biblische Autor oder die Autoren der Sintflut-Erzählung nicht über heutige Kenntnisse der Zoologie und der kognitiven Ethologie (Verhaltensbiologie), der Neurowissenschaften und der Ernährungsmedizin verfügten.[114] Ihre Kenntnis über Tiere und deren Intelligenz und Empfindungsvermögen entspricht nicht der unseren.

Altes / Erstes Testament: Der Mensch als Ebenbild Gottes und omnivorer Herrscher über die Tiere?

Im Ersten Testament der Bibel wimmelt es von Tieren: Schaf, Ziege, Rind, Hund, Esel, Pferd, Kamel, Elefant, Schwein, Taube, Bär, Leopard, Löwe, Geier, Wolf, Schakal, Fuchs, Strauß, Hirsch, Gazelle, Steinbock, Nilpferd, Krokodil, Schlange, Skorpion, Käfer, Ameise, Heuschrecke, Biene, Frosch und Fisch.[115] Mensch und Tier werden grundsätzlich als aufeinander bezogene und existenziell voneinander abhängige Geschöpfe des einen Gottes gesehen, der „mit allem Fleisch“, also sowohl mit Menschen als auch mit Tieren, einen Bund (Gen 9,8–17) geschlossen hat.[116] Das Tier gilt als der erste Gefährte des ersten Menschen und wird wie der Mensch als beseelt und empfindsam betrachtet. Tiere haben ebenso wie Menschen ein Anrecht auf Ruhe an dem von Gott eingesetzten Sabbat, an dem nicht gearbeitet werden soll.[117] Man findet in den biblischen Texten eine Wertschätzung der Tiere, die über eine rein instrumentelle Sicht hinausgeht: „Der Gerechte weiß, was sein Vieh braucht, doch das Herz der Frevler ist hart." (Spr 12,10)

Freilich ist dem Ersten Testament auch der Gedanke, Tiere existierten primär zum Nutzen des Menschen, nicht fremd. Die Instrumentalisierung und Unterdrückung der Tiere im Christentum wird dann auch oft mit dem am Beginn der Bibel zu findenden sogenannten Herrschaftsauftrag, Herrschaftsbefehl oder „Unterwerfungsauftrag"[118] in Verbindung gebracht. In diesem überträgt Gott den ersten Menschen die Herrschaft über die Erde („dominium terrae"), die Fische des Meeres, die Vögel des Himmels und das Vieh auf dem Land. (Gen 1,26.28; vgl. auch Ps 8,7–9) Es ist kaum zu leugnen, dass die betreffende Bibelstelle wirkungsgeschichtlich zur Legitimierung menschlicher Willkür gegenüber der übrigen Schöpfung beigetragen hat und dass sie „als Ermächtigung, mit Tieren wie mit Sachen zu verfahren"[119] verstanden bzw. missverstanden wurde. Dabei wurde übersehen, dass auch der Herrschaftsauftrag in einem konkreten geschichtlichen und kulturellen Kontext steht. Im alten Israel waren die Menschen nämlich „gegenüber der Tierwelt in der Minderheit, die Tierwelt stellte eine echte Bedrohung dar. Herrschaft und Kontrolle, die Lebensräume für Menschen schufen, galten in dieser Situation als hoher Wert."[120]

Heutige kirchenamtliche Erklärungen und theologische Traktate interpretieren den biblischen Herrschaftsauftrag nicht als Rechtfertigung von Unterdrückung, Ausbeutung und Verwüstung, sondern als Auftrag zu verantwortungsvollem Leiten, liebender Sorge und fürsorgendem Behüten.[121] Die Bibelwissenschaftlerin Silvia Schroer mahnt allerdings diesbezüglich zu einer gewissen Vorsicht und stellt klar, dass eine „apologetische Exegese, die die Gewaltaspekte völlig auszuklammern sucht und nur auf die Verantwortlichkeit bt, … zur Verarbeitung der Wirkungsgeschichte dieses schaftsbefehls nicht bei[trägt].“[122]

Ein weiter Grund dafür, dass die Tiere in der Geschichte des Christentums lange Zeit nicht als zu berücksichtigende moralische Objekte anerkannt wurden, liegt in einer falschen Auslegung der Lehre von der Gottebenbildlichkeit des Menschen (vgl. Gen 1,27): Nicht als Auftrag und Verpflichtung zu verantwortlichem Handeln gegenüber der übrigen guten Schöpfung Gottes wurde der biblische Topos der Gottebenbildlichkeit begriffen, sondern als Rechtfertigung menschlicher Rücksichtslosigkeit und Willkür gegenüber jenen Lebewesen, die die als Vernunftbegabung und Beseelung verstandene Gottebenbildlichkeit nicht teilen. Als kollektive Erinnerung prägt die kirchliche Lehre von der Gottebenbildlichkeit des Menschen und von seiner Stellung als „Krone der Schöpfung“[123] nicht nur die Kirchen bis in die Gegenwart, sondern auch die Sitten jener traditionell christlichen Gesellschaften, in denen sich inzwischen Säkularisierung und religiöser Pluralismus ausgebreitet haben. In den westlichen Wohlstandsgesellschaften sind christliche Feste wie Weihnachten, aber auch Ostern und mancherorts der Martinstag (Martini), Anlässe für einen immens hohen Fleischkonsum und damit auch Ursache für Leid und Tod von Millionen und Abermillionen von Tieren. Vor allem das Weihnachtsfest hat sich zu einem wahren „Schlachtfest zu Ehren des Heilands“[124] entwickelt, wie die Schauspielerin und Umweltaktivistin Barbara Rütting es einmal provokant ausdrückte.

Folgt aus der Gottebenbildlichkeit des Menschen und seiner Herrschaft über die Tiere tatsächlich, dass Menschen Tiere essen dürfen? Der Bibel zufolge war es jedenfalls nicht die ursprüngliche Absicht Gottes, den Menschen das Essen von Tieren zu gestatten. Diese Erlaubnis stellt vielmehr eine spätere Entwicklung dar. Gottes Lizenz zum Töten und Essen von Tieren hing mit der wachsenden Einsicht Gottes in die Schwäche und Bosheit des postlapsarischen Menschen, das heißt des Menschen nach dem Sündenfall, zusammen. Gleich zu Beginn der Bibel, nach der Erschaffung von Menschen und Tieren am sechsten Schöpfungstag, ist es noch anders. Dort unterweist Gott Adam und Eva mit folgenden Worten: „Hiermit übergebe ich euch alle Pflanzen auf der ganzen Erde, die Samen tragen, und alle Bäume mit samenhalten Früchten. Euch sollen sie zur Nahrung dienen. Allen Tieren des Feldes, allen Vögeln des Himmels und allem, was sich auf der Erde regt, was Lebensatem in sich hat, gebe ich alle grünen Pflanzen zur Nahrung." (Gen 1,29 f.)

Die Ernährungsweise im Paradies ist ganz offensichtlich eine vegetarische, noch präziser eine vegane. Auch die Ernährungsweise im eschatologischen Reich des messianischen Schöpfungs- und Tierfriedens ist eine vegane, wiederum sowohl für Menschen als auch für Tiere: „Dann wohnt der Wolf beim Lamm, der Panther liegt beim Böcklein. Kalb und Löwe weiden zusammen, ein kleiner Knabe kann sie hüten. Kuh und Bärin freunden sich an, ihre Jungen liegen beieinander. Der Löwe frisst Stroh wie das Rind. Der Säugling spielt vor dem Schlupfloch der Natter, das Kind streckt seine Hand in die Höhle der Schlange. (Jes 11,6–8; vgl. auch Jes 32,15–20; Hos 2,20 f.; Ez 34,25–30)

Immer wieder haben Theologen versucht, die Diskrepanz zwischen der nach der Sintflut erteilten Erlaubnis Gottes, Fleisch zu essen, und der veganen Diät des am Anfang und am Ende der Welt stehenden Paradieses mit überzeugenden Argumenten zu beseitigen oder mindestens zu nivellieren. Vegetarische und vegane Ernährung wurden als paradiesisches und eschatologisches, das heißt erst am Ende der Zeit verwirklichtes und nur im Reich Gottes mögliches Ideal gedeutet, dessen Umsetzung im konkreten menschlichen Alltag dieser Welt nicht verpflichtend sein kann oder sogar darf. So stellt das Bemühen, die eschatologische Vision vom Schöpfungsfrieden in Jesaja 11 bereits hier und jetzt durch

Verzicht auf das Töten von Tieren für Ernährungszwecke Stück weit Wirklichkeit werden zu lassen, für den bedeutenden evangelisch-reformierten Theologen Karl Barth eine eigenmächtige Vorwegnahme des „Dasein[s] in dem neuen Äon, dessen wir hoffen“[125] dar.

Barths Konzept einer *dialektischen Theologie*, die sich theologisch nichts von menschlicher Erkenntnis, alles aber von Gottes Wort erwartet, ist im Hinblick auf die Tötung von Tieren ein besonders anschauliches Beispiel für Elisabeth Costellos Vorwurf, dass der Mensch seine Verantwortung an Gott delegiert. Einerseits erkennt Barth die Ungeheuerlichkeit der menschlichen Anmaßung, Tieren das Leben zu nehmen: „Die Nähe des Tieres zum Menschen bringt es unweigerlich mit sich, dass der Mensch mit seiner Tötung etwas tut, was der Menschentötung mindestens sehr ähnlich ist.“[126] Andererseits interpretiert Barth das Töten von Tieren durch den Menschen als „Opfer“ und „Dahingabe“ des tierischen Lebens, zu dem der Mensch erst einer Ermächtigung durch Gott bedarf. Der Mensch muss „durch die Erkenntnis der Treue und Güte Gottes … dazu ermächtigt sein“, Tieren das Leben zu nehmen. Er kann ein Tier nur töten „im Wissen , dass es nicht ihm, sondern Gott gehört, dass er es mit seiner Tötung ihm übergibt, um dann das, was er für sich braucht und wünscht, wieder von ihm zurückzuempfangen.“[127]

Ich schlage eine andere, den *Animal Turn* theologisch und ethisch angemessen berücksichtigende Lesart der Texte über die paradiesische Pflanzendiät vor. Diese scheint mir den christlichen, auch in den biblischen Schriften ausgewiesenen Idealen von Liebe und Mitgefühl, Gerechtigkeit und Gewaltfreiheit wesentlich besser zu entsprechen als Barths wenig überzeugende Auslegung. Statt die Weigerung, Tiere für die menschliche Ernährung zu töten, als eigenmächtige Vorwegnahme einer eschatologischen Vision zu disqualifizieren, kann man Vegetarismus und Veganismus ganz im Gegenteil als präsentische oder „realisierte Eschatologie“[128] interpretieren. Vegetarische und vegane Ernährung sind aus dieser Perspektive Realisierungen des Reiches Gottes, punktuell, unvollkommen und ansatzweise zwar, aber dennoch paradiesischen Duft verströmend. Diese „endzeitlichen Verheißungen der biblischen Tradition – Freiheit, Friede, Gerechtigkeit, Versöhnung“ – zwingen, wie Johann Baptist Metz, der Begründer der neueren politischen Theologie, es formulierte, „immer neu in die gesellschaftliche Verantwortung hinein“. Der Respekt vor der Freiheit der Tiere und Gerechtigkeit gegenüber ihren Bedürfnissen und Interessen werden damit Ansporn und Auftrag, die endzeitlichen Verheißungen „unter den geschichtlichen Bedingungen unserer Gegenwart wirksam zu machen und sie so zu ‚bewahrheiten‘.“[129] Es geht darum, schon jetzt so zu leben und solche Lebensbedingungen für Tiere zu schaffen, die den eschatologischen Idealen eines messianischen Schöpfungs- und Tierfriedens zumindest ein Stück weit entsprechen.

Weder die Menschheit im Allgemeinen noch die Christen im Besonderen werden freilich in der Lage sein, den endzeitlichen Schöpfungsfrieden des Reiches Gottes hier auf Erden makellos, ohne Fehler und Mängel, zu verwirklichen, und das ist auch nicht von ihnen verlangt. Menschliche Bemühungen werden auch im Bereich der Tierethik vorläufig und bruchstückhaft sein und einem *eschatologischen Vorbehalt* unterliegen. Was Menschen tun, ist nicht in allen Details vollkommen und bleibt deshalb mehr oder weniger vorläufig. Selbst Veganer müssen akzeptieren, dass ihr Konsum von Obst, Gemüse und Getreide und die dafür notwendige (maschinelle) Ernte dieser Produkte indirekt zum Tod von Mäusen, Maulwürfen und anderen (empfindungsfähigen) Tieren beitragen. Sich dessen bewusst zu sein, kann vor perfektionistischen Zwängen und selbstgerechter Arroganz bewahren. Vorläufigkeit darf aber, wie Metz[130] betont, nicht mit Beliebigkeit verwechselt werden! Was wir tun und wie wir handeln, ob wir Schmerz und Leid, Freiheit und Gerechtigkeit vergrößern oder reduzieren, macht einen Unterschied. Es macht im Hinblick auf Gott einen Unterschied, im Hinblick auf die Mitmenschen und im Hinblick auf die Tiere.

Es sei noch angemerkt, dass das 5. Gebot des Dekalogs, das häufig mit „Du sollst nicht töten!“ (Ex 20,13; Dtn 5,17) wiedergegeben wird, in seinem spezifischen historischen Kontext weder das Töten von Tieren noch das Töten von Menschen in Notwehr, im Krieg und im Vollzug der Todesstrafe verurteilte. Auch Suizid ist nicht im Blick des biblischen Tötungsverbotes. Das Töten, das im 5. Gebot gemeint war und dessen spezifischer Inhalt den geschichtlichen Normadressaten klar war, bezieht sich auf ein bei den Israeliten rechts- und gemeinschaftswidriges Töten, das eben kein ausnahmsloses Tötungsverbot darstellt. Deshalb wird u. a. in der Einheitsübersetzung der Bibel das Gebot mit „Du sollst nicht morden!“ übersetzt.[131]

Dennoch hat das Gebot „Du sollst nicht töten!“ im Rahmen einer elementaren, grundsätzlichen Moral – der US-amerikanische Philosoph Michael Walzer spricht in diesem Fall von „dünner Moral“ oder „Minimalmoral“[132] – nach wie vor Bedeutung und zwar als allgemeine sittliche Norm mit Appellcharakter. Die Tatsache, dass das Töten von Tieren und das Töten von Menschen in Notwehr, im Krieg und in der Vollstreckung der Todesstrafe im ursprünglichen Kontext der hebräischen Bibel rechtlich und sittlich erlaubt war, bedeutet nicht, dass es auch heute genauso sein sollte oder sein müsste. Gerade deshalb ist eine zeitgenössische theologische Ethik herausgefordert, das kulturübergreifende, allgemeine Gebot „Du sollst nicht töten“ *(thin morality, dünne Moral, elementare Moral)* im Blick auf den zeitgeschichtlichen und kulturellen Kontext und seine spezifischen Probleme zu konkretisieren *(thick morality, dichte Moral, differenzierte Moral)*. Eugen Drewermann empfiehlt deshalb auch, sich „nicht länger damit zu beschäftigen, wie im Alten Orient das 5. Gebot gemeint war; wir sollten überlegen, wie es [heute] menschlich zu interpretieren ist."[133] Was die Konkretisierung des Tötungsverbotes im Hinblick auf das Schlachten und Essen von Tieren betrifft, ist Drewermann davon überzeugt, dass wir beides „eines baldigen Tages als eine erweiterte Form von Kannibalismus begreifen werden". Recht verstanden bedeute das 5. Gebot heute „Du darfst nichts töten, was lebt, außer im äußersten Notfall – und der darf nie die Regel werden."[134]

Neues Testament: War Jesus Christus Vegetarier?

Am Beginn seines öffentlichen Auftretens verbrachte Jesus Christus 40 Tage in der Wüste, wo er von Satan in Versuchung geführt wurde. Nach dem Markusevangelium lebte er in dieser Zeit „bei den wilden Tieren, und die Engel dienten ihm." (Mk 1,13)[135] Die Wüstenepisode zeigt Jesus als den „neuen Adam", der den Tierfrieden des Paradieses wiederherstellt und mit dem der bei Jesaja vorhergesagte eschatologische Schöpfungsfrieden angebrochen ist. Wo der Messias auftritt, sind das Reich Gottes und damit auch der Friede zwischen Mensch und Tier nahe gekommen.

Was aber lässt sich über das konkrete Verhalten des Jesus von Nazareth gegenüber Tieren sagen? Was hat er über Tiere gelehrt? Im Neuen Testament der Bibel, das in den Jahren 50 bis 130 n. Chr. entstanden ist, wird Jesus als Messias geschildert, der Mitgefühl predigt und sich mit den Armen, Kleinen und Benachteiligten solidarisiert. Er verkündete, dass Gottes „fürsorgende Vorsehung"[136] sich auch auf die Tiere erstrecke (Mt 6,26; Mt 10,29; Lk 12,6.24) und erklärte, dass die Rettung eines in den Brunnen gefallenen Ochsen oder eines in eine Grube gefallenen Schafes Vorrang habe vor der religiös verpflichtenden Einhaltung des Sabbatgebotes. (Lk 14,5; Mt 12,11) Nach seiner Auferstehung trug er den

Aposteln auf, seine Frohbotschaft *allen Geschöpfen* zu verkünden. (Mk 16,15) Keine Frage: Das ist dezidiert tierfreundlich.

In seiner Enzyklika *Laudato Sí* bezieht sich Papst Franziskus auf zwei dieser biblischen Textstellen, um Jesu Nähe zu den Tieren und zur übrigen Schöpfung Gottes herauszustellen. Dem Papst zufolge verweist Jesus darauf, dass der Schöpfergott eine väterliche Beziehung zu all seinen Geschöpfen habe. „Mit einer rührenden Zärtlichkeit" habe Jesus seine Jünger daran erinnert, wie jede Kreatur in Gottes Augen wichtig ist: ‚Verkauft man nicht fünf Spatzen für ein paar Pfennig? Und doch vergisst Gott nicht einen von ihnen' (Lk 12,6). ‚Seht euch die Vögel des Himmels an: Sie säen nicht, sie ernten nicht und sammeln keine Vorräte in Scheunen; euer himmlischer Vater ernährt sie' (Mt 6,26)."

Franziskus verschweigt jedoch, dass Jesus, nachdem er über die Sorge Gottes für die Spatzen gesprochen hat, seinen Zuhörern umgehend erklärt: „Ihr seid mehr wert als viele Spatzen." (Lk 12,7) Gewiss hat Jesus von Gottes fürsorgender Vorsehung für Spatzen und andere Vögel des Himmels gesprochen. Zugleich machte er aber deutlich, um wie viel mehr sich Gott um Menschen sorge als um Tiere. Gott ernährt die Vögel des Himmels, aber im Kontext klingt diese Aussage doch ein wenig so, als seien die Vögel vor allem ein didaktisches Mittel, um die noch größere Liebe Gottes zu den Menschen herauszustellen: „Seid ihr nicht viel mehr wert als sie?" (Mt 6,26)

Ob Papst Franziskus den Jesus des Neuen Testaments mit voller Absicht als besonders tierfreundlich dargestellt hat, lasse ich hier offen. Eine angemessene Übersetzung des besprochenen Bibeltextes für die Gegenwart, die die Sorge Gottes für Menschen *und* Tiere nebeneinander stellt und nicht hierarchisch vergleicht, stellt das 1905 entstandene populäre US-amerikanische Kirchenlied *His Eye Is on the Sparrow* dar. Im von Civilla D. Martin verfassten Text des Liedes heißt es im Refrain: „I sing because I'm happy / I sing because I'm free / For his [Jesus'] eye is on the sparrow / And I know he watches me“[137]: Jesu Auge ruht auf dem Spatzen und das verleiht die Gewissheit, dass er auch über dem Glaubenden wacht. Und diese Gewissheit macht den Glaubenden frei und glücklich und lässt ihn singen.

Manchmal wird Jesus vorgeworfen, er hätte absolut keine Sympathie für Tiere gehabt. So hat ihn etwa der bekannte deutsche Kirchenkritiker Karlheinz Deschner für die Tötung unzähliger Schweine durch den Exorzismus an einem Besessenen in der Gegend von Gerasa verantwortlich gemacht hat: „Und Jesus vernichtet zwecks Heilung eines einzigen Menschen - eines der fulminantesten, von allen Synoptikern berichteten neutestamentlichen Strafmirakel - zweitausend Schweine.“[138] Deschner übersieht bei seiner Verurteilung Jesu allerdings, dass dieser Bibeltext (Mk 5,1–20) nicht als Wiedergabe eines historischen Ereignisses zu verstehen ist, sondern symbolisch. Der evangelische Neutestamentler Matthias Klinghardt hat in einem Beitrag über die „Legionsschweine in Gerasa“[139] überzeugend aufgezeigt, dass dieser biblischen Episode eine antirömische Spitze zugrunde liegt, die für ihre Interpretation entscheidend ist. In Gerasa war eine römische Kavallerieeinheit, die *legio X Fretensis*, stationiert, auf deren Legionsfahnen ein Eber abgebildet war. Jesus vollzog an dem Besessenen einen Exorzismus, wobei er der „Legion“ der Dämonen gestattete, in eine Schweineherde zu fahren. Bemerkenswert scheint, dass die besessenen Schweine nicht in alle Richtungen flohen, wie das bei Schweinen üblich ist, wenn sie in Panik geraten. Das Verhalten der Schweine lässt viel „eher an eine in geschlossener Formation chargierende Kavallerieeinheit denken.“[140] Dies ist eines der Argumente dafür, dass diese Szene nicht wörtlich zu verstehen ist. Für die ersten Hörer und Leserinnen der Schweineepisode lag auf der Hand, was die historisch-kritische Bibelinterpretation erst rekonstruieren musste: Die im See ertrinkenden Schweine karikierten die Legionseber der römischen Kavallerieeinheit *X Fretensis*.

Nach einem Vortrag über christliche Tierethik, den ich vor einigen Jahren in einer Grazer Pfarrgemeinde gehalten habe, meldete sich eine betagte Ordensfrau und ließ mich wissen: „Jesus hat doch auch Fleisch und Fisch gegessen. Wenn der Heiland dieser Welt Tiere gegessen hat, ist es auch mir gestattet und stellt kein Problem für mich dar."

Was ist von diesem Argument zu halten? Zum einen ist anzumerken, dass eine solche persönliche Übernahme angeblicher oder tatsächlicher jesuanischer Verhaltensweisen selektiv nach meist unreflektierten Präferenzen erfolgt: Müsste die Ordensfrau sonst nicht auch alles daran setzen, wie Jesus als „Fresser und Säufer" (Lk 7,34) tituliert zu werden? Zum anderen muss man eingestehen, dass wir kein gesichertes historisches Wissen darüber haben, ob Jesus sich vegetarisch ernährte oder nicht. Sollte er Fleisch gegessen haben, so hat er als Jude im ersten Jahrhundert weder Fleisch aus Massentierhaltung – die es selbstverständlich nicht gab – noch Schweinefleisch gegessen; Fleisch von anderen Tieren, wenn überhaupt, ziemlich selten, denn Fleisch galt in der Zeit Jesu in Palästina als Luxus und wurde vor allem an den hohen jüdischen Feiertagen zubereitet. In der Antike aßen die meisten Menschen eine auf Getreide und anderen Pflanzen beruhende Kost. Irgendeine Art von Brot war das Hauptgericht, oft auch die einzige Speise der Mahlzeit.[141]

Es kann gut sein, dass dies auch bei Jesus so war. Manchen ist dies zu wenig; sie behaupten, er sei ganz sicher strenger Vegetarier gewesen. Sie berufen sich dabei u. a. auf das nur in wenigen Fragmenten erhaltene, um die Mitte des zweiten nachchristlichen Jahrhunderts entstandene Ebionitenevangelium und andere apokryphe Schriften.[142] Die kanonischen Evangelien liefern diesbezüglich keine eindeutige Antwort. Dass das letzte Abendmahl Jesu ein Paschamahl gewesen ist, an dem Jesus Lamm gegessen hat, ist nach Papst Benedikt XVI., der dabei dem an der University of Notre Dame in den USA lehrenden Exegeten John P. Meier folgt[143], nicht anzunehmen: „Jesus feierte Pascha ohne Lamm und ohne Tempel und doch nicht ohne Lamm und ohne Tempel. Er selbst ist das erwartete, das wirkliche Lamm [...] Und er ist selbst der wahre Tempel, der lebendige Tempel, in dem Gott wohnt und in dem wir Gott begegnen und ihn anbeten können."[144]

Das Neue Testament berichtet jedoch, dass Jesus eine riesige Menschenmenge speiste, indem er fünf Brote und zwei Fische wunderbar vermehrte (Mk 6,30–44 parr) und für viele ist klar, dass er dabei auch selbst Fisch und Brot aß. Außerdem wird nahegelegt (Joh 21,10–14) bzw. berichtet (Lk 24,42f.), dass der auferstandene Christus Fisch aß.[145] War Jesus also Pescetarier, jemand, der zwar kein Fleisch, aber Fisch isst? Auch darüber geben uns die Evangelien keine verlässliche Auskunft. Was die Speisung der Fünftausend mit Broten und Fischen betrifft, so wird hier eine symbolische Geschichte erzählt, die Jesus als guten Hirten vorstellt, der das verstreute Gottesvolk sammelt und sättigt.[146] Ob sich dieses als Naturwunder dargestellte Ereignis auf eine tatsächliche Mahlszene Jesu mit einer großen Menge von Menschen bezieht, ist fraglich, denn es könnte sich bei dieser Darstellung auch um eine phantasievolle Ausmalung eines historisch wesentlich kleineren Mahles handeln. „Hätten die Jünger Jesu keine übertriebenen oder phantasievollen Geschichten über seine großen Taten erzählt, wäre Jesus der erste und letzte Volksheld der Geschichte, über den solche Dinge nicht erzählt wurden"[147], erklärt der Neutestamentler John L. McKenzie. Was das Fischessen nach Jesu Auferweckung betrifft, so ist zu bedenken, dass die Evangelisten das unvorstellbare Geschehen der Auferstehung in metaphorischer und legendärer Weise darstellten. Aus der Sicht heutiger Theologie ist es unwahrscheinlich, dass Christus nach seiner Auferstehung überhaupt irgendwelche Nahrungsmittel zu sich genommen hat.

„Die entscheidende Frage ist", stellt der US-amerikanische Friedensaktivist und katholische Priester John Dear fest, „was der gewaltlose Jesus von uns heute, in einer Welt weit verbreiteter Gewalt, verlangen würde. Ich glaube, sein Wunsch wäre, dass wir mit ganzer Kraft dazu beitragen, Gewalt zu beenden und diese Welt so umgestalten, dass in ihr Gewaltlosigkeit und Mitgefühl herrschen. Das würde einschließen, dass wir Vegetarier werden."[148]

Ich stimme mit John Dear überein, dass die geschichtliche Frage, wie sich Jesus vor 2000 Jahren ernährt hat, nicht entscheidend sein kann für unser heutiges Ernährungsverhalten, sondern ein genauer Blick auf die *Zeichen der Zeit*. Es spricht vieles dafür, dass Jesus heute Vegetarier oder wahrscheinlich sogar Veganer wäre. Sollte sich eines Tages unanfechtbar herausstellen, dass Jesus keines von beiden war, sondern zu den jüdischen Hochfesten auch Fleisch gegessen hat, sollte dies weder zu Enttäuschung bei christlichen Tierfreunden noch zu voreiligen normativen Schlussfolgerungen für unsere heutige Lebensweise führen. Was theologisch helfen sollte, ist das Wissen darum, dass Jesus Christus nicht nur der Sohn Gottes, sondern zugleich wahrhaft Mensch war und als solcher ein geschichtliches und begrenztes Wesen. Der historische Jesus wusste nichts über moderne Massentierhaltung und über die Erkenntnisse der modernen Verhaltensforschung zu kognitiven Fähigkeiten und Schmerzempfindungen von Tieren. Menschwerdung bedeutet notwendigerweise auch Begrenzung, wie Edward Schillebeeckx feststellt: „Auch Jesus offenbart Gott nicht nur, er verhüllt ihn auch, da er in nicht-göttlicher, geschöpflicher Menschlichkeit erscheint, ... [und deshalb] in keiner Weise den vollen Reichtum Gottes repräsentieren kann."[149]

Der Gedanke, dass Jesu Eintreten für die Schwachen und Notleidenden sich nicht nur auf Menschen erstreckte, sondern auch auf Tiere, scheint heutigen Menschen naheliegend. Aber schon viel früher inspirierte diese Vorstellung die Volksfrömmigkeit und führte zu zahlreichen legendären oder apokryphen Geschichten, die Jesu Barmherzigkeit für Tiere beschreiben. Im *Kindheitsevangelium nach Thomas*[150] aus dem späten zweiten oder dritten Jahrhundert wird beispielsweise berichtet, dass der dreijährige Jesus, als er mit anderen Kindern spielte, einem getrockneten Fisch befahl, mit dem Schwanz zu wackeln, das Salz abzustreifen, das er an sich hatte und wieder ins Wasser zu springen. Und so geschah es selbstverständlich auch. Ein bemerkenswerter Text, der in der Fachliteratur häufig als koptisches Manuskript bezeichnet wird, der aber literarisch nahe an den kanonischen Evangelien ist und jene sonst in apokryphen Schriften beliebten phantastischen Ausschmückungen vermeidet, berichtet über Jesu Heilung eines Maulesels. In diesem Text wird Jesus als Freund der leidenden Kreatur präsentiert:

Es geschah, dass der Herr die Stadt verließ und mit seinen Jüngern über die Berge ging. Und sie kamen zu einem Berg, und der Weg, der hinaufführte, war steil. Sie fanden dort einen Mann mit einem Maulesel als Lasttier. Aber das Tier war hingefallen, denn seine Last war zu schwer gewesen, und der Mann schlug es, bis es blutete. Und Jesus ging auf den Mann zu und sagte: „Mann, warum schlägst Du Dein Tier? Siehst Du nicht, dass es zu schwach für seine Last ist und weißt Du nicht, dass es Schmerzen leidet?“ Doch der Mann antwortete und sagte: „Was geht Dich das an? Ich kann es so viel schlagen wie ich will, weil es mein Eigentum ist und ich es für einen angemessenen Geldbetrag gekauft habe. Frage jene, die mit Dir sind, denn sie kennen mich und wissen darüber Bescheid.“ Und einige von den Jüngern sagten: „Ja, Herr, es ist so, wie er sagt. Wir haben gesehen, wie er es gekauft hat.“ Aber der Herr sagte: „Merkt ihr nicht, dass es blutet und hört ihr nicht, wie es klagt und schreit.“ Aber sie antworteten: „Nein, Herr, wir hören nicht, wie es klagt und schreit." Und der Herr wurde traurig und rief aus: „Wehe Euch, die Ihr nicht hört, wie es sich beim Schöpfer im Himmel beklagt und um Gnade schreit. Aber dreimal Wehe dem, über den es sich seiner Qualen wegen beklagt." Und er ging auf das Tier zu und berührte es. Und es erhob sich, und seine Wunden waren geheilt. Und Jesus sagte zu dem Mann: „Nun geh weiter und schlage es nicht mehr, damit auch Du Barmherzigkeit findest."[151]

In seiner Studie *Beyond the Gospels*[152] bezeichnet der reformierte Geistliche Roderic Dunkerley den Ursprung dieses Textes als rätselhaft. Das erste Mal wurde die Textpassage Anfang des 20. Jahrhunderts in einem Werk des deutschen Wissenschaftlers Julius Böhmer erwähnt. Böhmer wies darauf hin, dass er den Text von einem früheren Autor übernommen habe, den er aber aufgrund dessen Ablebens nicht mehr über die Herkunft des Textes befragen konnte. Den einzigen Hinweis, den Böhmer finden konnte, war jener, dass der Text in einem koptischen Manuskript in der (National-)Bibliothek in Paris entdeckt worden war. Doch jede Suche dort blieb erfolglos. Es könnte sich demnach auch um eine private Neuoffenbarung ohne Anhaltspunkt in antiken Quellen handeln. Wie auch immer dies sein mag, man wird Roderick Dunkerley zustimmen müssen, dass es sich bei diesem Text um eine „anmutige kleine Geschichte"[153] handelt, die „ganz im Geist des Evangeliums"[154] geschrieben ist. Besonders bemerkenswert ist Dunkerleys weiterer Kommentar zu dieser Heilungsgeschichte: „Doch Güte gegenüber Tieren war ein Aspekt christlicher Nächstenliebe, den die frühe Kirche weitgehend nicht beachtet hat, und diese Tatsache würde erklären, warum diese Begebenheit in Vergessenheit geriet. Außerdem sind die Zurückhaltung, mit der die Geschichte erzählt wird, und das Fehlen legendenhafter Zusätze erstaunlich. Das sind gute Gründe, die einen darüber grübeln und fragen lassen, ob nicht doch ein reales Ereignis hinter der Geschichte steht. Natürlich wird dies ein großes Vielleicht bleiben.“[155]

4. Vernünftige Argumente: Quälen nein, töten ja?

In seinem engagierten Buch *Streicheln, mästen, töten*, in dem er seine Mitchristen zu einem rücksichtsvollen, artgerechten Umgang mit Tieren auffordert, verweist der Schweizer Kapuziner Anton Rotzetter auf einen seiner früheren akademischen Lehrer, den Bonner Moraltheologen Franz Böckle. Böckle forderte, so berichtet Rotzetter, dass moraltheologische Überlegungen „von der menschlichen Vernunft nachvollzogen werden können.“[156] Nach Böckle müsse der Normadressat einsehen können, warum er dieses tun und jenes unterlassen solle und dazu bedürfe es des vernünftigen und überzeugenden Arguments, das nicht durch die Berufung auf eine äußere Autorität ersetzt werden könne. Böckle vertrat also eine autonome Moral im christlichen Kontext, die davon ausgeht, dass die letzte Ursache für die sittliche Verbindlichkeit und Verpflichtung einer Norm darin bestehe, dass sie argumentativ als vernünftig ausgewiesen werden kann. Demgegenüber bleibt die sklavische Befolgung einer obrigkeitlichen ethischen Anordnung defizitär, selbst wenn behauptet wird, diese käme von Gott.

Der US-amerikanische Jesuit und Ethiker Richard McCormick, wie Böckle Vertreter einer autonomen Moral im christlichen Kontext, stellte fest, dass als vernünftig ausgewiesene und zum Glücken des Lebens beitragende Normen grundsätzlich für alle Menschen guten Willens einsehbar seien und *ceteris paribus (unter sonst gleichen Bedingungen)* für alle Verbindlichkeit beanspruchen könnten: „Da es nur eine gemeinsame Bestimmung für alle Menschen gibt, gibt es auch nur eine einzige Moral, die für alle Menschen gilt,

Christen ebenso wie Nicht-Christen.«[157] Was christlicher Ethik und Moral ihre Einzigartigkeit verleiht, sind nicht irgendwelche inhaltlichen Sondernormen, sondern die spezifische Motivation, die der christliche Glaube mit seiner vorrangigen Option für die Armen bereitstellt, sowie die Unterstützung des Einzelnen durch seine Mitchristen bei der Suche nach dem Willen Gottes bzw. der ethisch richtigen Entscheidung.

Die theologische Ethik, vor allem jene der katholischen und der anglikanischen Theologie, hat eine lange Tradition, Wissen und Glauben in enge Beziehung zueinander zu setzen. Beide Traditionen sind davon überzeugt, dass die philosophische Ethik eine große Bedeutung für die theologische Ethik habe und dass Ethik auf vernünftigen, einsehbaren Argumenten beruhen solle. Auch im Hinblick auf tierethische Fragen ist eine so verstandene theologische Ethik verpflichtet, engen Kontakt zur philosophischen Ethik und zu den empirischen Wissenschaften zu halten.

Gehen wir gleich medias in res: Was ist von der häufig vorgebrachten Überlegung zu halten, dass es zwar gewichtige Argumente dagegen gebe, Tiere mitleidlos zu behandeln oder gar zu quälen, doch kaum überzeugende Argumente dagegen, Tiere dann schmerzlos zu töten, wenn sie vor ihrem Tod ein gutes und artgerechtes Leben führen konnten. Ist es also ein moralisches Problem, Tiere zu quälen, aber keines, Tiere weitgehend schmerzfrei zu töten? Welche Antwort kann eine autonome Moral im christlichen Kontext darauf geben?

Was das Töten von Tieren betrifft, tun sich utilitaristische Ethiker damit leichter als Vertreter einer Tierrechtsethik. Mit dem größten Glück der größten Zahl und der Abwägung von Interessen lässt sich die Beseitigung eines Tieres leichter rechtfertigen als mit dem grundsätzlichen Bekenntnis zum Lebensrecht eines jeden einzelnen empfindungsfähigen Tieres. Allerdings gestattet auch Tom Regan in Konfliktfällen Ausnahmen für sein generelles Tötungsverbot von Tieren.[158]

Wäre es auch eine solche ethisch zu rechtfertigende Ausnahme, wenn man ein Tier dann tötete, wenn es ein ausgezeichnetes, artgerechtes Leben gelebt hat und die Tötung schmerzfrei erfolgt? Das ist zumindest die ethische Logik all jener, die ausschließlich Biofleisch aus artgerechter Tierhaltung kaufen und essen. Das ist auch die Logik des engagierten Biobauern Norbert Hackl, der seinen Schweinen und Rindern nicht nur ein vergleichsweise außergewöhnlich gutes Leben ermöglicht, sondern ihnen danach in einem eigenen „Weideschlachthaus"[159] einen stressfreien Tod garantiert: In seinem Weideschlachthaus-System ist vorgesehen, dass alle Tiere die geschlachtet werden, sich vorher so lange auf der ans Schlachthaus angrenzenden Weide aufhalten, bis sie angstfrei in ihren täglichen Futterbereich gehen, der auch zugleich der Bereich ist, in dem sie vor der Schlachtung betäubt werden. Von der Schlachtung selbst kriegen die Schweine und Rinder ganz sicher nichts mehr mit. „Ab diesem Moment", resümiert Norbert Hackl, „wurde das Leben des Tieres gegeben, um unser Leben zu nähren."[160]

Ich kenne Norbert Hackl persönlich und bin von seinem Engagement, seiner Ernsthaftigkeit und seiner Tierfreundlichkeit beindruckt. Er respektiert seine Tiere und sorgt dafür, dass es ihnen gut geht. Irgendwie gelingt es ihm, ein Nutztier in kommerzieller Absicht aufzuziehen, ohne es bloß als Ware zu betrachten.[161] Die Schlachtung der Tiere wird von Hackl gleichsam als selbstlose Hingabe ihres tierischen Lebens interpretiert, um menschliches Leben zu ermöglichen und zu nähren, und damit sogar religiös konnotiert. Aber hier ist Vorsicht geboten. Die geschlachteten Tiere „opfern" ihr Leben nicht freiwillig für das Wohl der Menschen, sondern es wird ihnen gegen ihren Willen genommen und dies in einem Alter, in dem sie den größten Teil ihres Lebens noch vor sich hätten. Außerdem ist ihr erzwungenes sogenanntes Opfer eines, das in vielen Gegenden der Erde nicht notwendig ist, weil sich die Menschen auch ohne den Konsum von Fisch und Fleisch gesund, sehr wahrscheinlich sogar gesünder, ernähren könnten. Der Tod des Tieres ist direkt intendiert. Er bedeutet für das Tier, dass es von nun an „nicht mehr dazu in der Lage ist, die wertvollen Möglichkeiten und zahlreichen Chancen, die ihm ein längeres Leben geboten hätte, zu nutzen.“[162] Dabei ist zu beachten, dass auch für höher entwickelte Tiere gilt, was für sogenannte menschliche Grenzfälle ohnehin selbstverständlich sein sollte: Die Tatsache, dass sich ein Tier der durch seine Tötung verhinderten zukünftigen Möglichkeiten (in vielen Fällen höchstwahrscheinlich) gar nicht bewusst ist und deshalb bei ihm auch keine exakte, auf die Zukunft gerichtete Lebensplanung vorliegt, rechtfertigt nicht, es zu töten. Auch das Verbot der Tötung von Menschen mit schwerster geistiger Beeinträchtigung wird ja nicht durch den Verweis darauf aufgehoben, dass solche Menschen (höchstwahrscheinlich) über keine Möglichkeit verfügen, die eigene Biographie zu reflektieren.

Welchen Schaden man einem Tier, das ein (Ich-)Bewusstsein[163] besitzt, zufügt, wenn man ihm ein wundervoll artgerechtes Leben ermöglicht und es dann weitgehend schmerzlos, aber doch lange vor seinem natürlichen Lebensende tötet, wurde vom britischen Philosophen Michael Lockwood[164] am Beispiel einer fiktiven Firma namens *Disposapup Ltd.* eindrucksvoll demonstriert. *Disposapup* bietet Lockwood zufolge folgende Dienstleistung an: Viele Familien, vor allem jene mit kleineren Kindern, halten sich gerne einen Hundewelpen. Doch junge Hunde werden älter und sind dann nicht mehr ganz so süß wie vorher. Außerdem fällt es manchen Familien schwer, jedes Mal aufs Neue zu entscheiden, was sie mit ihrem kleinen Hund tun sollen, wenn sie auf Urlaub fahren. Ein paar geistreiche Unternehmer haben ein Angebot entwickelt, das sich an solche Familien wendet und ihnen ermöglicht, ihren Hund am Beginn jedes Urlaubs völlig schmerzfrei einschläfern zu lassen. Am Ende des Urlaubs stellt ihnen die Firma dann einen neuen Welpen zur Verfügung. Ihr Unternehmen, das sie Disposapup (to dispose = beseitigen, entsorgen, pup = junger Hund, Welpe) nennen, bietet seinen Kunden also einen jungen Hund zum Kauf an, nimmt ihn am Beginn des Sommerurlaubs zurück, bringt ihn nach einem schönen, wenn auch äußerst kurzen Leben, schmerzfrei um und stellt der Familie auf Wunsch einen neuen Welpen zur Verfügung.

Haben wir es hier nicht mit einer typischen Win-Win-Situation zu tun? Es profitieren doch alle: Die Eltern der Familie profitieren, weil sie ihren Sommerurlaub sorgenfrei genießen können, die Kinder profitieren, weil sie jedes Jahr am Ende der Ferien einen süßen neuen Welpen geschenkt bekommen, die Firma *Disposapup* profitiert, weil die Nachfrage nach ihrer Dienstleistung kontinuierlich steigt, selbst die Hunde profitieren, könnte man argumentieren, weil die Gesamtzahl der Hundeleben rasch zunimmt.

Dennoch werden sich viele Menschen bei einem solchen Arrangement unwohl fühlen. Sie verstehen, dass die Zuschreibung eines inhärenten Wertes an Tiere, vor allem, aber nicht ausschließlich an jene, die ein (selbst)bewusstes Leben führen, bedingt, sie als „Subjekte-eines-Lebens"[165] zu betrachten, deren individuelles Lebensrecht Menschen respektieren sollten.

Als ein am Appleton College lehrendes Fakultätsmitglied Elisabeth Costello in Coetzees Roman *Das Leben der Tiere* mitteilt, er glaube nicht, „dass das Leben für die Tiere genauso wichtig ist wie für uns"[166], erwidert sie: „Jeder, der behauptet, das Leben sei für Tiere weniger wichtig als für uns, hat noch kein Tier in den Händen gehalten, das um sein Leben kämpft."[167] Sie stimme mit ihrem Gesprächspartner zwar darin überein, ergänzt Costello, dass Tiere keine gedanklich-abstrakte Furcht beim Nachdenken über ihren Tod befalle. Das entspreche auch nicht ihrer Seinsweise, denn: „Ihr ganzes Sein ist im lebendigen Fleisch."[168]

Dass Tiere nicht über den Tod philosophieren (können), darf nicht zum Todesurteil für sie werden. Und dass ihre Kulturleistungen hinter jenen der Menschen weit zurückstehen, auch nicht. Singvögel können keine Noten schreiben und Partituren lesen. Ist der Gesang eines Vogels nicht trotzdem „schöner als nötig"[169] und wäre es nicht ein Verbrechen, dem Lied des Vogels mit der Kugel aus einer Schrotflinte ein jähes Ende zu bereiten?

5. Resümee: Eine kleine Ethik des Tötens von Tieren

Was ergibt sich aus diesen Ausführungen für eine christliche Ethik? Am Schluss dieses Kapitels werde ich als Resümee eine kleine Ethik des Tötens von Tieren vorlegen, die sowohl die biblische Hermeneutik als auch die philosophische Argumentation ernst nimmt. Eine solche Ethik geht davon aus, das das Töten eines Tieres, vor allem eines Tieres mit Empfindungsfähigkeit und Bewusstsein, nur eine Ausnahme von der allgemeinen Norm sein kann, die dazu verpflichtet, Tiere weder zu schädigen noch zu töten. Es besteht also eine Ausgangsvermutung („presumption against"[170]) gegen jede Form menschlicher Gewaltanwendung, die zum Tod von Tieren führt. Anders gesagt: Das Töten von Tieren ist Menschen nur unter strengen Auflagen als letzter Ausweg (ultima ratio) gestattet: kein *unnötiges* Töten von Tieren und keine unnötige Zufügung von Schmerz und Leid! Was das im Einzelnen heißt, wird in diesem Buch in vielfältiger Weise ausgeführt und begründet. Hier nur so viel: *Unnötig* sind jenes Leid und jener Tod, die Menschen Tieren zufügen, indem sie diese in vielfältiger Weise gnadenlos für unwesentliche menschliche Bedürfnisse instrumentalisieren. Jenes tierische Leid, das sich daraus ergibt, dass Tiere ein freies, selbstbestimmtes Leben führen (können), ist damit nicht gemeint. Verlangt sind nachvollziehbare und angemessene Gründe, die das Töten eines Tieres als unvermeidlich ausweisen. Menschliche Gewohnheiten und kulinarische Vorlieben gelten nicht als solche Gründe. Um ein Beispiel zu geben: Niemand, auch kein Tierschützer, ist verpflichtet, tatenlos zuzusehen, wenn er im Yellowstone-Nationalpark oder woanders von einem Bären attackiert wird. (Allerdings muss man auch wissen, dass keiner einem genau sagen kann, was man bei einer Bärenattacke machen soll. „Bei Bären weiß man vorher nie, wie sie reagieren, und was bei dem einen klappt, ist bei dem anderen vielleicht verhängnisvoll.“[171]) Niemand, auch keine Tierschützerin, ist ethisch angehalten, sich Spulwürmern und Kopfläusen selbstlos als Wirt zur Verfügung zu stellen. Man sollte sich vor Augen halten, dass auch heute noch unzählige Menschen von jenen Gefahren bedroht sind, „die von Wasserschnecken, die möglicherweise eine Enzephalitis verursachen, von Malaria auslösenden Stechmücken, von giftigen Schlangen ausgehen“ und sollte auch die „vielen anderen Gefahren zur Kenntnis nehmen, mit denen extrem arme Menschen in ihrem Alltag konfrontiert sind.“[172] Wie Selbstverteidigung gegen menschliche Aggressoren, ist auch Selbstverteidigung gegen Tiere, die das Leben oder die Gesundheit eines Menschen akut bedrohen oder die ihm einen anderen substanziellen Schaden zufügen, zulässig, in manchen Fällen sogar verpflichtend.

Eine christliche Ethik des Tötens von Tieren wird jedoch nicht zulassen, dass jede Sportjagd als unumgängliche Reduktion des Wildbestandes ausgegeben wird und jede Dezimierung freilebender Tiere zu einer präventiven menschlichen Selbstverteidigung hochstilisiert wird. Eine solche Ethik wird auch das Töten von Tieren für menschliche Ernährung und Bekleidung nicht vorschnell für allgemein erlaubt erklären. Vielmehr sollten in beiden Bereichen alternative Möglichkeiten vorgezogen und jene Produkte gekauft werden, die nicht auf der Tötung und Verwendung von Tieren beruhen. Unabweisbar ist, dass in zahlreichen Ländern der sogenannten Ersten Welt ein breites Angebot an Alternativen zu tierischen Produkten besteht, auf das Menschen, die sich vegetarisch oder vegan ernähren wollen, zurückzugreifen können. Dabei sollte man aber auch nicht vergessen, dass das in zahlreichen anderen Gegenden dieser Welt leider nicht der Fall ist.

In den wohlhabenden Ländern dieser Erde ist die Anzahl der Menschen, die sich weigern, Fleisch zu essen und Pelze zu tragen und die dadurch dazu beitragen, dass weniger Tiere für menschliche Bedürfnisse gequält und getötet werden, in den letzten Dekaden und Jahren nahezu ständig leicht angestiegen. Unter Christen ist dieser Trend zwar auch vorhanden, aber weniger ausgeprägt. Für die meisten Christen ist das Töten von Tieren der Normalfall, nicht die Ausnahme. Gerade bei kirchlichen Amtsträgern ist die kulinarische Tradition des Essens von Tieren stark „eingefleischt“[173].

Lassen Sie mich diese Aussage abschließend an einem Beispiel illustrieren. Im Jahre 2006 gab Egon Kapellari, der damalige Bischof der Diözese Graz-Seckau, der österreichischen Jagdzeitschrift *Der Anblick* ein erstaunlich langes Interview. Darin charakterisierte der Bischof die Jäger, die er im Laufe seines Lebens kennen gelernt hatte, als „anständige Leute, die ein scharfes charakterliches Profil hatten“ und als „friedfertige Gebirgsjäger, so eine Art positive Ranger, auf die man sich verlassen konnte.“[174] Bei jenen Menschen aber, die der Jagd kritisch und distanziert gegenüberstehen, handelt es sich nach Kapellari vor allem um „Künstler und andere Intellektuelle, [die] wenig ins Freie gehen und daher wenig Bezug zur Natur haben ... und um Leute, die ... alternativ inspiriert sind, die den Tierschutzbegriff so generell ausdehnen, dass ihnen die unmittelbare

Nähe zum Weidwerk und zu den Jägern fehlt.“[175] Würden diese bedauernswerten Menschen naturnäher leben und Jäger zu ihren Freunden zählen, so unterstellt Kapellari, würden sie mit dem hobbymäßigen Töten von Tieren ebenso wenige Probleme haben wie der in der Freizeit jagende Klerus. Befragt, ob es ihn stören würde, wenn ein Priester Jäger ist, antwortete Kapellari nämlich: „An und für sich spricht nichts dagegen. Es gibt ja sogar Bischöfe, die jagen oder gejagt haben.“[176] Na dann.

Gegen Ende des Interviews wird Kapellari gefragt, ob er denn selbst gerne Wild esse. Kapellaris Antwort: „Ich esse sehr wenig Fleisch [warum das so ist, wird nicht gesagt, aber ich nehme an aus asketischen Gründen], bin aber kein Vegetarier und lege Wert darauf, hier nicht irgendwie *ideologisch* befrachtet zu sein. Wild esse ich auch, aber eher selten.“[177]

Warum der Bischof gerade die vegetarische Ernährungsweise unter Ideologieverdacht stellt, unhaltbare Jagdmythen[178] aber kritiklos nachbetet, ist nicht klar. Ob er einfach vor den Jägern seiner Diözese, zu denen zweifellos auch zahlreiche VIPs aus Wirtschaft und Politik und einige Mitbrüder im Priesteramt zählen, gut dastehen wollte? Das war sicherlich einer der Gründe. Der Hauptgrund war aber wohl Kapellaris ehrliche Überzeugung, dass das Töten und Essen von Tieren den christlichen Normalfall darstellt, der Verzicht auf Fleisch im Idealfall eine Bußübung, in der Regel jedoch die praktische Folge einer ideologischen Ernährungsphilosophie und eines überzogenen Tierschutzes. Ich befürchte, dass Kapellaris Meinung unter Bischöfen keine Ausnahme darstellt.

Kapellaris Aussagen zu Jägern und Vegetariern halte ich gerade deshalb für so problematisch, weil Kapellari ein Kirchenmann ist, der in seiner Zeit als Diözesanbischof von Gurk-Klagenfurt und später Graz-Seckau im Allgemeinen wegen seines scharfen Intellekts, seiner theologischen Bildung und seiner Sprachmächtigkeit hohes Ansehen genoss. Umso schlimmer. Und umso mehr könnte Kapellaris *Anblick*-Interview ein weiterer Hinweis darauf sein, dass der Vorwurf, dem Christentum liege ein arroganter Anthropozentrismus zugrunde, so falsch nicht ist.

III. Das Christentum: Arroganter Anthropozentrismus?

1. Christen gegen die Kreatur: Eine Anklage

In einem Beitrag in der deutschen Wochenzeitung *Die Zeit* aus dem Jahre 1997 prangerte der bekannte deutsche Kirchenkritiker Karl-Heinz Deschner die Haltung des Christentums gegenüber den Tieren mit der ihm eigenen Schärfe und Polemik folgendermaßen an: „Das Elend der Tiere, dieser permanente Massenmord, der eigentlich jeden auch nur halbwegs Sensiblen sofort um den Verstand bringen müsste ..., resultiert im jüdisch-christlichen Raum aus der ebenso albernen wie anmaßend aufgeblasenen Bibellehre von der Gottebenbildlichkeit des Menschen ..., aus jenem arroganten Anthropozentrismus also, wonach dicht auf Gott der Mensch kommt und dann erst der Rest der Welt."[179] Deschner, der stark von Arthur Schopenhauers harscher Kritik an der christlichen Missachtung der Tiere beeinflusst war, attestierte dem Christentum eine durchgängige Mitleidslosigkeit gegenüber Tieren, die vom ersten Kapitel der Bibel bis zu den tierethischen Aussagen des Weltkatechismus der katholischen Kirche reiche. In besonderer Weise geißelte Deschner den Starrsinn, mit dem die christliche Theologie am Recht des Menschen, Tiere für seine Ernährung zu töten, festhält: „Da die Fressenden, dort jene, die froh sein können, dass man sie frisst."[180] Die heutige Massen- und Intensivtierhaltung ist für ihn nichts anderes „als die technisch forcierte und perfektionierte Fortsetzung eines nie abreißenden Massenmordes durch alle christlichen Zeiten, das Resultat letztlich des Anfangsschreis: ‚Machet sie euch untertan' – das umfassendste Unterjochungs- und Todesverdikt der Geschichte, infernalischer Auftakt der Deformierung eines Sterns zum Schlachthaus."[181] Deschners Polemik schließt mit folgender Feststellung: „Seit zwei Jahrtausenden brüstet sich die Christenheit, das Tieropfer von Anfang an abgeschafft zu haben; stimmt. Und doch hat sie mehr Tiere geopfert als jede andere Religion – nur nicht mehr Gott, sondern dem eigenen Bauch."[182]

Deschners Urteil über Lehre und Praxis der Kirchen in Bezug auf Tiere fällt vernichtend aus. Dabei hat sich Deschner – welch Ironie! – am Ende seines Beitrages sogar zugunsten des Christentums geirrt. Denn was Tieropfer betrifft, sind diese im Christentum nicht ausnahmslos abgeschafft.[183] Obwohl Tieropfer spätestens ab dem 4. Jahrhundert nach Chr. durch die Kaiser Konstantin und Theodosius verboten und streng sanktioniert wurden, hielt sich die Praxis der Tieropfer in zahlreichen Regionen des sich ausbreitenden Christentums und wurde dort in die christliche Frömmigkeit integriert. In der Armenisch-Apostolischen Kirche existiert bis heute eine historische Opferliturgie namens *Madagh,* bei der Tiere, traditionellerweise Lämmer, Kühe, Ziegen und Tauben durch Schlachtung geopfert und anschließend als Essen zubereitet und verspeist werden. In Teilen der orthodoxen Kirchen Griechenlands hat sich bis heute der Brauch erhalten, an bestimmten christlichen Festen Gott Tiere als Opfer darzubringen. Die Tiere werden außerhalb des Kirchengebäudes geschlachtet, meist während eines Gottesdienstes oder gleich danach oder auch während der Vorabendvesper eines Heiligenfestes. Nach der Schlachtung tauchen die Gläubigen ihre Finger in das Blut des Tieres ein und bekreuzigen sich. Anschließend wird das tote Tier in einem großen Kessel zusammen mit vielen anderen Zutaten gekocht und in einem üppigen Festmahl verspeist.

Deschner hat sich also geirrt, wenn er behauptet, dass das Christentum Tieropfer völlig abgeschafft hat. Er hat sich auch geirrt, wenn er die Zerstörung der Umwelt bzw. Mitwelt und die Ausbeutung und Ausrottung von Tieren ausschließlich oder einseitig dem Judentum und Christentum anlastet. „Die Umwelt wurde schon zerstört und Tiere wurden schon ausgerottet", stellt der amerikanisch-britische Bibelwissenschaftler Joseph Blenkinsopp fest, „lange bevor das Judentum, das Christentum und ihre heiligen Schriften auf der Weltbühne erschienen. Die Zerstörung der Zedernwälder im Libanon war schon im 2. vorchristlichen Jahrtausend voll im Gange, und der syrische Elefant wurde so intensiv gejagt, dass er bereits im 7. Jh. v. Chr. ausgestorben war."[184] Shepard Krech III[185] und Jonathan Raban[186] haben darauf aufmerksam gemacht, dass selbst die amerikanischen Indianer, die heute oft als „edle Wilde" und „ökologische Heilige" betrachtet werden, wesentlich mehr Wälder durch Brandrodung zerstört und eine weitaus größere Anzahl an Büffeln und Bibern getötet haben als es dem romantischen Bild vieler Zeitgenossen von den Ureinwohnern Amerikas entspricht. „Kein einziger der ersten weißen Besucher im Nordwesten [der USA] war von der besonderen Ehrfurcht der Indianer für die Umwelt beeindruckt", schreibt Raban in seinem Werk *Driving Home. An American Journey*, „ganz im Gegenteil, sie waren davon beeindruckt, welchen großen Schaden die Indianer trotz ihrer begrenzten Zahl dort angerichtet hatten."[187]

Selbstverständlich dürfen sporadische Schilderungen indianischer Naturzerstörung nicht dazu führen, den Beitrag der indigenen Bevölkerung Amerikas zu einer ökologisch orientierten Spiritualität völlig zu diskreditieren.[188] Diesen Beitrag gibt es zweifellos, doch er ist gebrochener als einseitige Stereotype vermuten lassen. Naturzerstörung ist jedenfalls weder auf Bibel und christliche Dogmatik angewiesen noch auf diese begrenzt. Auch die philosophische

Haltung des Speziesismus, die den moralischen Status der nicht-menschlichen Lebewesen, auch der empfindungsfähigen, entscheidend herabsetzt, ist weder ein Proprium des Judentums noch eines des Christentums. Speziesismus gab es schon vorher und gibt es auch heute völlig unabhängig davon. Daraus folgt, dass die Frage nach den Ursachen von Umweltzerstörung, Ausbeutung und Ausrottung der Tiere komplex und nicht allein dadurch zu erklären ist, dass man mit dem Finger auf die Bibel zeigt.

Dennoch enthält Deschners polemische Abrechnung mit dem Christentum ein unabweisbares Wahrheitsmoment. Im Großen und Ganzen ist das Christentum in seiner konkreten geschichtlichen Gestalt kein Hort für Tiere, sind die Kirchen trotz einer in den letzten Jahren zunehmend tierfreundlichen Rhetorik weit davon entfernt, zur tierethischen Avantgarde zu gehören. Zu Recht stellen der anglikanische Geistliche Andrew Linzey und der Rabbiner Dan Cohn-Sherbok in ihrem gemeinsamen Werk *After Noah* fest: „Es gibt sowohl im Judentum als auch im Christentum eine lange und anhaltend negative Tradition hinsichtlich der Tiere.“[189] Schmerz und Leid der Tiere blieben in der Geschichte des Christentum im Allgemeinen „unbeweint“[190], tierische Freude und Glücksgefühle unbemerkt. Das Christentum war in seiner bisherigen Geschichte keine explizit tierfreundliche Religion.

Manche christliche Theologen widersprechen diesem kritischen Urteil über die Tiervergessenheit des Christentums. Sie bedienen sich dabei einer Methode, die stark an Deschners einseitige Schuldzuweisung erinnert, diese aber nun umdreht. Diesmal sind weder die Bibel noch das Christentum schuld am Elend der Tiere, sondern außerchristliche Einflüsse: der Platonismus beispielsweise, der zu einer zunehmenden Hellenisierung des Christentums, also seiner Durchdringung mit griechischer Kultur und heidnischem Denken, führte; die Philosophie der Stoa, die den Menschen aufgrund seiner Vernunft weit über die Tiere stellte; der „Rationalismus der Moderne, speziell … René Descartes“[191]; die ab Mitte des 18. Jahrhunderts einsetzende Industrialisierung, die in Verbindung mit dem kapitalistischen Wirtschaftssystem zu einem „konsumistischen Streben nach Profit und Geldverdienen“[192] führte. Richtig daran ist, dass das Christentum selbstverständlich zu allen Zeiten außerchristlichen Einflüssen, manchmal guten, manchmal schlechten, ausgesetzt war und ist – wie könnte es auch anders sein? Richtig ist auch, dass die genannten Phänomene das Los der Tiere verschlimmerten und dass dies bis heute nachwirkt. Die Tatsache aber, dass sich das Christentum in seiner Geschichte für philosophische und religiöse Strömungen, die Tiere weit unter den Menschen stellen, als besser „anschlussfähig“ erwies als für tierfreundliche Alternativen, sollte christliche Apologeten davon abhalten, den Kirchen eine Generalabsolution von ihren Sünden wider die Tiere zu erteilen, indem sie mit dem Finger auf Platon und die Stoa, Descartes und McDonald's zeigen.

Einige der nun folgenden repräsentativen Momentaufnahmen aus der Kirchengeschichte werden verdeutlichen, wie diese Sünden wider die Tiere konkret ausgesehen haben und welche Auswirkungen sie bis heute haben. Vergangenheit und Gegenwart werden aufeinander bezogen.

2. Kein Platz für Tiere: Kirchenväter, Ketzer, Katzen

Als Kirchenväter werden jene griechischen und lateinischen Schriftsteller des christlichen Altertums bezeichnet, die wegen ihres vorbildhaften Lebens und ihrer Bedeutung für die rechte kirchliche Lehre bzw. für spätere theologische Entwicklungen eine besondere Rolle spielten. Einige von ihnen haben dazu beigetragen, dass die eklatante Abwertung der Tiere gegenüber den Menschen in der Geschichte des Christentums schon früh autoritativ festgeschrieben wurde. Irenäus von Lyon beispielsweise, einer der bedeutendsten Theologen des 2. Jahrhunderts, verteidigte zwar die Gutheit der Natur gegen die Verwerfung alles Materiellen durch die spätantike Religion der Gnosis, stellte aber auch klar und deutlich fest, dass die Funktion der gesamten übrigen Schöpfung sei, dem Menschen zu dienen: „Denn der Mensch ist nicht wegen der Schöpfung, sondern die Schöpfung wegen des Menschen geworden.“[193] Origenes, ein bedeutender Gelehrter und Theologe aus Alexandrien, der im 3. nachchristlichen Jahrhundert lebte, verfasste u. a. das Werk *Contra Celsum*, die in acht Bücher gegliederte Antwort auf eine antichristliche Streitschrift des antiken platonischen Philosophen Celsus oder Kelsos. Celsus kritisierte die christliche Theologie für ihre Lehre, Gott habe das Weltganze ausschließlich für den Menschen und nicht auch der unvernünftigen Tiere wegen geschaffen. Origenes konterte, dass Celsus mit seinem Einwand nicht nur die Christen treffe, sondern auch die Stoiker, denn auch diese wären davon überzeugt, „die Vorsehung habe vorzüglich um der vernünftigen Wesen willen alles hervorgebracht“[194]. Origenes verglich die vernünftigen Wesen mit gerade geborenen Kindern, die unvernünftigen und seelenlosen Wesen dagegen mit der Nachgeburt (Plazenta). Ein anderer bildhafter Vergleich des Origenes war jener von Marktaufsehern, die ihre Aufsichtspflicht um der Menschen willen ausüben, „wenn auch den Hunden und anderen vernunftlosen Wesen von dem Überfluss etwas zugutekommt.“[195] Ebenso gelte, „dass ... auch die Vorsehung vorzugsweise für die vernünftigen Wesen sorgt, dass aber folgerichtig auch den vernunftlosen Wesen [als Nebenprodukt] etwas zugutekommt, was der Menschen wegen geschieht.“[196]

Augustinus: Konsequenter Fleischverzicht ist der Häresie verdächtig

Augustinus von Hippo, der im 4. Jahrhundert n. Chr. lebte, war einer der wirkungsgeschichtlich bedeutendsten Kirchenväter und einer der wichtigsten Theologen des christlichen Altertums. Als junger Mann schloss er sich dem Manichäismus an, einer gnostisch geprägten Religion der Spätantike und des frühen Mittelalters, die eine dualistische Teilung des Universums in Gut und Böse, Geist und Materie, Licht und Finsternis lehrte. Nach gnostisch-manichäischer Lehre ist die sichtbare, materielle Welt von einem Demiurgen, einer minderen, bösen Gottheit, geschaffen worden. Um wieder zum eigentlichen Gott zu gelangen, sollte man den Kontakt mit der Materie so weit wie möglich vermeiden. Diese leib- und materiefeindliche Gesinnung äußerte sich auch in der Absage an jeglichen Fleischkonsum, zu dem die geistliche Elite (Electi) der Manichäer verpflichtet war.

Nach seiner Bekehrung zum Christentum verwarf Augustinus sowohl das manichäische Dogma eines Demiurgen, die Lehre von der Erschaffung der Welt durch eine untergeordnete Gottheit, als auch die von den Manichäern praktizierte Fleischabstinenz. Vor allem in seinem Werk *Vom Gottesstaat* polemisierte Augustinus gegen die Tatsache, dass Manichäer kein Fleisch aßen. Er widersetzte sich der manichäischen Anschauung, das fünfte Gebot („Du sollst nicht töten!") sei „sogar auf Tiere, wilde und zahme, auszudehnen"[197], so dass es den Menschen folgerichtig nicht erlaubt sei, Tiere zu töten. Augustinus hielt dagegen, dass man das Tötungsverbot dann ja „auch auf die Kräuter und was sonst mit der Wurzel im Erdboden Nahrung und Halt sucht"[198], anwenden müsste. „Werden wir also", stellt Augustinus die rhetorische Frage, „wenn wir vernehmen: ‚Du sollst nicht töten', es für Sünde halten, Strauchwerk auszureißen und, töricht genug, dem Irrtum der Manichäer beistimmen? Weg mit solchem

Wahn! Wenn wir also das Verbot des Tötens nicht auf die Pflanzen beziehen, weil sie der Empfindung entbehren, und nicht auf die vernunftlosen Lebewesen, die fliegenden, schwimmenden, laufenden, kriechenden, weil sie uns nicht durch die Vernunft gleichgestellt sind, die mit uns gemeinsam zu haben ihnen nicht gewährt ist, so bleibt nur übrig, das Verbot: ‚Du sollst nicht töten' vom Menschen zu verstehen: Weder einen andern noch dich sollst du töten."[199]

In seinem früheren Werk *Die Lebensführung der katholischen Kirche und die Lebensführung der Manichäer*[200] sprach Augustinus allen Kreaturen, die außerhalb der menschlichen Gemeinschaft stehen, also sowohl Tieren als auch Pflanzen, jegliches Lebensrecht ab. Denn auch für Jesus habe es keine Gemeinschaft der Menschen mit den übrigen Kreaturen gegeben: Bei seiner Heilung des Besessenen von Gerasa habe Jesus die Dämonen in Schweine fahren und diese in den Fluten des Sees umkommen lassen (Mk 5,1–20 parr.). Ebenso habe Jesus einen Feigenbaum verflucht, sodass dieser auf der Stelle verdorrte (Mk 11,12–14 par.). Im Gegensatz zu Descartes viele Jahrhunderte später erkennt Augustinus zwar an, dass Tiere anders als Pflanzen Erinnerungsvermögen und Gefühle besitzen. Das tierische Schmerzempfinden hat für Augustinus jedoch keine Folgen für das menschliche Verhalten gegenüber Tieren: „Aus ihren Schreien können wir ersehen, dass Tiere qualvoll sterben, aber das tangiert den Menschen nicht, denn das Tier entbehrt einer vernünftigen Seele und hat deshalb nicht an unserer Rechtsgemeinschaft teil."[201]

Im dritten Jahrhundert wurde der Vegetarismus von christlichen Kirchenvätern wie Clemens von Alexandria und Tertullian als Ideal propagiert. Die Gründe dafür waren allerdings asketischer Natur und beruhten nicht auf einer Wertschätzung der Tiere. Das zeigt sich u. a. daran, dass das Essen von Fisch an Fasttagen gestattet war und in der katholischen Kirche weiterhin ist. Die Sonderstellung des Fisches war vor allem darin begründet, dass der Fisch „als Symbol der sexuellen und spirituellen Reinheit“[202] gesehen wurde; man glaubte, dass Fische sich im Gegensatz zu Landtieren ohne Sexualität fortpflanzen würden, indem das Wasser das Fischei entgegennimmt und daraus ohne Zeugung einen neuen Fisch hervorbringe. Fleischabstinenz sollte zudem körperliche Leidenschaften abtöten und innere Reinigung bewirken. Dieses Motiv für den Verzicht auf den Konsum von Fleisch wurde später vor allem von den Orden tradiert, zumindest was vierfüßige Tiere betrifft: „Alle sollen ferner vollständig darauf verzichten, vom Fleisch vierfüßiger Tiere zu essen, ausgenommen sehr schwache Kranke“[203], heißt es im Kapitel 39 der Regel des heiligen Benedikt.

Augustinus' strenge Abgrenzung von den Manichäern und ihrer Ernährungsweise hing sowohl damit zusammen, dass er sich von seiner irrgläubigen Vergangenheit losreißen wollte als auch damit, dass ihm auch nach seiner Bekehrung immer wieder vorgeworfen wurde, weiterhin große Sympathien für seine frühere Religion zu hegen. Daraus folgte: „Auch wenn er von einer strikten Selbstbeschränkung bei der Ernährung überzeugt gewesen wäre, so konnte er doch weder einen strengen Vegetarismus noch ein extremes Fasten befürworten, weil dies als weiterer Beweis für seinen Manichäismus interpretiert worden wäre.“[204]

Eine historisch bedeutsame Gestalt, der die „augustinische Auffassung vom bleibenden Ausgeliefertsein an die Sünde, das fortgesetzte aktuelle Gnadenhilfen Gottes erforderlich macht“[205], als manichäischer Dualismus erschien, war der iroschottische Mönch Pelagius. Gegen den Manichäismus verteidigte Pelagius die Willensfreiheit des Menschen und betonte seine Fähigkeit, gut zu handeln. Augustinus, der ein wesentlich pessimistischeres Menschenbild vertrat, beschuldigte Pelagius, die Notwendigkeit der Gnade Gottes zu leugnen. Augustinus' Denunziationen trugen maßgeblich dazu bei, dass Pelagius und seine Anhänger im

Jahre 418 auf einer afrikanischen Synode in Karthago verurteilt und exkommuniziert wurden. Im Gegensatz zu den Manichäern, die eine völlig negative Sicht von Körper und Materie hatten und gerade deshalb den Fleischkonsum ablehnten, war Pelagius ein schöpfungs- und tierfreundlicher theologischer Denker, der die Gutheit von Gottes Kreaturen betonte und davon überzeugt war, dass Gottes Geist in allen seinen Kreaturen lebt: „Es gibt kein Geschöpf auf dieser Erde, in dem Gott nicht gegenwärtig wäre. … Es ist die Gegenwart von Gottes Geist in allem Lebendigen, die ihnen Schönheit verleiht, und wenn wir mit Gottes Augen schauen, ist nichts auf dieser Erde hässlich."[206] Es ist ganz offensichtlich, dass Pelagius hier einen Panentheismus[207] vertritt, der auch in der gegenwärtigen systematischen Theologie eine wichtige Rolle spielt, „ein Begriff des 19. Jh. für die Auffassung, nach der ‚das All' oder ‚alles' ‚in Gott' existiert, ohne dass Gott und alles, Gott und Welt, Gott und Schöpfung identifiziert würden."[208]

Der Verzicht auf das Essen von Fleisch blieb in der katholischen Kirche bis heute in sehr eingeschränkter Art und Weise als asketische Bußpraxis erhalten. Strenger Fleischverzicht oder gar Vegetarismus erregten allerdings spätestens seit Augustinus den Verdacht der Ketzerei. „Der gelegentliche Fleischkonsum", stellen David Grumett und Rachel Muers deshalb in ihrem Buch *Theology on the Menu* fest, „war … ein wichtiges Mittel, um polemische Unterstellungen abzuwehren, man gehöre einer häretischen Gruppe an."[209]

Der Verdacht, dass zwischen dem totalem Verzicht auf Fleisch und Häresie eine enge Verbindung bestehe, führte z. B. dazu, dass Mönche im Ägypten des 4. nachchristlichen Jahrhunderts verpflichtet wurden, an Sonntagen Fleisch zu essen, um dadurch die heimlichen Manichäer unter ihnen zu überführen. Die religiöse Gemeinschaft der Katharer[210], die vom 12. bis zum 14. Jahrhundert vor allem in Südfrankreich – dort wurden sie als Albigenser bezeichnet – und in den oberitalienischen Städten große Verbreitung fand, wurde u. a. aufgrund ihres strengen Fleischverzichts für ketzerisch gehalten und dementsprechend verfolgt. Für die Führungsschicht der Katharer, die *Perfecti (die Vollkommenen)*, die von den normalen Gläubigen erhalten und versorgt wurden, war der Verzicht auf Ehe und Privateigentum ebenso verpflichtend wie der Verzicht auf Fleisch: „Hauptmerkmale waren die Enthaltung von Fleischkonsum [mit Ausnahme von Fisch] und allen Tierprodukten sowie der Reinkarnationsglaube.“[211]

Die Katharer wurden von der römischen Kirche erbarmungslos bekämpft. In Südfrankreich wurde auf Initiative von Papst Innozenz III. sogar ein eigener Kreuzzug (1209–1229) gegen sie geführt. Der letzte der namentlich bekannten „Vollkommenen“, Guillaume Belibaste, wurde im Jahre 1321 in einem kleinen südfranzösischen Dorf auf dem Scheiterhaufen verbrannt.

Der Fleisch- und Eheverzicht der Katharer beruhte auf der von der gnostischen Religion gelehrten Abwertung von Materie und Leib. „Die Sexualität und der Fleischverzehr [waren] für sie im wörtlichen Sinne Teufelswerk“[212], stellt auch der Linzer Moraltheologe Michael Rosenberger völlig zu Recht fest. Eigentümlich ist allerdings folgende Schlussfolgerung Rosenbergers: „Ohne ihre gewaltsame Verfolgung rechtfertigen zu wollen, bleibt die Option der Kirchenleitung, einer derart radikalen Leibfeindlichkeit nicht zu folgen, von grundsätzlicher anthropologischer und ethischer Bedeutung. Bei aller Hochschätzung vegetarischer Ernährung und zölibatärem Leben weigert sich die Kirche konsequent, daraus eine für alle verbindliche Pflicht zu machen.“[213] Will Rosenberger mit diesem Satz sagen, dass sowohl Fleisch- als auch Eheverzicht auch heute noch in einer radikalen Leibfeindlichkeit begründet sind? Dem ist entgegenzuhalten: Worin auch immer Ehelosigkeit, zu der zumindest alle Priester der katholischen Kirche verpflichtet sind, theologisch begründet sein mag (diese Diskussion ist hier nicht zu führen), der gegenwärtige Vegetarismus und Veganismus jedenfalls hat absolut nichts mit Leibfeindlichkeit zu tun, ganz im Gegenteil: Sie stehen dem Pelagianismus näher als dem Manichäismus, denn der Verzicht auf das Essen von Tieren gründet in der Achtung vor diesen und ihrem Leben und in der begründeten Überzeugung, durch eigenes Bemühen etwas zur Verbesserung der globalen Klima- und Ernährungslage sowie der eigenen Gesundheit beitragen zu können.

Père Bougeant: Tiere haben eine Seele

Wenn man über das Verhältnis des Christentums zu den Tieren spricht, ist die Frage, ob Tiere eine Seele haben, eine der am häufigsten gestellten. Der bekannte Ernährungswissenschaftler Claus Leitzmann betrachtet die christliche Auffassung, Tiere hätten keine Seele, als eine Hauptursache für die Grausamkeiten, die Tieren in der Geschichte des sogenannten christlichen Abendlandes angetan wurden und für jene Selbstverständlichkeit, mit der Tiere aus Gründen der Ernährung und der Wissenschaft auch heute noch bei uns getötet werden: „Im Gegensatz zu östlichen Religionen geht der christliche Glaube von einer Unbeseeltheit der Tiere aus.“[214] Für Eugen Drewermann, der die Tiervergessenheit des Christentum wie kein anderer zeitgenössischer Theologe im deutschsprachigen Raum seit drei Jahrzehnten lautstark und leidenschaftlich kritisiert, liegt die grundlegende Bedingung für die bei uns übliche Tierausbeutung „in dem christlichen Glaubenssatz, dass allein der Mensch ein unsterbliches Leben besitzt, während die Tiere nichts sind als verbrauchbares Material zum Nutzen des Menschen als des Herrn der Schöpfung in Zeit und Ewigkeit.“[215]

Die traditionelle, auf Augustinus und Thomas von Aquin zurückgehende kirchliche Lehre, Menschen hätten eine unsterbliche Seele, Tiere aber nicht, ist in vielen christlichen Köpfen fest verankert. Es ist unbestreitbar, dass sie wirkungsgeschichtlich ein gewaltiges Ausmaß an Tierleid produziert hat. Als Beispiel aus jüngerer Zeit sei der 2012 verstorbene ehemalige Erzbischof von Udine, Alfredo Battisti, genannt. Anfang 1989 ließ Battisti seine Gläubigen allen Ernstes wissen: „Einen Hund zu verprügeln oder ihn verhungern zu lassen, ist keine Sünde. Denn ein Hund ist keine Person und hat deshalb keine Seele.“[216]

Völlig anders dachte der französische Jesuit Guillaume-Hyacinthe Bougeant zweieinhalb Jahrhunderte früher. In seinem 1737 erschienenen Buch *Amusement philosophique sur le langage des bêtes* stellte er nicht nur fest, dass Tiere untereinander und mit anderen Tierarten kommunizieren würden, sondern behauptete, ein Tier besäße sowohl Vernunft als auch eine Seele. Er war davon überzeugt, dass sich Menschen und Tiere in vielem ähnlich seien und dass Menschen einiges von Tieren lernen könnten. Während aber Erzbischof Battisti von Udine bis zur Annahme seines altersbedingten Rücktritts weitgehend unbehelligt in seinem Amt verblieb, gab es für Père Bougeant disziplinäre Probleme: Er wurde der Häresie angeklagt.

Aus heutiger theologischer Sicht stellt sich die Beantwortung der Frage, ob Tiere eine Seele haben, als komplex dar. Der Begriff „Seele“ hat nämlich unterschiedliche Bedeutungen: Aus psychologischer Sicht weist der Begriff auf Bewusstsein und Empfindungsfähigkeit hin, aber auch auf Individualität und Charakter – all dies ist bei vielen Tieren zweifellos vorhanden. Theologisch ist zu unterscheiden zwischen dem alttestamentlich-biblischen Verständnis der Seele als „Lebensodem Gottes“, der sowohl Menschen als auch Tiere beseelt, und der Vorstellung einer menschlichen „Vernunftseele“. Letztere hat sich in einem zunehmend hellenisierten Christentums durchgesetzt, ist mit ihrer Vorstellung einer strengen Trennung von Leib und Seele jedoch in der heutigen Theologie selbst in die Krise geraten: „Es widerstrebt mir", stellte der große Theologe Karl Rahner bereits im Jahre 1968 in einem Interview über Tod und Unsterblichkeit fest, „zwischen Leib und Seele zu differenzieren."[217]

Bereits in seinem 1961 erschienenen Werk *Die unbeweinte Kreatur. Reflexionen über das Tier* nannte der Theologe Joseph Bernhart die Tiere „die beseelte Kreatur neben dem Menschen"[218]. Drei Jahrzehnte später plädierte ein anderer Theologe, Eugen Drewermann, dafür, Immanuel Kants Postulat von der Unsterblichkeit der Seele auf die Tiere auszuweiten: Tiere müssten als unsterblich vorgestellt werden, damit sie die menschliche Rücksichtslosigkeit ihnen gegenüber im Jenseitsgericht bezeugen könnten. Er unterstreicht und illustriert diese Forderung mit dem Hinweis auf die ägyptische Mythologie, für die die Tiere als Botschafter oder Verkörperungen des Göttlichen galten. Es stand ihnen zu, Menschen wegen ihrer Verstöße gegen Tiere im Jenseits anzuklagen.

Wie sehr die Antwort auf die Frage, ob Tiere eine Seele haben, mit dem jeweiligen Verständnis des Begriffes *Seele* verbunden ist, zeigt sich an zwei Beiträgen, die die Wochenzeitung *Der Spiegel* über den Theologen und Biologen Rainer Hagencord, Leiter des *Instituts für Theologische Zoologie* in Münster, veröffentlicht hat. Als Hagencord in einem Interview mit dem *Spiegel* im Jahre 2015 gefragt wurde, ob der Wurm eine Seele habe, antwortete er: „Wenn Seele Ausdruck ist für das unauslotbare Rätsel unserer Existenz, dann sind alle Tiere voll Seele. Für den Wurm gilt das unbedingt. Gott segnete die Tiere vor dem Menschen, das Gewürm wird ausdrücklich in der Schöpfungsgeschichte erwähnt."[219]

In einer Reportage über die Tätigkeiten Hagencords aus dem Jahre 2009 wird erwähnt, dass bei einer Diskussion darüber, ob Tiere eine Seele hätten, einer der fassungslosen Teilnehmer ausrief: „Aber in den Himmel kommen die ja wohl nicht?" Worauf Hagencord konterte: „Wohin denn sonst?"[220]

Man sollte aus theologischer Sicht wahrscheinlich nachfragen, was genau Hagencord unter „Himmel" versteht. Dazu fehlen uns hier Zeit und Raum. Die Antwort eines schottischen Kirchgängers auf die Frage eines Fernsehreporters, ob er glaube, dass Tiere in den Himmel kommen, soll allerdings niemandem vorenthalten werden. Sie lautet: „Ich glaube nicht, dass ich gerne in den Himmel kommen würde, wenn es dort keine Tiere gibt."[221]

Im Brief des Apostels Paulus an die Römer spricht Paulus vom Seufzen und von den Geburtswehen der gesamten Schöpfung: „Auch die Schöpfung soll von der Sklaverei und Verlorenheit befreit werden zur Freiheit und Herrlichkeit der Kinder Gottes." (Röm 8,21) Damit wird für die gesamte Schöpfung Gottes eine eschatologische Vollendung in Aussicht gestellt. Diese Hoffnung wird von Papst Franziskus geteilt. In seiner Enzyklika *Laudato Sí* erklärt er, dass all das Gute, das es in dieser Welt gibt, einst in das himmlische Fest aufgenommen werden wird: „Das ewige Leben wird ein miteinander erlebtes Staunen sein, wo *jedes Geschöpf* in leuchtender Verklärung seinen Platz einnehmen ... wird." (Nr. 243 f., meine Hervorhebung)

Todesurteil: Katzen sind Hexen

Nicht nur fleischverweigernde Ketzer wurden im Laufe der Kirchengeschichte verbrannt, sondern auch fleischfressende Katzen.[222] Ab dem 12. Jahrhundert hatte der Glaube an Hexen stark zugenommen. Die Katze, die bisher schon als „Ketzertier" gegolten hatte, wurde nun auch zum „Hexentier": In den spätmittelalterlichen und frühneuzeitlichen Vorstellungen von Hexen identifizierte man diese mit Katzen und glaubte, Hexen könnten Katzengestalt annehmen. In Bayern etwa jagte man bei der Geburt eines Kindes die Katzen hinaus, weil man sie für Hexen hielt. Nach dem deutschen Historiker Bernd-Ulrich Hergemöller ist der Glaube an die untrennbare Verbindung von Hexe und Katze die Ursache für „die Gewissenlosigkeit, mit der die neuzeitliche Gesellschaft den periodischen Katzenmassakern und den alltäglichen Tierquälereien begegnete: In Metz herrschte beispielsweise bis 1765 der Brauch, Katzen dutzendweise in Körbe zu sperren und auf der Place du Grand-Saulcy in Anwesenheit aller weltlichen und geistlichen Würdenträger auf einem Scheiterhaufen einzuäschern. In Semur wurden die Katzen am ‚Dimanche des Brandons' von den Kindern an Marterpfahle gebunden und verbrannt; in Aix-en-Provence wurden die Tiere so hoch in die Luft geschleudert, dass ihre Knochen beim Aufprall brechen mussten."[223]

Auch viele andere Tiere waren zu dieser Zeit rein negativ besetzt: Kröte und Frosch, Schlange und Fliege, Schwein und Affe. In der christlichen Ikonografie (Bildsymbolik, Interpretation von Bildinhalten) gibt es freilich auch ausgesprochen positive Tierbilder: Der Heilige Geist wird als Taube dargestellt, wie sie bei der Taufe Jesu vom Himmel herabkommt, Jesus Christus als Adler, Pelikan und vor allem als Lamm. Letzteres weist nicht nur auf den guten Hirten hin, der dem verlorenen Schaf nachgeht, sondern auch auf das Opfertier, das die Sünde der Welt hinweg nimmt.

3. Metzger, Matadore, Monsignori: Katholische Ikonografie und Grausamkeit gegenüber Tieren

Jesus Christus wird als Lamm Gottes bezeichnet und dargestellt, das getötet wurde, um den sündhaften und verlorenen Menschen ewiges Leben zu schenken. Das Bild vom geopferten Lamm geht zurück auf die Passahlämmer im Alten oder Ersten Testament, die von den Israeliten kurz vor ihrem Auszug aus Ägypten geschlachtet wurden. Mit dem Blut der Lämmer bestrichen sie auf Anordnung Jahwes die Türpfosten ihrer Häuser. Deshalb blieben ihre Erstgeborenen in der Nacht vom Tod verschont, während alle Erstgeborenen der Ägypter, „vom Erstgeborenen des Pharao, der auf dem Thron sitzt, bis zum Erstgeborenen der Magd an der Handmühle und bis zu den Erstlingen unter dem Vieh“ (Ex 1,5) starben.

Recht häufig wird das Lamm Gottes, das Agnus Dei, hoheitsvoll mit einer österlichen Siegesfahne als Symbol für Jesu Auferstehung und seinen Triumph über den Tod dargestellt.

Gotteslamm und „Karnismus"

Auf den Innungsfahnen der Metzger, Fleischhauer oder Schlachter ist manchmal ein Stierkopf zu sehen, über oder unter dem sich zwei Hackbeile befinden.[224] Mindestens ebenso häufig verwenden die Fleischer allerdings bis heute das christliche Osterlamm, das mit den Vorderbeinen die Auferstehungsfahne umklammert, als traditionelles Symbol und offizielles Siegel ihrer Zunft. Warum das so ist, liegt im Dunkeln. Diese Symbolik ruft jedoch Staunen hervor, gar nicht so selten erregt sie auch Anstoß. In Selbstdarstellungen des Metzgerhandwerks fehlt selten ein Hinweis auf jene Bibelstelle aus dem Buch Genesis, die von vielen als Freibrief für das Töten von Tieren verstanden wird: „Alles Lebendige, das sich regt, soll euch zur Nahrung dienen.“ (Gen 9,3) Gott Vater, so lassen sich die Botschaft des Wortes und die Botschaft des Bildes interpretieren, hat das Schlachten gestattet, Gott Sohn als geopfertes und über den Tod triumphierendes Lamm hat diese göttliche Erlaubnis feierlich besiegelt.

Vor allem in den österreichischen Bundesländern Steiermark und Kärnten, aber auch in Bayern und Südtirol, erfreut sich eine bestimmte liturgische Feier großer Beliebtheit: die

„Fleischweihe“ am Karsamstag.[225] Religionssoziologischen Befunden der Säkularisierung und religiösen „Verbuntung“[226] zum Trotz genießt die „österliche Speisensegnung“, wie diese Andachtsfeier liturgisch korrekt heißt, im regionalen Kirchenvolk nahezu den Status eines „achten Sakraments“. Die Menschen, auch viele, die sich sonst kaum in einer Kirche blicken lassen, bringen Schinken und Würste, Eier und Salz, Osterbrot und Kren (Meerrettich) in die Pfarr- und Filialkirchen, zu Kapellen, Bildstöcken und Wegkreuzen. Dort werden die Lebensmittel von einem Geistlichen oder einem eigens beauftragten Laien gesegnet. Die Körbe, in denen sich die Speisen befinden, sind mit kunstvoll bestickten Tüchern zugedeckt, und die Menschen tragen häufig Tracht. Das Osterfleisch wird mit folgenden Worten gesegnet: „Herr, unser Gott, segne das Osterfleisch: Es werde für uns zum Zeichen für das wahre Osterlamm, für Jesus Christus.“[227]

Die „Fleischweihe“ als Ausdruck eines lokalen „Trachtenvereinskatholizismus“ (Karl Rahner) interpretiert das Fleisch eines in der vorösterlichen Zeit geschlachteten Schweines oder Rindes als Symbol für das geschlachtete Osterlamm Jesus Christus. Die Frage, ob der Schinken und das Selch- oder Rauchfleisch aus einer Tierfabrik stammen oder von einem Bio-Bauern, spielt dabei keine Rolle. Die verheerenden ökologischen Folgen des global stetig steigenden Fleischkonsums auch nicht. Kirchliche Liturgie und Ikonografie mutieren so zu Strategien, das Essen von Tieren gegen Kritik zu immunisieren und Tierquälerei und Umweltzerstörung religiös zu überhöhen: Ob gerade in Zeiten von Intensiv- und Massentierhaltung die traditionelle Speisensegnung nicht grundsätzlich hinterfragt werden sollte, kommt offenbar weder Priester und Diakonen, noch Ordensschwestern und Pastoralreferentinnen in den Sinn.

Ein besonders drastisches Beispiel dieser religiös-ideologischen Überhöhung des Tötens von Tieren ist in dem reich illustrierten Band *Gott und Gaumen* des Liturgiewissenschaftlers Guido Fuchs zu finden. In einem „Zerstören, um zu genießen“ überschriebenen Abschnitt dieses Buches, das u. a. zahlreiche Rezepte von Fleisch- und Fischgerichten enthält, stellt Fuchs fest: „Einverleiben der Nahrung bedeutet also immer auch Vernichtung. Weder Pflanze noch Tier bleiben davon verschont, vernichtet zu werden, um Nahrung werden zu können. [...] Auch Vegetarier wenden eine Form von Gewalt an, wenn auch nicht gegen Tiere. [...] Ohne Zerstörung kein Aufbau, ohne Tod kein Leben. In seiner letztlich religiösen Dimension kommt dieser Zusammenhang ganz drastisch im christlichen Speiseritual des Abendmahls bzw. der Kommunion zum Ausdruck.“[228] Das menschliche Töten der Tiere wird hier zu deren Selbstopferung umgedeutet, die menschliche Lust, Tiere zu essen, erhält eine mystische Tiefendimension. Das von den religiösen und politischen Eliten seiner Zeit verhängte, von Jesus freiwillig übernommene Opfer am Kreuz, das die Folge seines konsequenten Einsatzes für die Machtlosen und Schwachen war, legitimiert auf diese Weise dessen genaues Gegenteil: die gegen ihren Willen durchgeführte Opferung machtloser und schwacher, aber schmerzsensibler Mitgeschöpfe durch eine mächtige und rücksichtlose menschliche Elite, die in vielen Fällen einfach nicht bereit ist, auf bestimmte Geschmackserlebnisse zu verzichten und deshalb jährlich über 56 Milliarden sogenannte Nutztiere tötet, mehr als 3000 Tiere pro Sekunde.[229]

Gäbe es in China, Südkorea, Vietnam oder auf den Inseln Ozeaniens „Fleischweihen“, würde auch Hunde- und Katzenfleisch gesegnet werden. Denn in den genannten Ländern ist es durchaus üblich, Hunde und Katzen zu essen. Nach dem US-amerikanische Schriftsteller Paul Theroux[230] wird Hundefleisch weltweit häufiger gegessen als Katzenfleisch. Auf der östlich von Neuseeland gelegenen pazifischen Inselgruppe Moto Tiri seien Katzen das bevorzugte Nahrungsmittel. Ganze geschlachtete Katzen, Katzenschenkel und Katzenrücken würden auf den Märkten dargeboten und dies in unterschiedlicher Zubereitung: gebraten, geräuchert, gegrillt oder gepökelt. Schweine dagegen würden als Haustiere gehalten.

Hierzulande bringt niemand geräucherten Katzenrücken oder gebratene Hundebeine zur Fleischweihe, denn der Verzehr von Hunde- und Katzenfleisch gilt als Tabu. Die US-amerikanische Sozialpsychologin Melanie Joy bezeichnet das kulturabhängige System von Überzeugungen, das es den Menschen ermöglicht, *bestimmte* Tierspezies zu töten bzw. töten zu lassen und zu essen, als *Karnismus*[231] (*carne* = lat. Fleisch). Nach Joy ist Karnismus eine gewalttätige Ideologie, die uns mit der Vorstellung aufwachsen lässt, dass es ethisch richtig sei, Tiere zu essen. Karnismus als dominantes Glaubenssystem erkläre die Tatsache, dass Menschen, die sich selbst als tierliebend bezeichnen, die Körper bestimmter Tiere problemlos essen können, während der Gedanke an den Verzehr anderer Tiere Ekel und Widerstand hervorruft. Karnismus beruhe auf den sozialen und psychischen Schutz- und Verteidigungsmechanismen der Leugnung (Unsichtbarmachung der Opfer), der drei N's der Rechtfertigung (Fleischkonsum ist normal, natürlich und notwendig) und der Wahrnehmungsverzerrung (Verdinglichung der Tiere), die dazu führen würden, dass Menschen emotional abstumpfen. Diese Abstumpfung bezeichnet Joy mit einem Begriff des Psychologen Robert Jay Lifton als „psychische Betäubung"[232].

Abschließend sei noch erwähnt, dass es neben den lokal sehr begrenzten Speisensegnungen oder Fleischweihen auch sogenannte *Hubertusmessen*[233] gibt, die um den 3. November, dem Festtag des heiligen Hubertus von Lüttich, Patron der Jäger, stattfinden. Sie unterscheiden sich durch eine ganz eigene Gestaltung der Liturgie: Meist wird die Orgel in solchen Jäger-Gottesdiensten durch Jagdhörner ersetzt, die üblichen Dienste der Ministranten werden von Jungjägern in jagdlicher Kleidung übernommen, die Lesungen von einem Jäger vorgetragen. Mancherorts besteht der Brauch, erlegtes Wild vor dem Altar niederzulegen.

Heiligenfeste und Tierquälerei

In eine Kurzgeschichte des US-amerikanischen Schriftstellers und Radiomoderators Garrison Keillor wird Folgendes über einen jungen Baseballspieler namens Ronnie Decker ausgesagt: „Ronnie ist Katholik und es scheint, dass diese besonders blutrünstig sind." In Klammern fügt Keillor die Frage hinzu: „Hat es etwa jemals einen methodistischen Stierkämpfer gegeben?"[234] Die Antwort darauf lautet höchstwahrscheinlich Nein.

Es scheint also tatsächlich einen Zusammenhang zwischen Konfessionszugehörigkeit und rituellen blutigen Misshandlungen von Tieren zu geben. Stierkämpfe haben jedenfalls bisher nur in traditionell katholischen Ländern stattgefunden, in Spanien vor allem, aber auch in Portugal, Frankreich, Mexiko, Kolumbien und Venezuela. In einer kulturhistorischen Abhandlung über moralische Einstellungen und Verhaltensweisen in Europa aus dem Jahre 1869 stellte der irische Historiker William Edward Hartpole Lecky fest, dass „der Katholizismus im Großen und Ganzen wenig getan habe, um den Menschen Mitgefühl mit Tieren beizubringen" und dass Regionen wie Spanien und Süditalien, in denen der Katholizismus besonders tief verwurzelt ist, gleichzeitig jene seien, „in denen die Grausamkeit gegenüber Tieren besonders drastisch ausfalle und es den geringsten Einspruch dagegen gebe."[235] In einem Brief vom 28. März 1887 urteilte die britische Ärztin und Tierversuchsgegnerin Anna Kingsford wie folgt über die heilige Stadt Rom: „Niemand, der Rom, die Stadt des Papstes, wo ich jetzt bin, besucht, kann irgendeinen Zweifel an der niederträchtigen Grausamkeit der ‚Christen‘ gegenüber den Tieren hegen, die für sie schinden und sich für sie abplagen. Sie werden Dir erzählen, dass ‚Christen keine Pflichten gegenüber den Tieren haben, die verenden‘. Ihr Papst hat es ihnen so gesagt. Überall dort, wo das katholische Christentum herrscht, werden die armen, geduldigen, stummen Kreaturen auf alle möglichen Arten gemartert, ohne dass die religiösen Lehrer irgendetwas zu ihren Gunsten sagen würden.“[236]

Kingsfords Feststellung ist glaubwürdig, denn um die Mitte des 19. Jahrhunderts hat Papst Pius IX. sich tatsächlich hartnäckig der Errichtung einer nationalen italienischen Tierschutzorganisation in Rom widersetzt, weil er befürchtete, dadurch könnte die seiner Ansicht nach gültige katholische Morallehre, dass Menschen Pflichten gegenüber anderen Menschen hätten, aber keine gegenüber Tieren, in Frage gestellt werde.[237]

Im Jahre 2008, also mehr als eineinhalb Jahrhunderte später, trat eine parlamentarische Initiative in Spanien mit dem Ziel an, den besonderen Status der Großen Menschenaffen gesetzlich anzuerkennen: Schimpansen, Gorillas, Orang-Utans und Bonobos sollten die Grundrechte auf Leben (Schutz der Lebensräume, Tötung nur im Falle der Selbstverteidigung des Menschen), das Recht auf Freiheit (keine Haltung im Zoo oder im Zirkus) und das Recht auf körperliche Unversehrtheit (keine medizinischen Experimente) erhalten. Der Vorstoß, der auf dem *Great Ape Project*[238] der Philosophen Paola Cavalieri und Peter Singer aufbaute und von der Regierung des damaligen Ministerpräsidenten José Louis Zapatero (Sozialistische Arbeiterpartei) unterstützt wurde, scheiterte schließlich am Widerstand diverser gesellschaftlicher Gruppen, auch dem der katholischen Kirche Spaniens, die vehement gegen das geplante Gesetz zu Felde zog. Eine der heftigsten Kritiker war José Ignacio Munilla Aguirre, der damalige Bischof von Palencia und heutige Bischof von San Sebastián. Er brandmarkte die Gesetzesinitiative zugunsten der Menschenaffen als anti-christliche Verschwörung und als „Rebellion gegen die kulturellen Wurzeln Europas, gegen die christliche Anthropologie, gegen Vernunft und Natur". Er warf ihren Unterstützern vor, die Artgrenzen zu verwischen. Dies sei möglich geworden, „weil man vorher schon den Begriff des Geschlechts in Frage gestellt hat". Nach Munilla Aguirre würde eine Garantie von Grundrechten für Menschenaffen eine Reihe von schlimmen Folgen nach sich ziehen: „Es ist kaum daran zu zweifeln, dass als Nächstes Euthanasie, Eugenik und ethnische Säuberungen folgen werden."[239]

Es ist offensichtlich, dass Bischof Munilla Aguirre kein Gespür für spanische Tierfreunde und Tierrechtler und die Motive ihres Handelns hatte. Es wäre ihm wohl nie in den Sinn gekommen, dass der Einsatz für den gesetzlichen Schutz der großen Menschenaffen in einem tiefen Mitgefühl mit diesen und in einer christlichen Liebe zu allen Kreaturen Gottes wurzeln könnte. Das Herz des Bischofs blieb, um es biblisch zu formulieren, verhärtet. Im Jahre 2009 wurde Munilla Aguirre übrigens von Papst Benedikt XVI. zum Bischof von San Sebastian ernannt, einer Diözese, in der mehr als drei Mal so viele Katholiken leben als in seiner früheren.

Trotz einer umfangreichen Recherche konnte ich keine einzige kritische Bemerkung von Bischof Munilla Aguirre über den Stierkampf finden, wohl deshalb, weil er nie eine gemacht hat. Das ist nicht weiter erstaunlich: Die spanischen Monsignori – hier verwende ich diesen kirchlichen Ehrentitel als Anrede für Bischöfe, wie dies in mehreren Sprachen, z. B. auch im Spanischen der Fall ist – haben mit Stierkämpfen offenbar kein Problem: „In Spanien stellt sich keine katholische Autorität gegen den Stierkampf."[240] Die Literaturwissenschaftlerin Margarita Carretero-González von der Universität Granada hat auf die enge Verbindung von Stierkampf, Nationalstolz, katholischer Frömmigkeit und inniger Verehrung der Heiligen hingewiesen: „Stierkampf ist nicht nur zu einem starken Symbol nationaler spanischer Identität geworden, sondern steht auch in enger Verbindung mit leidenschaftlicher Religionsausübung, weil sich die meisten Stierkämpfer offen zu ihrer Verehrung der Jungfrau Maria oder eines Nationalheiligen bekennen. Angesichts dieser paradoxen Allianz zwischen christlichem Eifer und Folter der Tiere haben Tierschutzorganisationen in jenen Ländern, in denen Stierkämpfe verbreitet sind, die kirchlichen Obrigkeiten wiederholt aufgefordert, sich gegen solche Bräuche zu stellen. Unglücklicherweise ist die Antwort immer dieselbe: Schweigen."[241] Margarita Carretero-González kann allerdings einen Oberhirten von den weltweit 4.700 nennen, der Stierkämpfe kritisiert und sich für deren Ende ausspricht: Erzbischof Ubaldo Santana Sequera von Maracaibo in Venezuela. Von 2006 bis 2012 war Ubaldo Santana auch Vorsitzender der venezolanischen Bischofskonferenz.

Noch eine kurze abschließende Bemerkung zum Stierkampf: Zwar verurteilte Papst Pius V. Stierkämpfe im Jahre 1567 in der Bulle *De salute gregis* als „blutige und schändliche Schauspiele von Teufeln, nicht von Menschen"[242] und verbot die Teilnahme daran unter Androhung der Exkommunikation. Es war jedoch eher das mit Stierkämpfen verbundene Risiko für menschliches Leben und menschliches Seelenheil, das bei dieser Verurteilung im Vordergrund stand, nicht Schmerz und Leid der Stiere. Zudem hob bereits Pius' Nachfolger auf dem Stuhle Petri, Papst Gregor XIII. aufgrund zahlreicher Proteste die Androhung der Exkommunikation wieder auf. Es gab im Laufe der späteren Kirchengeschichte weitgehend erfolglos vereinzelte Versuche, Papst Pius' Verbot wieder aufleben zu lassen. Übrigens haben sowohl Paul VI. als auch Johannes Paul II. Gruppen von Matadoren in päpstlichen Audienzen empfangen.[243]

In seinem 2015 fertiggestellten Dokumentarfilm *Santa Fiesta*[244] setzt sich der spanische Filmregisseur Miguel Angel Rolland mit den zahlreichen religiösen Feiertagen und Festen in seinem Land auseinander, in deren Verlauf Tieren entsetzliche Grausamkeiten zugefügt werden. Die bekannte Fiesta im Pamplona zu Ehren des heiligen Fermin, bei der jedes Jahr im Juli acht Tage lang Kampfstiere durch einen Teil der Altstadt in die Stierkampfarena getrieben werden, ist nur eines von unzähligen Festivals, bei der insgesamt mehr als 11.000 Stiere gemartert und umgebracht werden. Die Zahl der abgeschlachteten Stiere erhöht sich noch drastisch, wenn man die 40.000 Stiere dazurechnet, die jedes Jahr in Stierkampfarenen umgebracht werden. In Benavente in Zentralspanien wird ein Stier am Fronleichnamsfest mit einem Seil, das man an seinen Hörnern anbindet, durch die Stadt zum Schlachthof gehetzt und gezerrt. An die Hörner anderer Stiere werden brennende Fackeln gebunden, wieder andere werden vom Pier ins Meer gestoßen oder von Autos gejagt. Doch Stiere sind nicht die einzigen Tiere, die gequält und getötet werden: In einem Stadtteil von Madrid werden Tauben in große Konservengläser hineinzwängt und anschließend gesteinigt, in einem kleinen Ort in der Provinz Toledo versuchen Reiter vom Pferd aus, den Kopf einer lebenden Gans abzureißen, die vorher auf einer über die Straße gespannten Schnur mit dem Kopf nach unten aufgehängt wurde.

Miguel Angel Rolland kommentiert seinen Film wie folgt: „Wie viele andere spanische Männer und Frauen war ich seit meiner Kindheit Zeuge einer großen Bandbreite von religiösen Feierlichkeiten, bei denen Tiere gejagt, getreten, niedergestochen, enthauptet, angezündet oder von Kirchtürmen hinuntergeworfen wurden, und dies größtenteils im Namen Gottes.“[245] Und der Regisseur fügt hinzu: „Das wirklich traurige dabei ist, dass ich nie jemanden sah, der sich dem widersetzte. [...] Die grausamen Ereignisse haben den Segen der Kirche.“[246]

Zusammenfassend lässt sich festhalten, dass katholische Bildsymbolik, kirchliches Brauchtum und religiöse Feste die traditionelle Lehre von der Herrschaft des Menschen über die Tiere tief im kollektiven Gedächtnis vieler Katholiken verankert haben. Eine verzerrte Ikonografie dient dazu, den Stierkampf marianisch zu überhöhen, den Opfertod Christi mit der blutigen Schlachtung tatsächlicher Lämmer und anderer „Opfertiere“ in Verbindung zu bringen und den aufgezwungenen Tod unzähliger Tiere, die an ihrem Leben hängen, in eine Hingabe ihres Lebens zugunsten der Menschen umzudeuten.

Vegetarier und Veganer sind in einem traditionell katholischen Milieu nicht selten auch heute noch Verdächtigungen ausgesetzt: Man wird sie nicht mehr wie in früheren Jahrhunderten der Ketzerei beschuldigen und auf dem Scheiterhaufen verbrennen, aber der Vorwurf einer zu großen Nähe zu New Age oder zur Tierbefreiungsphilosophie eines Peter Singer ist ebenso häufig zu hören wie die Unterstellung, konsequente Tierschützer würden die Not von verhungernden Kindern in den Ländern der sogenannten Dritten Welt ignorieren, um sich einer sentimentalen Liebe zu Tieren hinzugeben. In einem Leserbrief an die renommierte katholische Wochenzeitschrift *The Tablet* vom 12. Februar 1983 hat eine gewisse Ms. M. E. Moloney aus London nachdrücklich auf diesen heute noch auf weite Strecken zutreffenden Sachverhalt aufmerksam gemacht: „Wer [als Katholik oder Katholikin] zu erkennen gibt, dass einem das Wohlergehen von Tieren ein Anliegen ist oder dass man gar etwas für Tiere tut, handelt sich Ärger ein. Bestenfalls wird man als sentimental abgestempelt, schlimmstenfalls in die Nähe der Häresie gerückt. ‚Meine Liebe‘, sagen sie zu einem, ‚Du hast Deine Prioritäten durcheinander gebracht.‘ Ich weiß nicht warum, aber man vermutet immer, dass man nicht gleichzeitig eine Tierschutzorganisation und die Caritas unterstützen kann … und obendrein auch noch Kranke besuchen. Man kann sich dem Briefmarkensammeln widmen, dem Bergklettern, dem Gregorianischen Choral oder dem Golfspiel und als ‚normal‘ akzeptiert werden, aber Tiere – Nein!“[247]

4. Gequälte Hermeline, gestreichelte Katzen und andere tierethische Widersprüche

Papst Benedikt XVI.: Lieber im Pelz als nackten Hauptes

Zu Beginn der Adventzeit 2005 trat Papst Benedikt XVI. mit einem Kleidungsstück auf, das seine beiden Vorgänger nicht mehr getragen hatten: die päpstliche Mozzetta, ein Schulterumhang mit kleiner Kapuze und Hermelinrand. Wenige Tage vor dem Weihnachtsfest trug Benedikt bei der Generalaudienz dann eine für obsolet gehaltene päpstliche Kopfbedeckung, die ihm das Aussehen eines Weihnachtsmanns verlieh und dadurch einen beeindruckenden Anstieg seiner Medienpräsenz bescherte: den Camauro, eine aus rotem Samt gefertigte Wintermütze, die mit einem weißem Hermelinpelz verbrämt ist.[248] Der Papst hat dabei offenbar ausgeblendet, dass Hermeline und andere Pelztiere tierquälerisch in engen Käfigen gehalten werden und dass es in einigen Ländern, darunter Kanada und Russland, immer noch legal ist, für den Fang dieser Tiere monströse Fallen aus Metall, so genannten Tellereisen, zu verwenden.

In einem Interview, das der deutsche Journalist Peter Seewald einige Jahre danach mit ihm führte, hat Papst Benedikt das Aufsetzen des Camauro heruntergespielt: „Ich habe ihn nur einmal getragen. Mich hat einfach gefroren, und ich bin am Kopf empfindlich. Und ich habe gesagt, wenn wir schon den Camauro haben, dann setzen wir ihn auch auf."[249] Das glaube ich dem Papst aufs Wort, und dennoch bleibt ein gewisses Unbehagen. „Ein Papst spricht [nämlich]", wie Seewald den Sachverhalt richtig kommentierte, „immer auch in Gesten und Gebärden, Zeichen und Symbolen."[250] Es scheint, dass der Papst die Symbolkraft des Pelztragens in der heutigen Zeit gewaltig unterschätzt hat: „Rund 100 Millionen Pelztiere werden aktuell weltweit jährlich der Mode geopfert. Ihr kurzes Leben in Farmhaltungen ist eine Qual, voller Leiden und Schmerz. Sie haben keinen Platz um elementarste, arttypische Verhaltensweisen auszuleben.“[251] Zwar sind Pelztierfarmen in einigen europäischen Ländern, darunter Österreich und Großbritannien, Bulgarien und Slowenien verboten, und zahlreiche Kaufhäuser bieten nur noch alternative Webpelze an. Doch es gibt auch einen neuen Trend zu edlen Pelzen als Statussymbol: „Es scheint, als könne man den Pelz nicht so leicht aus der Modewelt verbannen. Zu dick ist sein Fell. Pelz ist ein Lebensstil.“[252]

In seinem 1989 erschienen Buch *Caro uomo (Liebe Menschen)* versetzt sich der italienischen Franziskanermönchs Nazareno Fabbretti in die Lage verschiedener Tiere und lässt sie zu uns Menschen sprechen. Neben einem Löwen und einem Affen, einem Hund und einer Katze, einer Hyäne und einer Biene meldet sich in Fabbrettis Buch auch ein Hermelin zu Wort. Das Tier beschwert sich darüber, dass Gewalt, Ehrgeiz und Selbstsucht der Menschen dazu geführt hätten, Hermeline brutal zu fangen, zu züchten und zu töten. „Unsere Schönheit ist unser Todesurteil“, hält das Hermelin den Menschen vor. „Ihr beraubt uns unserer Schönheit, um einen Markt für Luxusartikel zu schaffen, ... [für] Pelzmäntel, die Monarchen, Prinzen, Päpsten gehören und den Frauen einiger der reichsten Männer dieser Erde.“[253]

Die *Tiervergessenheit* des Christentums konkretisiert sich hier in der *Hermelinvergessenheit* Papst Benedikt XVI. Beides entspricht der christlichen Tradition. Im 1957 erschienen *Dizionario di Teologia morale* wird festgehalten: „Die Tierliebhaber verlieren allzu sehr den Sinn aus den Augen, wozu Tiere, die einsichtslose Kreaturen sind, von Gott geschaffen wurden, nämlich zum Dienst und Gebrauch des Menschen“[254]. Im Lexikon der christlichen Moral aus dem Jahre 1976 ist zu lesen: „Der Daseinssinn des Tieres ist also der Dienst am Menschen.“[255] In seinen 2002 veröffentlichten Überlegungen zum fünften Gebot bemängelt der Moraltheologe Joseph Spindelböck an Albert Schweitzers Lebensethik, dass ihr die Klarheit der Unterscheidung zwischen dem Leben des Menschen und dem der Tiere und Pflanzen fehle. Spindelböck, der seinerseits keinen Unterschied zwischen Pflanzen, die nach heutigem wissenschaftlichen Stand nicht schmerzfähig sind, und Leid und Schmerz empfindenden Tieren macht, rückt den theologischen Sachverhalt zurecht: „Die höchste Achtung gebührt nicht einfach dem Leben an sich, sondern dem Leben des Menschen.“[256] Dies zeige sich u. a. darin, dass sowohl Tiere als auch Pflanzen dem Menschen als Nahrung zu dienen haben. Allein der Mensch sei nach dem Abbild Gottes geschaffen, besitze eine geistige, unsterbliche Seele und sei mit einer unvergleichlichen Würde ausgestattet. Ähnlich argumentiert der evangelische Theologe Martin Honecker in seinem 1995 erschienenen Werk *Grundriß der Sozialethik*: Da Tiere keine potentiellen Menschen seien und zwischen Mensch und Tier eine „ontologische Differenz“ bestehe, sei „in der Ethik ... eine gewisse Anthropozentrik unausweichlich“[257], stellt Honecker fest. Daraus folgert er, dass die Durchführung von – allerdings auf das unumgängliche Maß einzuschränkenden – Tierversuchen sittlich erlaubt sei.

Ich komme zurück auf Papst Benedikt XVI. Zu seiner teilweisen tierethischen Ehrenrettung kann man auf seine Liebe zu Katzen verweisen, in denen er nicht wie manche seiner Vorgänger Hexentiere erblickte, sondern der Hilfe und Zuneigung bedürftige Mitgeschöpfe.[258] Es wurde wiederholt berichtet, dass Joseph Ratzinger sich als Kardinal um herumstreunende und verletzte Katzen kümmerte und ihnen regelmäßig Futter gab. Es wurde zudem kolportiert, dass Ratzinger sich seine Zuneigung zu Katzen auch nach seiner Wahl zum Papst nicht nehmen ließ: Fünf Katzen sollen mit Benedikt XVI. in den Papstgemächern gelebt haben.

Man könnte die Sympathie Papst Benedikts für Katzen und seine Fürsorge für sie in das herrschende Muster menschlicher Verwendungszwecke für Tiere einordnen und damit herunterspielen: Das sind einerseits die Heimtiere (Haustiere, Kumpantiere), zu denen Menschen emotionale Beziehungen haben und die sie nicht selten auf eine Art und Weise verhätscheln, die den Tieren mehr schaden als zuträglich sind. Andererseits gibt es die Kategorie der sogenannten Nutztiere, die für die menschliche Ernährung gemästet und geschlachtet werden und von denen sich die Menschen emotional distanzieren. Doch Joseph Ratzinger hat nicht nur Katzen gefüttert, er hat sich auch zu ethischen Fragen der Haltung von „Nutztieren“ geäußert. In einem früheren, im Jahre 2000 in Buchform erschienenen Interview, ebenfalls mit Peter Seewald, hat Kardinal Joseph Ratzinger, der zu diesem Zeitpunkt Präfekt der Glaubenskongregation war, deutliche Kritik an den Methoden der modernen industriellen Tierproduktion geübt. Ratzinger wurde von Seewald gefragt, ob und ggf. wie Menschen Tiere gebrauchen dürfen. Ratzinger hat dazu Bemerkenswertes kundgetan: „Das ist eine sehr ernste Frage. Jedenfalls sieht man, ... dass wir mit ihnen [den Tieren] nicht beliebig umgehen dürfen. Auch Tiere sind Geschöpfe Gottes, wenn auch nicht in der gleichen Direktheit wie der Mensch, aber doch Wesen, die er gewollt hat und die wir als Begleiter der Schöpfung und wesentliche Elemente der Schöpfung respektieren müssen.“ Anschließend stellt Ratzinger in Bezug auf das Mensch-Tier-Verhältnis fest, dass der Mensch „immer die Ehrfurcht vor diesen Geschöpfen bewahren [soll]“. Er weist aber auch darauf hin, „dass ihm [dem Menschen] nicht versagt ist, von ihnen [den Tieren] Nahrung zu nehmen.“ Diese grundsätzliche Erlaubnis sei jedoch stark eingeschränkt: „Freilich, die Art von industrieller Verwendung, indem man Gänse so züchtet, dass sie eine möglichst große Leber haben, oder Hühner so kaserniert, dass sie zu Karikaturen von Tieren werden, diese Degradierung des Lebendigen zur Ware scheint mir tatsächlich dem Zueinander von Mensch und Tier zu widersprechen, das durch die Bibel durchscheint."[259]

Auch wenn sich Ratzinger in dieser Interviewpassage vorsichtig ausdrückt („scheint mir ... zu widersprechen"), so wird hier doch eine Haltung eingenommen, die der Verdächtigung von Tierschutzbemühungen im christlichen Raum fundamental widerspricht. Sogar die Tierrechtsorganisation *PETA (People for the Ethical Treatment of Animals)*, eine der größten und leidenschaftlichsten, streitbarsten und umstrittensten ihrer Art, hat Ratzingers Worte gewürdigt und mit Postern und Postings, auf denen Teile der Papstaussage wiedergegeben wurden, für das Anliegen des Tierschutzes geworben.

Zum Abschluss sei angemerkt, dass die internationale katholische Wochenzeitschrift *The Tablet* in ihrer Ausgabe vom 13. Februar 1999[260] die Liste jener Speisen veröffentlichte, die Papst Johannes Paul II. und seine Entourage auf ihrem Rückflug von den USA nach Rom serviert bekamen: Neben einer zartbitteren Schokoladentorte gab es Kaviar und „pâté de foie gras", also Gänseleberpastete oder – präziser ausgedrückt – Gänsestopfleberpastete. Ob der Papst sie gegessen hat oder ob er die tierethischen Bedenken seines Nachfolgers gegenüber dem französischen Qualprodukt geteilt und den Teller zurückgehen lies, wird im Beitrag des *Tablet* nicht erwähnt.

Papst Franziskus: PETAs Person des Jahres 2015

Vom Vorgänger Benedikts zu seinem Nachfolger: Papst Franziskus hat Papst Benedikt in der Wertschätzung der Tierrechtsorganisation PETA sogar noch übertroffen. Er wurde von *PETA* zur *Person of the Year 2015* gewählt. Das Urteil wurde damit begründet, dass dieser Papst schon mit der Wahl seines Namens an den heiligen Franz von Assisi, den Schutzpatron der Tiere, erinnert habe und dass er in seiner im Jahr 2015 veröffentlichten Enzyklika *Laudato Sí* deutlich zum Ausdruck brachte, wie wichtig Umwelt- und Tierschutz seien. Elisa Allen, Atheistin und stellvertretende Direktorin von PETA im Vereinigten Königreich, erklärte: „Seine Heiligkeit wurde von PETA zur Person des Jahres gewählt, weil er sich für einen mitfühlenden Umgang mit allen Lebewesen einsetzt – unabhängig von Religion oder Spezies."[261]

In der Tat: Noch kein Papst hat so deutlich sowohl den Eigenwert jedes einzelnen Geschöpfes als auch die Verbundenheit aller Geschöpfe miteinander betont wie dieser: „Jedes Geschöpf, besonders die Lebewesen, [hat] einen intrinsischen Wert, in seiner Existenz, seinem Leben, seiner Schönheit und seiner Interdependenz mit anderen Geschöpfen."[262] Noch kein Papst hat Menschen- und Tierliebe so eng aufeinander bezogen: „Das Herz ist nur eines, und die gleiche Erbärmlichkeit, die dazu führt, ein Tier zu misshandeln, zeigt sich unverzüglich auch in der Beziehung zu anderen Menschen. Jegliche Grausamkeit gegenüber irgendeinem Geschöpf ‚widerspricht der Würde des Menschen'." (*Laudato Sí* Nr. 92) Dem „despotischen Anthropozentrismus" (Nr. 68), der die Kirchengeschichte jahrhundertelang dominierte, setzt Franziskus die Überzeugung entgegen, dass Gottes lebenspendender Geist in allen Geschöpfen wohne (Nr. 88), dass der letzte Zweck der anderen Geschöpfe nicht die Menschen seien, sondern Gott „in einer transzendenten Fülle, wo der auferstandene Christus alles umgreift und erleuchtet" (Nr. 83) und dass die nichtmenschlichen Geschöpfe durch „einen Vorrang des Seins vor dem Nützlichsein" (Nr. 69) charakterisiert seien. Der Papst stellt klar: „Heute sagt die Kirche nicht einfach, dass die anderen Geschöpfe dem Wohl des Menschen völlig untergeordnet sind, als besäßen sie in sich selbst keinen Wert und wir könnten willkürlich über sie verfügen." (Nr. 69) *Laudato Sí* hat übrigens nicht nur PETA beeindruckt, sondern auch Peter Singer.[263]

Sonntagspredigt, Sonntagsbraten und theologische Ethik

Die Mitteilung PETAs von der Wahl Papst Franziskus zur Person des Jahres 2015 schließt mit einer Erwähnung der Preisträger vergangener Jahre, unter ihnen der britische Politiker, Parteilinke und Vegetarier Tony Benn, und mit der Wiedergabe von PETAs tierethischem Motto. Dieses Motto lautet: „Tiere sind nicht dazu da, dass wir sie essen, anziehen, an ihnen experimentieren, sie zu unserer Unterhaltung nutzen oder auf andere Art und Weise missbrauchen."[264] Ist das auch die Position von Papst Franziskus? Geht man dabei im Vatikan mit gutem Beispiel voran? Sind Spaghetti Carbonara und Bolognese, gegrillte Calamari und Parmaschinken von vatikanischen Esstischen verschwunden? Sind die Schuhe der Monsignori nicht mehr aus schwarzem Kalbsleder, sondern aus Polyurethan, Hanf oder Mesh, einem luftdurchlässiges Textil-Netzgewebe? Ist es Vatikanangestellten untersagt, mit ihren Kindern Zirkusvorstellungen zu besuchen, in denen dressierte Wildtiere auftreten? Niemand wird das ernstlich annehmen.

Offensichtlich finden die konsequent tiergerechten – manche würden sagen „radikalen" – Grundsätze von PETA, welche das Essen von Tieren (und vorzugsweise auch Tierprodukten), das Tragen von Pelz und Leder, medizinische und wissenschaftliche Tierversuche und Zirkusse mit (Wild-)Tieren untersagen, weder bei den Christen im Vatikan noch bei Christen überhaupt begeisterten Zuspruch. Die Diskrepanz zwischen frommen *Sonntagspredigten*, die sehr allgemein zur Verantwortung für die Schöpfung und zum Respekt vor dem Eigenwert jedes einzelnen Tieres aufrufen, und dem opulenten *Sonntagsbraten*, der nach dem Hochamt im Pfarrhof verspeist wird und der in der Regel von Tieren aus Massen- und Intensivtierhaltung stammt, ist nicht zu übersehen. Es ist eine Diskrepanz zwischen schönen Worten und unschönen Taten, zwischen Sonntagspredigten, die die Tiere als leidensfähige Kreaturen Gottes charakterisieren und dem Sonntagsbraten, der die Qual und den Tod solch leidensfähiger Kreaturen Gottes voraussetzt.

Natürlich haben bei Gott nicht alle Christen ein Problem mit der Kluft zwischen dem tierethischem Anspruch ihrer Religion und ihrem eigenen praktischen Verhalten gegenüber Tieren. Die katholischen Besucher von Stierkämpfen in Spanien, die Teilnehmer an Rodeos im US-amerikanischen Bible Belt, orthodoxe Christen, die Tieropfer darbringen, sind davon überzeugt, dass die jahrhundertealte christliche Tradition von der Unterordnung der Tiere unter die Ansprüche und Bedürfnisse der Menschen nach wie vor weitgehend uneingeschränkt gilt. Bei jenen Christen jedoch, die die kognitive Verhaltensforschung und die philosophische Tierethik sowie diverse aktuelle kirchenamtliche Aussagen ernst nehmen, kann die Erkenntnis, dass ihre Einstellung und ihr Verhalten in krassem Widerspruch zueinander stehen, zu jenen unangenehmen Empfindungen führen, die die Sozialpsychologie als *kognitive Dissonanz* bezeichnet. Diese wird im Fall des Verzehrs von Fleisch häufig dadurch aufgelöst, dass man die Einsicht der Dissonanz aus dem Bewusstsein verdrängt, den Widerspruch zwischen Einstellung und Verhalten herunterspielt oder die normativen Ansprüche auf ein verträglich scheinendes Maß reduziert.

Letztere Lösung findet sich nicht selten bei theologischen Ethikern. Nach dem Linzer Moraltheologen Michael Rosenberger beispielsweise ist der Unterschied zwischen vegetarischer und nichtvegetarischer Ernährung vergleichsweise klein, denn auch Vegetarier seien dazu verdammt, Gewalt gegen andere Lebewesen auszuüben: gegen Pflanzen nämlich. Weil also der Mensch ohnehin gezwungen sei, „Gewalt gegen andere Lebewesen anzuwenden", behauptet Rosenberger, „entbehrt eine normative Verpflichtung zu vegetarischem Leben von vornherein jeder Grundlage."[265] Weil es jedoch, wie Andrew Linzey richtig feststellt, „keinen Nachweis und keinen Grund dafür gibt anzunehmen, dass Pflanzen schmerzsensibel sind"[266], habe ich Schwierigkeiten, Rosenbergers Argument zu verstehen. Ich möchte Rosenberger nicht unrecht tun, aber im Grunde sagt er doch: Weil ich gelegentlich auf Gras treten muss, wenn ich mit meinem Hund spazieren gehe, darf ich auch meinen Hund treten, sollte er nicht gehorsam meinen Befehlen folgen. Oder: Wer einen Apfel vom Apfelbaum abreißt und dadurch Gewalt ausübt, ist ethisch auch dazu legitimiert, ein Schwein zu schlachten. Zwischen beidem, also dem Abreißen des Apfels und dem Schlachten des Schweins „können wir ... nur einen relativen Unterschied ... machen."[267] Konrad Lorenz[268] hat übrigens sehr harte Worte für jene Menschen gefunden, denen es ebenso leicht fallen würde, einem Schimpansen oder Meerschweinchen den Kopf abzuhacken wie einen Salatkopf zu zerschneiden.

Mitgefühl mit Tieren, das Rosenberger durchaus fordert, kommt für ihn darin zum Ausdruck, dass man den Konsum von Fleisch reduziert und sich bemüht, *„wo immer möglich*, Fleisch aus artgerechter Tierhaltung zu kaufen."[269] „Wo immer möglich" ist natürlich eine sehr dehnbare und unpräzise Formulierung. Da der Anteil an Biofleisch an der gesamten Fleischproduktion sowohl in Deutschland als auch in Österreich lediglich zwischen zwei und vier Prozent beträgt[270], haben offenbar nur ganz wenige Menschen aus welchen (vorgeschobenen?) Gründen auch immer den Wunsch oder die Möglichkeit, Bio-Fleisch zu kaufen. Das gilt auch für kirchliche Organisationen. „Der Anteil von Bio-Fleisch ist sehr gering"[271], stellt eine Studie über die Beschaffungspraxis von Pfarrgemeinden, Diakonie- und Bildungseinrichtungen der evangelischen Kirche Deutschlands lapidar fest. Dass es bei Einrichtungen der katholischen Kirche anders aussieht, ist nicht anzunehmen.

In seinem Buch *Tiere essen* hat der US-amerikanische Schriftsteller Jonathan Safran Foer darauf aufmerksam gemacht, dass es für Fleischesser im täglichen Leben viel schwieriger ist, ausschließlich Biofleisch zu essen, als es wäre, ganz auf Fleisch zu verzichten. Biofleischesser aus seinem Bekanntenkreis äßen deshalb Fleisch aus artgerechter Tierhaltung – um auf Rosenbergers Diktion zurückzugreifen – „wo immer möglich", das heißt, wo immer es nicht möglich sei und das sei gar nicht so selten, würden sie auf Fleisch aus Massen- und Intensivtierhaltung zurückgreifen. „Wer würde bei einer Frage wie der Sklaverei für halbherzige Lösungen eintreten?", fragt sich Foer. „Wieso ist es beim Thema Tiere essen plötzlich so problematisch, auf das hinzuweisen, was doch wissenschaftlich offenkundig und unabweisbar ist: dass Tiere uns mehr ähneln, als dass sie sich von uns unterscheiden? [...] Selbst der unwiderlegbare Satz ‚Sie essen eine Leiche' wird als Übertreibung bezeichnet. Nein, es ist schlicht die Wahrheit."[272]

Weil Rosenberger den Vegetarismus als zu weit gehend zurückweist, wundert es nicht, dass er auch mit dem Veganismus nichts anfangen kann. „Es ist ersichtlich", stellt Rosenberger fest, „dass ein strenger Veganismus zu bizarren Konsequenzen führt."[273] Was ist für Rosenberger daran so „bizarr"? Bizarr ist nach Rosenberger zum Beispiel die Weigerung der Veganer, Lederschuhe zu tragen. Wenn aber PETA mit seiner Aussage Recht hat, dass Leder „keineswegs ein ‚Abfallprodukt' der Fleischindustrie" sei und dass die Haut eines Tieres zu tragen immer bedeute, „dass dieses Tier Qualen erleiden musste und gewaltsam getötet wurde"[274], erscheint die Entscheidung für Alternativen zu Lederschuhen keineswegs bizarr, sondern ethisch völlig verständlich und richtig, noch dazu, wo es heute kein besonderes Problem mehr darstellt, hochwertige lederfreie Schuhe zu erwerben.

Wie der Linzer Moraltheologe Michael Rosenberger ist auch der Freiburger Moraltheologe Eberhard Schockenhoff jemand, der dem Anliegen der Tierethik grundsätzlich offen gegenüber steht. Tiere sind für ihn „empfindungsfähige, fühlende Lebewesen, die ... uns Menschen aufgrund unserer naturgeschichtlichen Herkunft besonders nahestehen."[275] Es ist für Schockenhoff klar, dass Tiere „Mitgeschöpfe" sind und dass sie „als Mitgefährten des Lebens zur moralischen Ordnung gehören und deshalb in einer Güterabwägung um *ihrer selbst* willen, das heißt unter Beachtung ihres geschöpflichen Eigenwertes, zu berücksichtigen sind."[276] Umso erstaunlicher ist, dass diese Güterabwägung hinsichtlich des Tötens und Verspeisens von Tieren so rasch und eindeutig zugunsten des Menschen ausfällt. Vertretern einer „radikalen Tierethik", also auch den Mitgliedern der Tierrechtsorganisation PETA hält Schockenhoff vor, dass sie „den völligen Verzicht auf tierische Nahrung und den Übergang zu einer vegetarischen Lebensweise" forderten. Er argumentiert, dass der Mensch das Recht habe, „die Tiere als Teile der natürlichen Nahrungskette zu betrachten und sich ihrer zu bedienen, um seine eigene Ernährung auf eine schmackhafte, abwechslungsreiche und gesunde Basis zu stellen."[277] Mit Verlaub, ich halte diesen Satz für eine seltsame und befremdliche Aussage, auch wenn oder gerade weil sie von einem der führenden deutschsprachigen Moraltheologen stammt. Problematisch ist zunächst Schockenhoffs Berufung auf eine sozialdarwinistisch verstandene Natur als Rechtfertigung für menschliches Tun, sein gleichsam naturalistischer Fehlschluss vom Sein der Tiere auf die Rechte des Menschen: Große Fische fressen kleine Fische und deshalb dürfen selbstverständlich auch vernünftige Menschen unvernünftige Tiere essen. Weltfremd ist sodann die Unterstellung, eine vegetarische oder vegane Ernährungsweise sei weniger schmackhaft, abwechslungsreich und gesund als eine, bei der regelmäßig Fleisch auf den Teller kommt: Unzählige vegetarische und vegane Kochbücher und Restaurants sowie ernährungsmedizinische Erkenntnisse[278] demonstrieren heute genau das Gegenteil. Krass anthropozentrisch ist die Behauptung, das Essen von Tieren sei ethisch erlaubt, weil der Mensch ein Recht auf eine Ernährung habe, die ihm schmeckt: eine Güterabwägung, bei der Geschmacksvorlieben als konstante Größe angenommen werden und der Geschmackskonservatismus des Menschen ausnahmslos Vorrang hat vor der Freude eines Tieres an seinem Leben.

Wenn man Schockenhoffs Aussagen über schmackhafte und abwechslungsreiche Ernährung, auf die der Mensch (der Mann?) ein Recht hat und für die das Schlachten von Tieren in Kauf zu nehmen ist, aus der Perspektive von Carol J. Adams' „feministisch-vegetarischer Theorie"[279] liest, legt sich eine Übertragung des speziesistischen Textes von Schockenhoff in einen sexistischen nahe. Dieser würde etwa wie folgt lauten: „Der Mann hat das Recht, Frauen als Teil seiner natürlichen Triebbedürfnisse zu betrachten und sich ihrer zu bedienen, um seine Sexualität auf eine schmackhafte, abwechslungsreiche und gesunde Basis zu stellen." Man sieht: Es mussten relativ wenige Wörter durch andere ersetzt werden, um den von Adams analysierten Zusammenhang von sexueller Gewalt und Fleischverzehr deutlich zu machen.

Noch eine zweite Aussage Schockenhoffs weist auf die Parallelität von Speziesismus und Sexismus hin. In Bezug auf die Menschwerdung Gottes in Jesus Christus stellt er fest: „Gott erschien *nicht* als Tier". Schockenhoff folgert daraus: „Dies setzt allen Versuchen einer religiösen Aufwertung der Tiere eine unübersteigbare Grenze."[280] Erinnert diese Feststellung nicht fatal an die traditionelle Rechtfertigung des Ausschlusses von Frauen aus kirchlichen Ämtern mit der Begründung, dass Gott in Christus eben als „Mann" erschienen sei, nicht als „Frau"? Der Prolog des Johannesevangeliums zeigt dagegen, dass Gott in Christus nicht bloß Mann, nicht bloß Mensch, sondern *Fleisch,* was so viel heißt wie *Geschöpf,* geworden ist: „Und das Wort ist Fleisch geworden und hat unter uns gewohnt.“ (Joh 1,14)

Die Tierrechtsorganisation PETA hat Papst Franziskus zur Person des Jahres 2015 gewählt. Wie wir gehört haben, lautet das tierethische Motto dieser Organisation wie folgt: „Tiere sind nicht dazu da, dass wir sie essen, anziehen, an ihnen experimentieren, sie zu unserer Unterhaltung nutzen oder auf andere Art und Weise missbrauchen.“[281] Ich glaube nicht, dass dies auch das persönliche Motto des Papstes ist, bei allem hohen Respekt vor Tieren, den das Oberhaupt der katholischen Kirche fordert. In *Laudato Sí* kritisiert der Papst nämlich auch „eine Versessenheit, dem Menschen jeden Vorrang abzusprechen“ (Nr. 90). Und er gesteht dem Menschen auch zu, „die Dinge in verantwortlicher Weise gebrauchen [zu] dürfen“ (Nr. 69).

Was ist aus all dem zu schließen? Wie sieht das christliche Tierbild genau aus? Sind Tiere nach christlicher Lehre seelenlose Gebrauchsgegenstände oder Geschöpfe Gottes mit intrinsischem Wert und Recht auf Leben? Oder vielmehr seelenlose Geschöpfe Gottes, die zwar auf dem Papier einen Eigenwert besitzen, in der Realität aber gequält und getötet werden dürfen, wenn dies menschlichen Interessen entspricht? Die offiziellen Stellungnahmen der christlichen Kirchen sind diesbezüglich uneinheitlich und widersprüchlich, die Interpretationsmöglichkeiten entsprechend groß.

Papst Franziskus hat klargestellt, dass alle Lebewesen, also auch die Tiere, vor Gott einen Eigenwert besitzen. Das schließt für den Papst nicht aus, dass wir sie „in *verantwortlicher Weise* gebrauchen dürfen.“ (Nr. 69, meine Hervorhebung). Wie aber schaut ein *verantwortlicher Gebrauch* der Tiere im Einzelnen aus? Konkret sagt der Papst dazu nichts, und hierin liegt auch eine Schwäche von *Laudato Sí.* Anzunehmen ist, dass der Gebrauch artgerecht zu sein hat, sich also an den natürlichen Bedürfnissen und Verhaltensweisen der Tiere orientieren muss. Wie aber kann man Tiere *artgerecht* gebrauchen? Oder ist, wie viele Tierrechtler meinen, nur die Freiheit wirklich artgerecht?[282] Was sagen die christliche Moral und die theologische Ethik dazu?

Der 1992 veröffentlichte *Katechismus der Katholischen Kirche* ist ein umfassendes Nachschlagewerk für die kirchenamtliche Doktrin der römisch-katholischen Kirche. Einige Textpassagen bzw. Paragrafen des Katechismus stellen die traditionelle theologisch-ethische Lehre der katholischen Kirche und *mutatis mutandis* auch der meisten anderen christlichen Konfessionen bzw. Denominationen über Tiere und den menschlichen Umgang mit ihnen dar. Die Absicht des nun folgenden Kapitels ist es, die im Katechismus dargelegten tierethischen Aussagen inhaltlich präzise zu fassen und korrekt zu interpretieren. Dann sollen sie im Lichte von Papst Franziskus' Enzyklika *Laudato Sí* und der neueren philosophischen und theologischen Tierethik beurteilt und ggf. revidiert werden.

IV. Ausbeutung mit Feingefühl? Christliche Tierethik konkret

1. Tiere mit Wohlwollen und Feingefühl behandeln

Wer eine umfassende, verbindliche, vom höchsten kirchlichen Lehramt approbierte Darstellung der katholischen Glaubens- und Sittenlehre sucht, dem sei der *Katechismus der Katholischen Kirche,* auch *Weltkatechismus* genannt, empfohlen. Die erste Fassung dieses Katechismus[283] wurde im Oktober 1992 in französischer Sprache veröffentlicht und in zahlreiche andere Sprachen übersetzt. Am 15. August 1997, dem Hochfest Mariä Aufnahme in den Himmel, promulgierte Papst Johannes Paul II. eine leicht revidierte Fassung des Katechismus in lateinischer Sprache, welche von nun an als Referenz- oder Urtext (editio typica) galt.[284] Die bisherigen Übersetzungen in andere Sprachen wurden ebenfalls überarbeitet und neu aufgelegt. Jener Paragraf des Katechismus (2417), bei dem die verschiedenen Formen des sittlich erlaubten Gebrauchs von Tieren durch den Menschen aufgezählt werden, wurde in einem Punkt revidiert – wie noch gezeigt werden wird.

Die moraltheologische Lehre über einen verantwortlichen Umgang des Menschen mit den Tieren umfasst die Paragrafen 2415 bis 2418 und ist mit „Achtung der Unversehrtheit der Schöpfung" überschrieben. Befremdlich ist, dass der Katechismus die kirchliche Morallehre über die Tiere im Abschnitt über das siebente Gebot („Du sollst nicht stehlen") behandelt, nicht im Abschnitt über das fünfte („Du sollst nicht morden").

Im Paragraf 2415 des Katechismus wird herausgestellt, dass „Tiere, Pflanzen und leblose Wesen … von Natur aus zum gemeinsamen Wohl der Menschheit von gestern, heute und morgen bestimmt“ seien. Gleichzeitig wird betont, dass die menschliche Herrschaft über die (übrige) Natur nicht absolut sei.

Paragraf 2416 ist Ausdruck einer tierfreundlichen Minderheitenposition im Christentum, die im Laufe der Geschichte immer wieder zum Vorschein kam und die – Gott sei Dank – auch im Weltkatechismus aufscheint: „Tiere sind Geschöpfe Gottes und unterstehen seiner fürsorgenden Vorsehung. Schon allein durch ihr Dasein preisen und verherrlichen sie Gott. Darum schulden ihnen auch die Menschen Wohlwollen. Erinnern wir uns, mit welchem Feingefühl die Heiligen, z. B. der heilige Franz von Assisi und der heilige Philip Neri, die Tiere behandelten.“

Es gibt neben Franziskus und Philip Neri auch andere Heilige, die Tiere mit Feingefühl behandelten[285], die der Katechismus nicht nennt: Richard von Chichester (1197–1253), Martin de Porres (1569–1639) und Bernhard von Corleone (1605–1667), darüber hinaus noch viele andere bekannte und unbekannte Heilige. Für eine besonders tierfreundliche Haltung ist das iroschottische oder keltische Christentum bekannt, das vom 3. bis 5. Jahrhundert vor allem in Irland und Schottland verbreitet war. Als eine der bekanntesten iroschottischen Heiligen gilt Brigid (Brigida, Brigitta) von Kildare (um 451–523). Einer unspektakulären, aber gerade deswegen berührenden Legende nach bat die heilige Brigid einige Wildenten, die über ihr flogen, zu ihr zu kommen: „Sie nahm sie in die Hände und streichelte sie eine Weile. Dann erlaubte sie ihnen, wieder in die Lüfte zu flattern, und lobte den unsichtbaren Schöpfer aller Dinge für seine sichtbare Kreatur.“[286]

Genannt werden im Katechismus zwei Heilige, Philip Neri und Franz von Assisi. Philip Neri (1515–1595) ist vor allem als unkonventioneller, humorvoller Heiliger bekannt, der Späße liebte, aber auch Katzen und Hunde. Er aß kein Fleisch, nicht aus asketischen Gründen, wie das bei Mönchsorden und an Fasttagen üblich war, sondern aus Gründen des Tierschutzes. „Wenn jedermann so wäre wie ich", hat er einmal geäußert, „würde man keine Tiere töten."[287] Angeführt wird die Liste der tierliebenden Heiligen aber zweifellos von Franz von Assisi (1181/82–1226), der alle Tiere als Geschöpfe Gottes betrachtete und als Geschwister der Menschen, im Gegensatz zu Philip Neri jedoch kein strenger Vegetarier war.[288] Franziskus predigte den Vögeln und verstand sich sogar mit wilden Tieren. Er begriff sich nicht als ein der nicht-menschlichen Kreatur übergeordnetes Wesen, sondern als Teil der Schöpfung. Nach dem irischen Franziskanertheologen Cathal Duddy[289] weist Franziskus auf den intrinsischen Wert von Gottes guter Schöpfung hin. Nach Duddy widersetzte sich Franziskus einer Einstellung, die die außermenschliche Natur als wertlos betrachtet, wenn sie dem Menschen keinen Nutzen bringt.

Eine der bekanntesten Erzählungen über den Umgang des heiligen Franz von Assisi mit Tieren ist jene über den Wolf von Gubbio[290]. Die Zähmung des wilden Wolfes, der die Bewohner der Stadt Gubbio bedrohte, trug sich folgendermaßen zu: Franz ging dem Wolf, der mit offenem Rachen auf ihn zu rannte, furchtlos entgegen. Er machte das Zeichen des Kreuzes über das Tier, belehrte es über seine Untaten und verkündete dem Wolf, dass er zwischen ihm, dem Bruder Wolf, und den Menschen Frieden herbeiführen wolle. Der Wolf versprach ihm daraufhin, keine Menschen mehr zu bedrohen und zu töten, die Bürger von Gubbio wiederum verpflichteten sich, den Wolf regelmäßig zu füttern: eine wahrhaft friedliche Lösung, ein echtes Happy End, ein Stück präsentischer Eschatologie.

Aus aktueller Perspektive erscheint es mir nahe liegend, die Legende vom Wolf unter umgekehrten Vorzeichen zu lesen: Es geht um die Zähmung des menschlichen Wolfes. Denn nicht die Wölfe sind es, die die Menschen bedrohen, sondern die Menschen sind es, die die Wölfe abschießen und ausrotten. Menschen und Wölfe verbindet eine jahrtausendelange Geschichte, die sich in zahlreichen Mythen niederschlug. Nach dem Biologen und Verhaltensforscher Kurt Kotrschal[291] haben Wölfe viel mit Menschen gemeinsam. Beide Gruppen, der Homo sapiens und der Canis lupus, ähnelten sich in ihrem Sozialverhalten, beide lebten nämlich als „Kooperationstiere" in einem hochkomplexen sozialen System, nach innen meist freundlich gesinnt und nett, nach außen oft aggressiv bis mörderisch feindselig. Gerade weil Wölfe unsere wesensähnliche „soziale Schwesternart"[292] seien, verdienten sie unseren Schutz.

Theologinnen und Theologen

Einer der prominentesten zeitgenössischen Anwälte eines von Mitgefühl geprägten Umgangs mit Tieren im deutschsprachigen kirchlichen Raum, der Schweizer Kapuziner Anton Rotzetter, gründete zusammen mit dem Weltpriester und Biologen Rainer Hagencord im Frühjahr 2008 das *Institut für Theologische Zoologie* in Münster. Rotzetter tritt für eine vegetarische Ernährungsweise ein und bezeichnet die Tatsache, dass Tiere den Menschen als Nahrung dienen, als „historische Bedingung, die es zu überwinden gilt wie andere rein geschichtliche Bedingungen auch: etwa die Unterordnung der Frau"[293].

Rotzetter wurde in Deutschland in den Theologischen Beirat von AKUT (Aktion Kirche und Tier) und später zum Präsidenten von AKUT in der Schweiz gewählt. AKUT[294] versteht sich als theologischer Verein, der sich im Rahmen der etablierten Kirchen für größere Tierfreundlichkeit einsetzt. Gegründet wurde AKUT im Jahre 1988 von Christa und Michael Blanke, die damals als evangelisches Pfarrerehepaar im hessischen Glauberg wirkten und dort u. a. regelmäßig Tiergottesdienste veranstalteten. Heute engagiert sich Christa Blanke bei der von ihr gegründeten internationalen Tierschutzorganisation *Animals' Angels*, die die Missstände bei Tiertransporten, in Schlachthöfen und auf Tiermärkten dokumentiert und kritisiert.

Christa und Michael Blanke initiierten das „Glauberger Schuldbekenntnis"[295], in der die christliche Tiervergessenheit eingestanden und Umkehr gelobt wird. Dieses Schuldbekenntnis wurde von vielen Christen unterschrieben, die sich als Theologinnen, Pfarrer und Religionslehrerinnen schon damals oder dann später für die Tiere und die Bewahrung der Schöpfung engagiert haben: der britische Methodistenpastor Lord Donald Soper, die österreichische Religionslehrerin Gabriele Smetana, die katholische Moraltheologin Heike Baranzke, der evangelische Sozialethiker Ulrich Duchrow, der österreichisch-amerikanische Benediktinerbruder David Steindl-Rast, der spanische Religionsphilosoph Raimon Panikkar sowie Eugen Drewermann und Andrew Linzey.

Der bekannte – zuerst von der kirchlichen Obrigkeit suspendierte und später aus der Kirche ausgetretene – katholische Priester Eugen Drewermann beklagt schon seit Jahrzehnten einen christlichen Anthropozentrismus, nach dem die gesamte Natur allein dem Wohl und Wehe des Menschen zu dienen habe und „dem Fisch und dem Hasen gar nichts Besseres passieren [könne], als vom Menschen gegessen zu werden, denn dies entspreche der Rangmäßigkeit der Schöpfungsordnung"[296]. Andrew Linzey[297], ein anglikanischer Geistlicher, zählt neben Peter Singer, Tom Regan und anderen zu den Pionieren der neueren Tierrechtsbewegung. Linzey bezeichnete die bisherige Bilanz des kirchlichen Einsatzes für die Tiere als beklagenswert. Trotz dieser Kritik am

Christentum hat ihm der Erzbischof von Canterbury für sein tierethisches Engagement im Jahre 2001 ein Ehrendoktorat verliehen. Heute leitet Linzey, Autor der 1994 erschienenen, grundlegenden Studie *Animal Theology*, das *Oxford Centre for Animal Ethics* in der englischen Universitätsstadt. Seine Tochter Clair, die an der schottischen University of St. Andrews ein Promotionsstudium absolviert, unterstützt ihn dabei als stellvertretende Direktorin.

In seiner *Tier-Theologie (Animal Theology)* hat Andrew Linzey die Tiere stärker in das Zentrum der christlichen Glaubenslehre gerückt, und zwar der Schöpfungslehre, der Christologie und der Eschatologie. Die traditionelle anthropozentrische Schieflage der christlichen Dogmatik wird von Linzey auf eine Weise korrigiert, die Platz für Tiere schafft: Die menschliche Sonderstellung wird als besondere Verantwortung des Menschen für die übrige Schöpfung und als besonderer Dienst an ihr verstanden, Gottes *Fleischwerdung* in Christus wird als Heilszusage an Menschen und Tiere gesehen. Tiere sind in Christus mit erlöst und werden nach ihrem Tod die ewige Seligkeit erlangen. Linzey hat auch ein Buch mit liturgischen Feiern für Tiere verfasst: Eucharistiefeiern mit Tieren, Tiersegnungen, Tierbegräbnisse.[298]

Neben Andrew Linzey sind in der heutigen theologischen Tierethik-Szene Großbritanniens noch die katholische Theologin Deborah M. Jones und der methodistische Theologe David Clough zu nennen, in Kanada John Berkman, in den USA Charles Camosy, ein an der Fordham University in der Bronx lehrender katholischer Theologe, der Brücken zwischen christlicher Ethik und Peter Singers Utilitarismus gebaut hat.

Im ersten Kapitel dieses Buches wurde bereits ausführlich ein anderer anglikanischer Geistlicher, der Tiere schon im 18. Jahrhundert in seiner Theologie berücksichtigte, vorgestellt: Humphry Primatt. Mehr als ein Jahrhundert nach Primatt lebte William Ralph Inge, Dean (Domdekan) der anglikanischen St. Paul's Cathedral in London und Theologieprofessor in Cambridge. Er war davon überzeugt, dass die Menschen „die übrige tierische Kreatur [sic]"[299] versklavt hätten. Die Menschen hätten die Tiere so schlecht behandelt, dass diese, wären sie fähig, eine Religion zu ersinnen, den Teufel zweifellos in menschlicher Form darstellen würden. Als weitere bereits verstorbene Vertreter der christlichen Tierethik des 20. Jahrhunderts sind der britische Benediktinerpater Ambrose Agius zu nennen, die US-amerikanische Theologin Elisabeth Farians und im deutschsprachigen Raum der katholische Theologe Josef Bernhart und der reformierte Theologe Fritz Blanke.

Der wohl bekannteste christliche Tierschützer der Zeitgeschichte ist Albert Schweitzer: „50 Jahre nach seinem Tod ist Albert Schweitzer noch 88 Prozent der deutschen Bevölkerung bekannt, und 26 Prozent zählen ihn zu den drei wichtigsten Vorbildern."[300] Mit seiner Lehre von der *Ehrfurcht vor dem Leben* vertrat Albert Schweitzer eine ethische Haltung, die alle Lebewesen einbezieht und aller Kreatur eine Würde zuspricht. In seiner biozentrischen Ethik zählt das Leben an sich, das Leben aller Menschen, Tiere und Pflanzen. Zentral für die Ethik dieses Theologen, Musikers und Arztes ist der Satz: „Ich bin Leben, das leben will, inmitten von Leben, das leben will."[301] Nach Schweitzer ist es gut, Leben zu erhalten und zu fördern, böse dagegen, Leben zu vernichten und zu hemmen.

Albert Schweizer erhielt den Friedensnobelpreis des Jahres 1952. Im Jahre 1956 schlug Schweitzer den österreichischen Priester und Theologen Johannes Ude[302] für den Friedensnobelpreis vor. Johannes Ude war vierfacher Doktor und lehrte und forschte viele Jahre lang an der Grazer Theologischen Fakultät, jener Fakultät also, an der auch ich tätig bin, allerdings als theologischer Ethiker, während Ude Professor für Spekulative Dogmatik war. In Udes Werk *Du sollst nicht töten!* aus dem Jahre 1948 heißt es:

Das Mitleid mit dem Tier und der damit verbundene Tierschutz ist demnach keine bloße Gefühlsduselei, sondern das Zeichen eines edlen Herzens, das an der wahren Liebe ausgerichtet ist, an jener ewigen Vaterliebe, die Gott zu den Tieren hat, die nur für das Wohl des Tieres besorgt ist. Der Satz der heiligen [sic] Schrift: „Der Gerechte erbarmt sich seines Viehes" (Spr. 12,10), der schon im alten [sic] Testament geschrieben worden ist, erhält im neuen [sic] Testament ... erhöhte Bedeutung. Der heilige Franz v. Assisi z. B., den Tieren predigend, sie Brüder und Schwestern nennend, das Lamm loskaufend, damit es nicht geschlachtet werde ..., ist ein wunderbares Vorbild echt christlichen Wohlwollens gegen die stumme, vielfach hilflose, vom Menschen leider so vielfach vergewaltigte Kreatur. Doch nicht bloß zur Bewunderung, sondern auch zur Nachahmung ist uns dieses Ideal gegeben worden. [...] Wer also aus Mitleid mit dem Tier und aus Ehrfurcht vor dem Leben, also aus sittlichen Gründen – ganz abgesehen von den großen gesundheitlichen und wirtschaftlichen Vorteilen einer richtigen vegetarischen Lebensweise – auf den Fleischgenuss verzichtet, bekundet entschieden eine höhere Auffassung vom Werte des Tierlebens, als [... jene, die] mitschuldig sind, dass Tiere eigens zum Schlachten gezüchtet werden, [die] mitschuldig sind an all den Qualen und Grausamkeiten, die diesen Tieren vor ihrem Tod und im Augenblick des Schlachtens zugefügt werden.[303]

Antivivisektionisten und Bible Christians

Es geht beim Blick auf die tierfreundliche Minderheitenposition in der Geschichte des Christentums nicht nur um besonders heilige und theologisch gebildete Ausnahmeerscheinungen, sondern auch um Christen an der Basis, sowohl Laien als auch Gemeindepastoren. Diese spielten im 19. Jahrhundert in der Bewegung des gegen Tierversuche auftretenden *Antivivisektionismus* und des Tiere als Nahrung verweigernden *Vegetarismus* eine bedeutende Rolle. In Deutschland gab der die persönliche Frömmigkeit des einzelnen Christen betonende, vor allem in Württemberg beheimatete Pietismus entscheidende Anstöße zur Entstehung einer organisierten Tierschutzbewegung. Der lutherisch-pietistische Pfarrer Christian Adam Dann verfasste 1822 eine Schrift mit dem Titel *Bitte der armen Thiere, der unvernünftigen Geschöpfe, an ihre vernünftigen Mitgeschöpfe und Herrn, die Menschen.* Darin prangerte er das Quälen von Heimtieren, Wildtieren und „Nutztieren" an, beklagte aber auch die Existenz von „Marterkammern, in welcher man mehrere Tiere zusammen gesperrt hat, um an ihnen allerlei Versuche zu machen."[304] Dann beschrieb die Grausamkeit einige dieser Tierversuche seiner Zeit: „Dem einen dieser Thiere werden Rückgradwirbel herausgeschnitten, einem anderen wird der Hirnschädel durchsägt. ... Dort liegt ein Hund auf dem Zergliederungstische. Er ist lebendig aufgeschnitten, um den Gang des Nahrungssafts und seine Ergießung in die Blutmasse *anschaulich* zu machen."[305]

Auch zahlreiche Christen in Großbritannien, vor allem freikirchliche Evangelikale, beteiligten sich im 19. Jahrhundert an der Bewegung gegen Tierversuche *(Antivivisection Movement)*: Obwohl diese Bewegung „keineswegs eine exklusiv christliche Bewegung war, avancierte die christliche Religion zum gemeinsamen Banner, unter dem die Mehrheit der Reformer sich versammelten."[306] Es entstand – und das ist für die zweite Hälfte des 19. Jahrhundert wirklich erstaunlich – eine *christliche Ökumene der Antivivisektionisten*: Die einflussreichste Tierschutzorganisation dieser Zeit war die 1875 gegründete *Society for the Protection of Animals Liable to Vivisection*, auch *Victorian Street Society* genannt.[307] Sie setzte sich nicht bloß für eine aktuell notwendige gesetzliche Regulierung der Tierversuche ein, sondern für deren letztendliche Abschaffung. Präsident der *Victorian Street Society* war Lord

Shaftesbury, ein prominenter Vertreter des britischen Evangelikalismus, einer der Vizepräsidenten war William Thompson, der anglikanische Bischof von York, der andere Kardinal Henry Manning, der katholische Erzbischof von Westminster, London. Bemerkenswert ist, dass vor allem Lord Shaftesbury, aber auch Erzbischof Thompson und Kardinal Manning ebenso als Reformer im sozialen Bereich auftraten; Manning wurde sogar als *Poor Men's Cardinal* bezeichnet.

Die vegetarische Bewegung des 19. Jahrhunderts war ebenfalls stark christlich geprägt.[308] Im Jahre 1809 gründete der anglikanische Priester William Cowherd, der vom schwedischen Naturwissenschaftler und Mystiker Emanuel Swedenborg beeinflusst war, in Salford bei Manchester die *Bible Christian Church*, in der nach Gen 1,29 eine streng vegetarische Ernährungsweise vorgeschrieben war und die bis 1930 existierte. Eine Gruppe von *Cowherdites*, wie die Angehörigen der Bible Christian Church auch genannt wurden, kam unter der Führung von Reverend William Metcalfe 1817 in die Vereinigten Staaten von Amerika. Metcalfe war Mitbegründer der amerikanischen *Vegetarian Society*. Einer der bekanntesten Konvertiten zur Bible Christian Church war der presbyterianische Geistliche Sylvester Graham. Graham setzte sich sowohl für die vegetarische, dem paradiesischen Zustand entsprechende Ernährungsweise ein *(Edenic Diet)* als auch für eine gesunde. Er ist der Erfinder der Graham Crackers und des Grahambrotes, die beide mit Vollkornmehl gebacken werden.

Die vegetarische Bewegung in den USA verschmolz im Laufe des 19. Jahrhunderts zunehmend mit der Lebensreformbewegung, von der auch Ellen G. White, die Gründerin der *Siebenten-Tags-Adventisten* beeinflusst war. In der Freikirche der Siebenten-Tags-Adventisten ist die Zahl der vornehmlich aus Gesundheitsgründen vegetarisch lebenden Gläubigen auch heute noch vergleichsweise hoch. Auf eine christliche Sondergemeinschaft abseits der Großkirchen, die gegenwärtig eine vegetarische Ernährungsweise fordert, sei noch kurz hingewiesen: die sowohl in Tierrechtskreisen als auch aus theologischer Sicht zu Recht umstrittene neue religiöse Bewegung *Universelles Leben* (vormals: *Heimholungswerk*), die auf Privatoffenbarungen der 1933 geborenen bayrischen Seherin Gabriele Wittek zurückgeht.

„Tiertheologie": Die Qualen der Tiere und das Leiden Christi

Wie Kardinal Henry Edward Manning, der gerade erwähnte katholische Erzbischof von Westminster, London, wendete Kardinal John Henry Newman im viktorianischen England des 19. Jahrhunderts seinen Blick nicht ab, wenn Menschen Tiere quälten. In einer bemerkenswerten Predigt in der anglikanischen Universitätskirche St. Mary's in Oxford am Karfreitag des Jahres 1842 setzte Newman den Schmerz und das Leid unschuldiger Tiere mit dem Schmerz und dem Leid des unschuldigen Gotteslammes Jesus Christus gleich. Drei Jahre darauf wurde Newman Katholik. Im Alter von 78 Jahren wurde ihm von Papst Leo XIII. die Kardinalswürde verliehen, im September 2010 wurde er von Papst Benedikt XVI. seliggesprochen.

Wenn Newman in seiner Predigt auch die „barbarischen Tierhalter, die ihre Rinder misshandeln"[309] erwähnt, so war der konkrete Anlass seiner Predigt die Tatsache, dass man an der Universität Oxford begonnen hatte, Tierversuche durchzuführen. In seiner Predigt forderte Newman die Gläubigen zunächst auf, daran zu denken, was sie fühlen, wenn Tiere gequält werden. „Damit gewinnt ihr einen Zugang zu jenen Gefühlen", ergänzte Newman, „die auch die Geschichte von Jesu Kreuz und Leiden in Euch hervorrufen sollte."[310] Newman bekennt: „Es ist etwas so furchtbar Schreckliches und

Satanisches, jene Lebewesen zu quälen, die uns niemals einen Schaden zugefügt haben und die sich nicht verteidigen können, sodass niemand außer einigen hartgesottenen Individuen den Gedanken daran überhaupt ertragen kann."[311] Diese Grausamkeit, die sich in Tierversuchen und Tiermisshandlungen manifestiere, sei aber „genau dieselbe Grausamkeit, die auch unserem Herrn zugefügt wurde"[312]. Damit vertritt Newman eine moralische Gleichwertigkeit zwischen dem Leiden Christi und dem Leid der gequälten Kreatur, der Schweine und Rinder, Schafe und Ziegen, Hühner und Truthähne und natürlich auch der Fische, die wie alle der genannten Tiere Schmerz empfinden können. Von Newmans Predigt her erhalten übrigens die künstlerischen Darstellungen gekreuzigter Tiere wie jene von Deborah Sengl (gekreuzigtes Huhn), Siegfried Anzinger (sechs Schweine) und Chris Moser (schweINRI) ihre theologische Legitimation.

Der jüngere Bruder John Henry Newmans, Professor William Francis Newman, war viele Jahre lang Vorsitzender der Vegetarischen Gesellschaft des Vereinigten Königreichs.

2. Sich der Tiere bedienen?

Tiergebrauch und -verbrauch: Nahrung, Kleidung, Tierversuche, Zoos und Zirkusse

Paragraf 2416 des Weltkatechismus erklärt, dass die Menschen den Tieren *Wohlwollen* schulden, er erinnert an die Heiligen, die Tiere mit *Feingefühl* behandelten. Zahlreiche Leser des Katechismus werden nach der Lektüre dieses Satzes erwarten, dass im Folgenden dargelegt wird, wie sich Wohlwollen und Feingefühl konkret im persönlichen und gesellschaftlichen Umgang mit Tieren äußern. Umso überraschender, schockierender und verwirrender ist der nachfolgende Paragraf 2417, der ein Musterbeispiel für jene explizit anthropozentrische Tradition darstellt, die das Christentum historisch auf weite Strecken geprägt hat und die mit dem bisher Gesagten im Widerstreit liegt. Zwischen dem *Wohlwollen* und dem *Feingefühl* von Paragraf 2416 und dem fast uneingeschränkten *Sich-der-Tiere-Bedienen* von Paragraf 2417 besteht eine grobe argumentative Inkonsistenz, eine hohe Wand ohne ersichtlichen Durchgang. Oder gibt es nach Ansicht jener Kommission, die den Katechismus erstellte, so etwas wie *Ausbeutung mit Feingefühl*? „Gott hat die Tiere unter die Herrschaft des Menschen gestellt", heißt es zunächst in Paragraf 2417, „den er nach seinem Bild geschaffen hat." Herrschaftsauftrag und Gottebenbildlichkeit legitimierten die Unterwerfung der Tiere durch den Menschen und begründeten das Recht des Menschen, Tiere nach seinen Bedürfnissen und Vorstellungen zu ge- und verbrauchen: „Somit darf man sich der Tiere zur Ernährung und zur Herstellung von Kleidern bedienen. Man darf sie zähmen, um sie dem Menschen bei der Arbeit und in der Freizeit dienstbar zu machen. Medizinische und wissenschaftliche Tierversuche sind in vernünftigen Grenzen sittlich zulässig, weil sie dazu beitragen, menschliches Leben zu heilen und zu retten."

Der Text scheint für sich selbst zu sprechen: Der Mensch wird nach Paragraf 2417 als fundamental verschieden vom Tier, über das er herrscht, gesehen, denn der Mensch allein ist das Ebenbild Gottes. Daraus folgt, dass sich der Mensch der Tiere „bedienen" darf, dass er sie „gebrauchen", „verbrauchen", „nutzen", „benutzen" darf. Nach der traditionellen christlichen Morallehre bedeutet das, dass er ihnen, wenn es dem Menschen zum Vorteil gereicht, Schaden bzw. Schmerzen zufügen und sie töten darf.

Für Christen, denen das Wohl der Tiere ein Anliegen ist, war und ist dieser Text eine Ernüchterung und Enttäuschung. In allen heutzutage kontrovers diskutierten Fragen über den Schutz und die Rechte der Tiere stellt sich dieser

Paragraf des Katechismus eindeutig auf die Seite der Tierrechtsgegner: Tiere dürfen verspeist und ihre Felle zu Pelzmänteln verarbeitet werden. Sie dürfen in Zoos eingesperrt und in Stierkampfarenen gemartert werden. Der Mensch darf als Freizeitvergnügen jagen und fischen. Es gibt keine ethischen Einwände gegen die Verwendung von (Wild-)Tieren in Zirkussen und auch keine gegen medizinische und wissenschaftliche Tierversuche, jedenfalls solange nicht, wie sie in „vernünftigen Grenzen" (was immer das heißt) bleiben. Diese Lesart des Textes legt sich jedenfalls nahe.

Natürlich stimmt auch, dass die genannten Aussagen des Katechismus sehr allgemein formuliert und in ihrer Terminologie nicht sehr präzise sind. Deshalb hat die Textstelle auch zahlreiche Fragen hervorgerufen. Eine jener Personen, die solche Fragen stellte, ist die belgische Theologin Marie Hendrickx, die viele Jahre lang Mitarbeiterin der von Kardinal Ratzinger geleiteten vatikanischen Glaubenskongregation war. In einem Anfang 2001 erschienenen Beitrag im *L'Osservatore Romano*, der amtlichen Tageszeitung des Heiligen Stuhls, fragte Hendrickx konkret nach: „Schließt das Recht, Tiere für unsere Ernährung zu gebrauchen, ein, dass man ein Huhn in einer Hühnerbatterie auf einer Fläche züchten darf, die kleiner ist als ein Blatt Papier?" Und: „Schließt das Recht, von Tieren in unserer Freizeit Unterstützung zu erhalten, ein, dass man Stiere töten darf, nachdem man sie endlos mit Banderillas gequält hat?"[313] Banderillas sind 70 bis 80 cm lange hölzerne, mit Papierstreifen verzierte Stäbe, an dessen Ende sich eine Stahlspitze mit Wiederhaken befindet. Sie werden den Stieren während des Stierkampfes in den Rücken gestoßen.[314]

Marie Hendrickx hat beide Fragen, jene nach Hühnerbatterien und jene nach Stierkämpfen, mit „Nein" beantwortet. Joseph Ratzinger hätte sie wohl ebenfalls mit Nein beantwortet, wenn man sich an seine im dritten Kapitel dieses Buches dargestellten kritischen Bemerkungen zu Hühnerbatterien und Gänsestopfleber aus dem Jahre 2000 erinnert. Hendrickx' Bemühen, den umstrittenen Paragrafen 2417 des Katechismus strenger und mit größerem Wohlwollen gegenüber Tieren zu interpretieren, ist berechtigt und anzuerkennen.

Anzuerkennen ist auch, dass der Vatikan eine kleine, aber bedeutende Änderung hinsichtlich der ethischen Bewertung von Tierversuchen vorgenommen hat. Der französische Originaltext des Katechismus von 1992 erklärte, „medizinische und wissenschaftliche Tierversuche seien in vernünftigen Grenzen sittlich zulässig, *weil* (französisch: *puisque*) sie dazu beitragen, menschliches Leben zu heilen und zu retten". Damit wurde Tierexperimenten eine fast uneingeschränkte a priori-Legitimation verliehen. In der revidierten lateinischen Version heißt es aber, dass Tierexperimente in vernünftigen Grenzen dann zulässig seien, *wenn* (lateinisch: *si*, englisch: *if*, französisch: *pourvu que*) sie dazu beitragen, menschliches Leben zu heilen und zu retten. Das Bestehen dieser Voraussetzung ist aber erst nachzuweisen.

Die Änderung von „weil" zu „wenn" ist übrigens in der offiziellen deutschsprachigen Ausgabe des Weltkatechismus auf der Website des Heiligen Stuhls (http://www.vatican.va) nicht durchgeführt worden. Das heißt, dass die deutsche Fassung des Katechismus auf der vatikanischen Website im Gegensatz etwa zur englischen und französischen Fassung nicht dem verbindlichen lateinischen Referenztext aus dem Jahre 1997 entspricht. Im Vatikan scheint dies bisher niemandem aufgefallen zu sein.

Zwischen den Katechismus-Versionen von 1993 und 1997 gibt es also Unterschiede. Wie gezeigt werden konnte, betrifft einer dieser Unterschiede die ethische Bewertung von wissenschaftlichen und medizinischen Tierversuchen. Die Autoren des Textes sind offenbar innerhalb von vier Jahren ein Stück weit skeptischer gegenüber Tierversuchen geworden. Seit Erscheinen der lateinischen Version sind aber nun fast zwei Jahrzehnte vergangen, in denen die naturwissenschaftlichen Kenntnisse über Tiere ebenso wie die tierethischen Beiträge erheblich angewachsen sind und in denen ein neuer Papst namens Franziskus sowohl den Eigenwert der Tiere als auch die Interdependenz aller Geschöpfe Gottes betont.

Es ist an der Zeit, den Paragrafen 2417 des Katechismus entsprechend zu ändern und zudem im Sinne von Marie Hendrixcks erklärende Erläuterungen in den sehr kargen Text mit aufzunehmen. Ich unterbreite deshalb einen recht umfangreichen tierethisch informierten Vorschlag für die Neufassung des Paragrafen 2417, die sowohl wesentlich besser zum vorausgehenden Paragrafen 2416 als auch zu den tierfreundlichen Aussagen Papst Franziskus' und zur aktuellen tierethischen Forschung passt. Mein Vorschlag lautet wie folgt:

Sämtliche Geschöpfe des Universums sind von ein und demselben Vater erschaffen worden und durch unsichtbare Bande verbunden. Sie bilden „alle miteinander eine Art universale Familie."[315] Den Menschen kommt in dieser Familie eine besondere Verantwortung für das Wohl der anderen Geschöpfe zu.[316] Diese Verantwortung bedingt, dass die industrielle Massentierhaltung, die „einer Degradierung des Lebendigen zur Ware"[317] gleichkommt, unverzüglich beendet werden muss. Eine konsequente Tierethik geht jedoch noch einen oder zwei Schritte weiter: Sie ist davon überzeugt, dass es Menschen nur dann erlaubt ist, sich der Tiere zur Ernährung und zur Herstellung von Kleidern zu bedienen, wenn „eine unentrinnbare Notwendigkeit dafür vorliegt"[318]. Das wäre etwa dann der Fall, wenn Menschen sonst verhungern, erkranken oder erfrieren würden. Sollte das nicht der Fall sein, ist das Töten von Tieren aus Ernährungsgründen ethisch im Grunde nicht zu rechtfertigen. Deshalb ist in jenen Ländern, in denen es genügend Alternativen zu einer fleischlichen Ernährung gibt, eine gesundheitswissenschaftlich informierte vegetarische, wenn nicht gar vegane Ernährungsweise im Allgemeinen als ethisch vorzugswürdig anzusehen. Das ist eine moralische Norm für unser Essverhalten, die für viele Christen noch ungewohnt ist. Dennoch sollte sie ernstgenommen, eingeübt und schließlich als alltägliche Gewohnheit praktiziert werden. Übrigens sind auch Fische nach neuen wissenschaftlichen Erkenntnissen empfindungsfähige Wesen. Menschliche Freizeitgestaltung, die zu Lasten von Tieren geht, ist ethisch nicht zu rechtfertigen: Bei allen Unterschieden im Einzelnen gilt dies für die brutalen Tiermassaker der Stierkämpfe ebenso wie für den todbringenden Freizeitspaß der Hobbyjagd, für Zirkusveranstaltungen mit Tiernummern ebenso wie für Zoos, die trotz ihrer Bemühungen um Bildung und Artenschutz im letzten doch „Schauveranstaltungen auf Kosten der tierischen Zwangsdarsteller“[319] bleiben. Tierversuche werden heute von zahlreichen Experten als ethisch und wissenschaftlich fragwürdig bewertet. Aus ethischer Sicht handelt es sich bei Tierversuchen um die totale Instrumentalisierung schmerzsensibler Lebewesen. Aus wissenschaftlicher Sicht wird darauf hingewiesen, dass Tierversuche weder die Unterschiede zwischen einzelnen Tierarten berücksichtigen noch die Probleme, die es bei der Übertragung tierischer Daten auf den Menschen gibt: „Die vorliegenden Daten, die die Unzuverlässigkeit von Tierexperimenten und den daraus resultierenden Schaden für Menschen (und Tiere) aufzeigen, widerlegen die seit langem bestehende Behauptung, dass Tierexperimente für die Verbesserung der menschlichen Gesundheit notwendig und deshalb auch ethisch gerechtfertigt seien.“[320] Alternative Methoden wie Zellkulturen und Computermodelle liefern heute schon valide Forschungsergebnisse; weitere Forschung in diesem Bereich ist allerdings notwendig und sollte finanziell und personell forciert werden. Für Heim- und Kumpantiere zu sorgen, kann ethisch legitim und menschlich wertvoll sein, solange die Tiere nicht als Eigentum des Menschen betrachtet werden und die Fürsorge für sie nicht Formen der Vermenschlichung (Anthropomorphismus) annimmt, die den Tieren schaden.

Gedankenexperiment mit Außerirdischen und irdische Alternativen

Man kann sich der ethischen Dimension des menschlichen Umgangs mit Tieren auch mithilfe des folgenden Gedankenexperiments[321] nähern: Nehmen wir an, Außerirdische würden auf dieser Erde landen, und zwar Außerirdische, die uns Menschen intellektuell weit überlegen sind: Sie können z. B. untereinander und mit ihren Göttern telepathisch kommunizieren. Hätten diese Außerirdischen das Recht, uns Menschen in Gefangenenlager zu sperren, zu mästen und am laufenden Band schlachten zu lassen, weil sie unser Fleisch angeblich essen müssten, um überleben zu können? (In Wirklichkeit wäre es gar nicht notwendig, uns Menschen zu essen, weil es andere Möglichkeiten der Ernährung gebe, aber Menschenfleisch schmeckt den Außerirdischen besonders gut.) Wäre es ethisch richtig, wenn diese Außerirdischen uns Menschen in wissenschaftlichen und medizinischen Versuchen foltern, quälen und töten ließen, weil das eventuell dazu beitragen würde, ihre eigenen Krankheiten besser zu kurieren? Würden wir ihnen Glauben schenken, wenn sie behaupteten, von ihren Göttern auserkoren zu sein, uns nach ihrem Gutdünken zu beherrschen? Würden wir nicht versuchen, diese Außerirdischen darauf aufmerksam zu machen, dass es ihre ethische Pflicht sei, sich um weniger grausame und qualvolle Methoden zu bemühen, mit denen sie das gewünschte Wissen ebenso erlangen könnten? Würden wir Menschen nicht versuchen, diesen außerirdischen Ausbeutern Widerstand zu leisten?

3. Tiere essen: Eine gedankenlose Völlerei?

Das gewaltige Tierleid, das Tierfabriken, aber auch zahlreiche kleine landwirtschaftliche Betriebe verursachen, und die immense Verkürzung des normalen Lebensalters von Tieren durch frühzeitige Schlachtung sind gewichtige Gründe, neu über das Essen von Tieren nachzudenken. Weitere Gründe sind die vielfach dokumentierten Tatsachen, dass die Bedingungen in der Fleischproduktion nicht nur für Tiere, sondern auch für menschliche Arbeitskräfte ausbeuterisch und belastend sind[322] und dass der in Mitteleuropa übliche durchschnittliche Fleischkonsum negative Auswirkungen auf die menschliche Gesundheit hat. Viehzucht und Fleischkonsum haben aber auch verheerende ökologische Folgen, die im Folgenden dargestellt werden.

Der lange ökologische Schatten der Viehzucht

„Das Schicksal der Tiere in industriellen Anlagen“, schrieb der israelische Historiker *Yuval Noah Harari* im September 2015 in der englischen Tageszeitung *The Guardian*, „ist eines der vordringlichsten ethischen Anliegen unserer Zeit, allein schon wegen der Zahlen, um die es hierbei geht. Heutzutage leben die meisten großen Tiere in Tierfabriken. Wir stellen uns vielleicht vor, dass unser Planet von Löwen, Elefanten, Walen und Pinguinen bevölkert ist. Das trifft vielleicht auf den Fernsehkanal von *National Geographic* zu, auf Disneyfilme und auf Kindermärchen, aber es stimmt nicht für die Welt, wie sie ist. Es gibt 40.000 Löwen auf der Welt, aber im Gegensatz dazu gibt es ungefähr eine Milliarde Zuchtschweine; 500.000 Elefanten und eineinhalb Milliarden Kühe als Nutztiere, fünfzig Millionen Pinguine und zwanzig Milliarden Hühner.“[323]

Diese riesige Anzahl an sogenannten Nutztieren, die allermeisten davon in industrieller Tierhaltung, führt nicht nur zu immensem Tierleid, sondern produziert auch ein ungeheures Maß von Umweltverschmutzung und Umweltzerstörung. Wer Rinderbraten oder Rindersteak konsumiert, sollte sich bewusst sein, dass Rinder Unmengen von Methangas produzieren und ausrülpsen und dass Methangas deutlich mehr zur Erderwärmung beiträgt als Kohlendioxid. Er oder sie sollte der Tatsache gewahr werden, dass man 13 kg Getreide braucht, um ein einziges Kilogramm Rindfleisch zu produzieren. Um 1 kg Rindfleisch für einen Hamburger in einem Fast-Food-Restaurant herzustellen, benötigt man 12-mal so viel Wasser wie für einen Kilo Brot, 64-mal so viel wie für ein Kilo Kartoffeln und 86-mal so viel wie für einen Kilo Tomaten.[324] Der britische Journalist John Vidal hat dargelegt, dass Omnivoren auch wesentlich mehr Lebensraum in Anspruch nehmen als Vegetarier und Veganer: „Eine Familie in Bangladesch, die sich von Reis, Bohnen, Gemüse und Obst ernährt, kann auf einem Morgen [ca. 4047 m^2] oder weniger Landfläche leben. Ein durchschnittlicher US-Amerikaner, der etwa 270 Pfund [121,5 kg] Fleisch konsumiert, braucht 20-mal mehr.“[325]

Die von der FAO durchgeführte Untersuchung über den langen Schatten der Viehzucht, *Livestock's Long Shadow*[326], aus dem Jahre 2006 zeigt deutlich auf, wie gravierend die negativen Auswirkungen der Viehzucht auf Luft und Klima, Waldbestand und Bodenbeschaffenheit, Trinkwasser und Artenvielfalt sind. Viehzucht und Fleischproduktion, vor allem in Form der industriellen Massentierhaltung, benötigen ein Vielfaches der Menge an Land, Wasser und Energie, die für pflanzliche Nahrungsmittel notwendig wären. *Livestock's Long Shadow* zufolge verursacht die Fleischproduktion weltweit 18 Prozent der Treibhausgase: Das ist mehr als der weltweite Verkehr mit Flugzeugen, Schiffen, Autos und Eisenbahnen zusammen. Das Bevölkerungswachstum – im Jahre 2050 wird die Weltbevölkerung etwa 9,5 Milliarden Menschen betragen und die wachsende Nachfrage nach Fleisch –

Fleischkonsum gilt als Zeichen des Wohlstands – wird die weltweite Fleischproduktion von etwa 230 Millionen Tonnen im Jahr 2000 auf 465 Millionen Tonnen im Jahr 2050 anwachsen lassen und damit mehr als verdoppeln.

Im Einzelnen werden in der Studie der FAO folgende problematische Auswirkungen der Viehzucht dargestellt: *Bodennutzung und Bodendegradation,* denn 70 Prozent der gesamten landwirtschaftlich genutzten Fläche oder 30 Prozent der eisfreien Erdoberfläche unseres Planeten dienen der Viehzucht; *Klimaerwärmung und Luftverschmutzung,* denn Wiederkäuer wie Rinder, Schafe und Ziegen verursachen 37 Prozent des weltweiten Ausstoßes an Methan; *Vergeudung und Verschmutzung von Wasser,* denn die Bewässerung von Pflanzen, die an Tiere verfüttert werden, treibt den weltweiten Wasserverbrauch in die Höhe, und die Hormone und Antibiotika, die den Zuchttieren verabreicht werden, gelangen in Böden, Flüsse, Meere und Trinkwasser; *Reduzierung der Artenvielfalt,* denn die Viehzucht beansprucht riesige Flächen, die früher Habitate für Wildtiere darstellten.

Das Dokument der FAO schlägt eine Reihe von politischen Maßnahmen vor, den negativen Auswirkungen von Viehzucht und Fleischkonsum entgegen zu steuern: allen voran Institutionen und Regularien, die dafür sorgen, dass die lebensnotwendigen Ressourcen ihren angemessenen Preis erhalten und die externen Kosten der Viehzucht nicht weiter von der Allgemeinheit, der Umwelt und den Nachgeborenen getragen werden. Subventionen für die Viehzucht sollen gestrichen, die Preise für Land und Wasser, Futtermittel und Fleisch der Kostenwahrheit entsprechen. Ökologisches Verhalten soll belohnt werden: mit Prämien für Landbesitzer, Landwirte und Viehzüchter, die mit Boden- und Landschaftspflege, Erhalt von Biotopen und Flussläufen die Ressourcen nachhaltig schützen.

Wie aber steht es nach *Livestock's Long Shadow* mit der Verantwortung der Fleisch-Konsumenten? Das Dokument spricht hier eine deutliche Sprache: „Es gibt überzeugende Argumente dafür, dass der ökologische Schaden durch die Viehzucht maßgeblich reduziert werden könnte, wenn sich der heute übliche exzessive Verbrauch von tierischen Produkten bei den wohlhabenden Menschen senken ließe. Internationale und nationale öffentliche Institutionen ... haben beständig Empfehlungen ausgesprochen, den Konsum von tierischen Fetten und rotem Fleisch ... einzuschränken." Das Dokument der FAO begrüßt „die zunehmende Nachfrage nach biologischen Lebensmitteln" und „die in wohlhabenden Ländern festzustellende Tendenz, sich vegetarisch zu ernähren."[327]

Was kann man also von *Livestock's Long Shadow* und ähnlichen Studien lernen? Einfach ausgedrückt ist es folgende Erkenntnis: „Wenn wir uns nicht ändern, wird uns Menschen die Nahrung ausgehen, denn unser Planet wird nicht dazu in der Lage sein, das zu produzieren, was wir brauchen."[328]

Gewaltminimierung: Vegetarisch-veganer Imperativ als Zielgebot

Wenn sich Menschen *vegetarisch* ernähren, wenn sie also keine Tiere essen, jedoch Eier und Milchprodukte (Ovo-Lacto-Vegetarier) konsumieren oder nur Eier (Ovo-Vegetarier) oder nur Milchprodukte (Lacto-Vegetarier), oder wenn sie vegan leben, also weder Tiere noch Tierprodukte essen, ernähren sie sich vergleichsweise tierfreundlich und tiergerecht. Gesundheitsmedizinisch informierte vegetarische oder vegane Ernährungsformen sind zudem im Allgemeinen mit gesundheitlichen Vorteilen für den Menschen verbunden, wobei Veganer allerdings zumindest auf die Einnahme von Vitamin B12 in Form eines Nahrungsergänzungsmittels achten sollten. Claus Leitzmann, einer der führenden deutschsprachigen Ernährungsmediziner, hat seine in vier Jahrzehnten gewonnenen Erkenntnisse über den Wert einer vegetarischen Lebensweise wie folgt auf den Punkt gebracht: „Eine zunehmende Zahl an Untersuchungen mit Vegetariern liefert den wissenschaftlichen Beweis dafür, dass sich Vegetarier durchschnittlich einer besseren Gesundheit erfreuen als Fleischesser."[329] Nach Leitzmann trägt die vegetarische Ernährung in erheblichem Maße dazu bei, Bluthochdruck und Diabetes, Übergewicht und Gicht, Herz-Kreislauf-Erkrankungen und Krebs vorzubeugen. „Diese Erkenntnis hat dazu geführt", ergänzt Leitzmann, „dass inzwischen aus gesundheitsprophylaktischen Gründen von aufgeklärten Medizinern eine ausgewogene lakto-ovo-vegetarische Ernährung ausdrücklich empfohlen wird."[330] Die *American Dietetic Association*, der US-Berufsverband der Diätologinnen und Ernährungsberater, hat im Jahre 2009 erklärt, „dass gut durchdachte vegetarische Ernährungsweisen inklusive vollkommen vegetarischer / veganer Ernährungsweisen gesund und ernährungsphysiologisch adäquat seien und bei der Vorbeugung vor und Behandlung von bestimmten Krankheiten gesundheitlich vorteilhaft sein könnten." [331] Was vegane Ernährung betrifft, so hat zudem der US-amerikanischen Medizinprofessor Dean Ornish[332] ein Therapiekonzept für Herzerkrankungen entwickelt, das eine vollwertige, fettarme und nahezu vegane Ernährung vorsieht. Dieses hat sich klinisch so gut bewährt, dass die Kosten für die Ornish-Therapie inzwischen von *Medicare*, der amerikanischen Krankenversicherung für ältere Menschen, übernommen werden. Zudem ist die *Ornish Diet* inzwischen auch als allgemein gesunde Ernährungsweise anerkannt. „What's good for you", lautet Dr. Ornish' Credo, „is good for the planet."[333] Zu ergänzen wäre freilich: „And it is also good for animals". weniger gut ist, dass der Markt inzwischen eine große Zahl von veganen Ersatzprodukten für Käse, Wurst und sogar Fisch anbietet, die die gesundheitlichen Vorteile einer veganen Ernährung bei entsprechend hoher Konsumation problemlos wettmachen könnten: Diese Ersatzprodukte enthalten nämlich viel Fett, Salz und eine Menge an Zusatzstoffen.

Grundsätzlich gilt aber, dass ein ernährungswissenschaftlich informierter, bewusster Verzicht auf den Verzehr von Tieren (Vegetarismus) oder Tieren und tierischen Produkten (Veganismus) aus gesundheitlichen und tierethischen Gründen einer Ernährung mit Fleisch vorzuziehen ist, vor allem wenn der Fleischanteil der Ernährung hoch ist und das Fleisch aus industrieller Massentierhaltung stammt. Wurst, Schinken und anderes verarbeitetes Fleisch sowie rotes Fleisch (z. B. Schweine- und Rindfleisch) wurden von der Weltgesundheitsorganisation (WHO) Ende Oktober 2015 sogar als krebserregend eingestuft.[334] Eine bewusste vegetarische und vegane Ernährungsweise ist aber auch gegenüber einer Ernährung, die Fleischkonsum aus biologischer, artgerechter Tierhaltung beinhaltet *(bewusste Omnivoren)*, ethisch vorzugswürdig. In Anlehnung an Anand M. Saxena[335] möchte ich daher von einem „vegetarisch-veganen" Imperativ sprechen, der uns heute verpflichtet. Wäre ich nicht so skeptisch gegenüber hochtrabenden Neologismen, würde ich dafür den Begriff „vegantarischer Imperativ"[336] verwenden. Diesem „vegantarischen" Imperativ sind wir ethisch verpflichtet.

Man darf dabei nicht übersehen, dass Veganer ihre auf alle Tierprodukte verzichtende Ernährungsform im Vergleich zu einer „nur" vegetarischen Ernährungsweise in der Regel für ethisch vorzugswürdig halten. Das ist auch grundsätzlich berechtigt, vor allem dann, wenn Vegetarier nicht darauf achten, woher ihre Milch, ihre Butter und ihr Käse kommen. Vegetarier sollten Tierprodukte ausschließlich aus artgerechter Tierhaltung beziehen, wobei klar ist, dass es auch dabei beträchtliche Unterschiede im Hinblick auf die Haltung der Tiere gibt und mit einigen Ausnahmen auch in den meisten Betrieben mit artgerechter Bio-Tierhaltung männliche Küken an ihrem ersten Lebenstag getötet werden, weil ihre Mast nicht rentabel wäre, und Milchkühen die Kälber kurz nach der Geburt weggenommen werden.

Ist also jede menschliche Nutzung von Tieren ausbeuterisch oder gibt es Möglichkeiten jenseits von kapitalistischem Profit und marktkonformer Kommerzialisierung, wie Menschen andere Lebewesen „in verantwortlicher Weise gebrauchen" (Laudato Sí Nr. 69) können? Sue Donaldson und Will Kymlicka weisen z. B. darauf hin, dass „die menschliche Nutzung von Eiern nichts an und für sich Ausbeuterisches hat."[337] Konkret würde eine solche nicht-ausbeuterische menschliche Beziehung zu eierlegenden Hühnern nach Sue Donaldson und Will Kymlicka wie folgt aussehen: „Menschen könnten Hühner auf dem Bauernhof oder in einem großen Hinterhof als Gefährten halten. Das wären Hühner mit ersprießlichem Leben, die viel Spielraum haben, in dem sie tun können, was Hühner gern tun – Hühner, die sich umsehen, die spielen, soziale Bindungen eingehen und ihre Küken unter dem wachsamen Blick der Menschen großziehen, von denen sie geschützt, untergebracht und versorgt werden, was ihre Futterbedürfnisse und medizinische Notwendigkeiten betrifft. Derweil könnten die Menschen einige der Eier dieser Hühner verzehren."[338]

Ethisch vorzugswürdig erscheint mir die Norm, keine Tiere (und zudem keine Tierprodukte) zu essen, weil die Aufzucht eines Tieres unter industriellen Produktionsbedingungen nicht artgerecht und ausgesprochen qualvoll verläuft und weil selbst unter tiergerechteren „Produktionsbedingungen" in einem Bio-Betrieb sowohl der Transport in den Schlachthof als auch der dortige vorzeitige Tod für das Tier mit erheblichem Stress und beträchtlichen Schmerzen verbunden sind. Und selbst wenn dem nicht so wäre, hätte das Tier ein grundsätzliches Lebensrecht, dem der Mensch nur zuwider handeln darf, wenn – um noch einmal Albert Schweitzer zu zitieren – „eine unentrinnbare Notwendigkeit dafür vorliegt"[339]. Gewohnheiten und Geschmacksvorlieben gelten aus ethischer Sicht nicht als solche.

Allerdings darf diese Forderung nach einer fleischlosen Ernährungsweise nicht kontextunabhängig erhoben werden. Es gibt klimatische Grenzen des Ackerbaus und es gibt lebensweltliche Situationen, in denen menschliches Überleben ohne Subsistenzjagd oder kleinbäuerliche Tierzucht nicht möglich ist, ja in denen „sogar ein überfahrenes Tier als Geschenk der Götter angenommen wird."[340] Ein engagierter und globaler Einsatz für Tiere, so notwendig und verdienstlich er auch ist, sollte nicht den Eindruck vermitteln, dass dabei privilegierte Menschen mit heller Hautfarbe die Tiere vor hungernden Menschen mit dunkler Hautfarbe retten.[341]

Lobenswerte Sonderleistung oder allgemeine Pflicht?

Auch innerhalb der christlichen Kirchen müssen jene, die für eine fleischlose Ernährung eintreten, beachten, dass sie in einem bestimmten Kontext agieren: im Kontext einer Institution und Gemeinschaft nämlich, in der das Essen von Tieren noch immer eine kollektive Gewohnheit und eine weitgehend unhinterfragte Selbstverständlichkeit darstellt. Zwar darf der Verzicht auf Fleisch nicht als – wie das in der theologischen Ethik genannt wird – *supererogatorische* Handlung[342], also gleichsam als evangelischer Rat oder als Fleißaufgabe für besonders begnadete Gläubige, betrachtet werden. Fleischverzicht stellt eine allgemeine Norm dar und damit unter bestimmten Rahmenbedingungen auch eine allgemeine Pflicht. Die in einer vegetarischen und in einer veganen Ernährungsweise zum Ausdruck gebrachte normative Forderung, Gewalt gegenüber Tieren zu minimieren, ist aber vielen Christen (noch) fremd. Sie kann von ihnen bestenfalls im Modus einer Zielethik[343], deren Erfüllung man sich in vielen Schritten langsam nähert, angenommen werden. Das heißt selbstverständlich nicht, dass grundsätzliche Ernährungsänderungen nicht auch von einem auf den anderen Tag erfolgen könnten. Das wäre umso besser.

Gesamtgesellschaftlich erfordert die fortschreitende Annäherung an einen gewaltminimierenden Umgang mit Tieren aber wohl doch „neben hohen Zielimperativen realitätsgemäße Stufenimperative als Wegmarkierungen zu diesen hohen Zielen."[344]

Wirk- und Ausdruckshandlung

Als (idealtypische) Wirkhandlungen[345] werden solche Handlungen bezeichnet, die gesetzt werden, um ein bestimmtes Übel zu reduzieren oder zu beseitigen. Unbeabsichtigte schlechte Nebenfolgen solcher Handlungen werden dann in Kauf genommen, wenn die aus den Handlungen resultierenden positiven Folgen gegenüber den nicht intendierten negativen Folgen überwiegen. Als (idealtypische) Ausdruckshandlungen dagegen werden solche Handlungen bezeichnet, durch die ein Mensch affektiv und demonstrativ zu seinen Überzeugungen Stellung nimmt. In der Realität treten Wirk- und Ausdruckshandlungen allerdings selten in idealtypischer Form auf, sondern manifestieren sich eher als unterschiedliche Gewichtungen ein- und derselben Handlung: Entweder wird der Wirkaspekt stärker betont oder der Ausdrucksaspekt. Es ist aber auch möglich, dass man auf beide Aspekte achtet.

Vegetarisch oder vegan zu essen, hat sowohl einen Wirkaspekt als auch einen Ausdrucksaspekt: Die positive Wirkung besteht darin, dass Tierqualen, Ressourcenverbrauch und Erderwärmung durch diese Art von Ernährung eindeutig reduziert werden. Die Entscheidung, sich vegetarisch / vegan zu ernähren, wird aber von vielen Menschen vor allem als konkreter, öffentlicher Ausdruck ihrer tiefen Überzeugung verstanden, dass Menschen grundsätzlich kein

Recht hätten, Tiere für menschliche Vorteile zu instrumentalisieren. Die Kundgabe dieser Haltung steht im Mittelpunkt, nicht etwa die akribisch berechnete Anzahl der vor dem Tod geretteten Hühner oder Schweine, auch wenn dieses Faktum eine Rolle spielt.

Strenge Bußpredigt und wachsende Einsicht

Der britische Philosoph Stephen R. L. Clark, der wie Peter Singer, Tom Regan, Andrew Linzey und noch einige andere Mitglied der *Oxford Group* der tierethischen Pioniere war, bezeichnete das Essen von Fleisch („flesh eating“) als „gedankenlose Völlerei“ („empty gluttony“). Dazu führte er aus: „Ehrenwerte Menschen können auf ehrenwerte Art und Weise darüber streiten, wie man Tiere im einzelnen behandeln soll. Was jedoch eine vegetarische Ernährungsweise betrifft, so ist sie heute ein ebenso verpflichtendes Zeichen der Bereitschaft, moralisch zu handeln, wie es die Bereitschaft der frühen Christen war, sich dem römischen Kaiserkult zu verweigern.“[346]

Das Essen von Tieren als Völlerei zu bezeichnen, erklärt den Fleischkonsum zu einer der sieben Hauptsünden. Clark spricht eine deutliche Sprache, einer gewaltigen Bußpredigt gleich.

Es ist sicher richtig, Unrecht, das man als solches wahrnimmt, auch als solches zu benennen und das auf deutliche, unmissverständliche Art und Weise. Ein prägnanter Ausdruck wie „gedankenlose Völlerei“ kann aufrütteln und zum Nachdenken anregen. Manche werden ihn aber auch als Vorwurf und ungerechtfertigte Verurteilung begreifen, die dann eine ehrliche und selbstkritische ethische Reflexion über das Essen von Tieren erschwert.

Verhaltensänderungen können auch auf andere Art angeregt werden. Aus der Geschichte der Quäker (Religious Society of Friends), einer von George Fox in England im 17. Jahrhundert gegründeten pazifistischen christlichen Gemeinschaft, wird folgende Begebenheit geschildert. George Fox traf William Penn. Penn, der höfisch erzogene Sohn eines bedeutenden und äußerst wohlhabenden Admirals, trug nach seiner Bekehrung zu den Quäkern weiterhin ein Schwert. Dieses Schwert hatte nämlich einst sein Leben gerettet. Er fragte George Fox diesbezüglich um Rat. Fox' Ratschlag lautete: „Ich empfehle Dir, Dein Schwert so lange zu tragen, wie Du es kannst.“ Kurz danach trafen sie einander wieder. „Wo ist Dein Schwert, William?“ erkundigte sich Fox. „Ach, George“, antwortete William. „Ich habe Deinen Rat befolgt, ich trug es nur so lange ich konnte.“[347]

Meine Hoffnung ist, dass jene „innere Stimme“ oder jenes „innere Licht“, das nach Lehre der Quäker in jedem Menschen vorhanden ist, den Menschen wachsende Einsicht verleiht, damit sie nicht bloß ihre Schwerter entfernen, sondern auch jene Besteckmesser zur Seite legen, mit denen sie bisher ihre Steaks, Schnitzel und Hühnerbrüste zersägt haben. Mir ist allerdings bewusst, dass dies etwas länger dauern dürfte als der rasche Verzicht des William Penn auf sein Schwert.

V. Das Wohl aller Wesen, das Wohl eines jeden Wesens: Eine zeitgemäße christliche Tierethik

Der Verzicht auf das Essen von Tieren, auf Tierversuche und auf Stierkämpfe und Zirkustiere wird im Rahmen der vorliegenden theologischen Ethik als moralische Norm betrachtet, die zumindest in den wohlhabenden Ländern dieser Erde ein für alle Gläubige geltendes Zielgebot und einen für alle Bürger geltenden Zielimperativ darstellt. Dieser *vegetarisch-vegane Imperativ*[348] bedeutet, individual- und sozialethisch von den geltenden kirchlichen und kulturellen Plausibilitäten abzuweichen. Verzicht auf Fleisch und Fisch, der vorrangig vom Mitgefühl mit Tieren motiviert ist, stellt eine Entscheidung dar, die immer noch quer zu den Normen tradierter theologischer Ethik/en katholischer, protestantischer und orthodoxer Provenienz liegt. Umso wichtiger ist es, dass gezeigt werden kann, wie sich diese für viele (noch) ungewohnte normative Forderung als kompatibel mit schon bekannten ethisch relevanten Konzepten, Prinzipien und Haltungen der älteren und jüngeren christlichen Tradition erweist. Die moralische Norm, auf das Essen von Tieren zu verzichten, lässt sich in Beziehung setzen zum Sozialprinzip des Gemeinwohls, zum Konzept einer konsistenten Ethik des Lebens, und zur Haltung und Tugend der Achtsamkeit. Fleischverzicht hat eine interreligiöse Dimension und legt das Gespräch von Christen mit den Angehörigen jener religiösen Traditionen nahe, in denen viele Gläubige schon lange eine vegetarische Lebensweise praktizieren: Hinduismus, Buddhismus und Jainismus. Christliche Geistliche und Laien haben in den letzten Jahrzehnten zudem maßgeblich dazu beigetragen, dass grundlegende gesellschaftliche Reformen in vielen Teilen der Welt mittels gewaltfreier, friedlicher Methoden durchgesetzt wurden: in den USA zum Beispiel, in Chile, Polen, Südafrika und auf den Philippinen. Diese Erfahrung kann auch in die persönlichen und gesellschaftlichen Konflikte um die richtige Gestaltung von Mensch-Tier-Beziehungen eingebracht werden. Der gesellschaftliche Diskurs über die ethisch richtige Ernährung darf leidenschaftlich geführt werden, bedarf aber auch der Fairness und jener Gelassenheit, die weiß, dass es in der Regel vieler Schritte und vieler von einer Sache überzeugter Menschen bedarf, um dem angestrebten Ziel näherzukommen und es schließlich zu erreichen. Diese Einsicht wird schon in einem Text der US-amerikanischen Gewerkschaftsbewegung aus dem 19. Jahrhundert dokumentiert, der durch den Folksänger Pete Seeger im 20. Jahrhundert vertont wurde: „Step by step the longest march / Can be won can be won / Many stones can form an arch / Singly none singly none."[349]

1. Gemeinwohl: Alle Kreaturen groß und klein

Der Begriff des *Gemeinwohls* und die synonym verwendeten Ausdrücke gemeiner Nutzen, Gemeinnutzen, Gemeinnützigkeit, Gemeingut, allgemeine Wohlfahrt, öffentliches Interesse haben eine lange Tradition, die bis ins antike Griechenland (Plato, Aristoteles) zurückreicht. Auch heute noch ist *Gemeinwohl* ein zentraler Begriff der politischen Philosophie und der christlichen, vor allem der katholischen Sozialethik.[350] Dort steht das Gemeinwohl in engem Zusammenhang mit dem der sozialen Gerechtigkeit. „*Sozial gerecht* ist, was das Gemeinwohl erfordert oder zumindest ihm nicht zuwider ist; wer dem Gemeinwohl zuwiderhandelt, der versündigt sich damit gegen die soziale Gerechtigkeit."[351]

Staatliches, globales, ökologisches Gemeinwohl

Jede Gruppe und Gemeinschaft, Gesellschaft und Institution hat ihr je eigenes Gemeinwohl. In der traditionellen christlichen Sozialethik wurde das Gemeinwohl allerdings vornehmlich mit dem staatlichen Gemeinwohl identifiziert. Im Dienst am Gemeinwohl findet die staatliche Autorität, die bis zum Zweiten Vatikanischen Konzil paternalistisch aufgefasst wurde, ihre Existenzberechtigung, ihre Aufgabe und ihr Ziel. Seit den 1960er Jahren wurde das Gemeinwohlkonzept weniger hierarchisch und stärker zivilgesellschaftlich verstanden, nicht als vorgegebene Größe, sondern als Produkt gesellschaftlicher Diskurse und Konflikte. Das Gemeinwohl wurde auf die internationale Gemeinschaft ausgeweitet: „Heute ist ... die soziale Frage weltweit geworden", verkündete Papst Paul VI. 1967 in seiner Enzyklika *Populorum progressio.*[352] In den 1990er Jahren begann neben der globalen Gemeinschaft der *Menschen* auch die Unversehrtheit oder Integrität der *gesamten Schöpfung Gottes* eine Rolle zu spielen. In ihrem Sozialdokument *The Common Good and the Catholic Church's Social Teaching* aus dem Jahre 1996 sprechen die katholischen Bischöfe von England und Wales explizit von einem *ökologischen Gemeinwohl* und stellen fest, „dass die Sorge um die Umwelt Bestandteil der Sorge um das Gemeinwohl ist."[353] Globales und ökologisches Gemeinwohl sind eng miteinander verbunden. In seiner Sozialenzyklika *Caritas in Veritate* aus dem Jahre 2009 betont Benedikt XVI.: „Es ist ... erforderlich, dass die zuständigen Autoritäten alle nötigen Anstrengungen unternehmen, damit die wirtschaftlichen und sozialen Kosten für die Benutzung der allgemeinen Umweltressourcen offen dargelegt sowie von den Nutznießern voll getragen werden und nicht von anderen Völkern oder zukünftigen Generationen: Der Schutz der Umwelt, der Ressourcen und des Klimas erfordert, dass alle auf internationaler Ebene Verantwortlichen gemeinsam handeln."[354]

Das Einzelwesen und das Ganze

Wenn das Gemeinwohl also nach gegenwärtigem Verständnis sowohl eine globale als auch eine ökologische Dimension besitzt, dann haben Tiere, Pflanzen und Ökosysteme darin einen moralischen Status: Es ist dann um des Wohls der Menschen willen, aber auch wegen des Eigenwertes, der Tieren, Pflanzen und Ökosystemen zukommt, ethisch nicht gleichgültig, wie wir mit ihnen umgehen. Die Gemeinsamkeiten und Spannungen zwischen Tierschutz und Natur- oder Umweltschutz, die sich daraus ergeben können, wurden im ersten Kapitel dieses Buches im Hinblick auf unterschiedliche Ethikmodelle bereits thematisiert. Es wurde gezeigt, dass es das primäre Ziel einer ökozentrischen Ethik ist, die Integrität, Stabilität und Schönheit von Ökosystemen zu erhalten, das primäre Anliegen einer sentientistischen Ethik dagegen, das Wohlergehen jedes einzelnen empfindungsfähigen (menschlichen und nichtmenschlichen) Lebewesens sicher zu stellen. Deshalb haben Umweltschützer häufig keine Probleme, zu jagen, zu fischen und Tiere zu essen, solange diese Tätigkeiten als korrigierende Eingriffe für notwendig erachtet werden oder zumindest das Ökosystem nicht gefährden. Tierrechtler dagegen weigern sich im Allgemeinen, das konkrete Leben einzelner Tiere für ein für weitgehend abstraktes Wohl eines Ganzen zu opfern. Die Bereitschaft der ökozentrischen oder holistischen Umweltethik, das Einzelwesen für das größere Ganze zu opfern, hat den US-amerikanischen Tierrechtsphilosophen Tom Regan veranlasst, ganzheitlichen ethischen Konzepten einen „ökologischen Faschismus“[355] vorzuwerfen. Auch wenn diese Bezeichnung pointiert und überzogen erscheint, so ist ihr doch ein gewisses Wahrheitsmoment eigen: Regan wirft dem Ökozentrismus vor, dass er dem Ganzen und dessen Erhaltung ohne jede weitere Qualifikation eine unbedingte Vorrangstellung gegenüber der Würde, dem Schutz und dem Lebensrecht der Einzelwesen zugesteht. Die ökologisch-tierrechtliche Auseinandersetzung über die Beziehung zwischen einzelnem Tier und Ökosystem und dem Vorrang eines von beiden erinnert an eine Debatte über das Verhältnis von Gemeinwohl und Individualwohl der Person, die um die Mitte des vorigen Jahrhunderts unter führenden katholischen Moralphilosophen und Sozialethikern geführt wurde.

Die Auseinandersetzung über die Priorität von Einzelwohl oder Gemeinwohl fand in den 1940er Jahren in Nordamerika statt, etwa ein Jahrzehnt später im deutschsprachigen Raum. Diejenigen, die für den Primat des Gemeinwohls eintraten, wurden – was heute weitgehend unbekannt ist – als (katholische) „Kommunitaristen“[356] bezeichnet, die, die am Primat des Wohls des Einzelnen festhielten, als „Personalisten“. Zu den „Kommunitaristen“ zählten Charles de Koninck, Eberhard Welty und Arthur F. Utz. Zu den „Personalisten“ gehörten Jacques Maritain, Gustav Gundlach, Oswald von Nell-Breuning und Johannes Messner.

Die historische Debatte kann hier nicht im Einzelnen nachgezeichnet werden. Erwähnt werden soll jedoch, dass die Gemeinwohl-Kommunitaristen von einer organischen oder organismischen Ordnungsvorstellung ausgingen, die den Einzelnen als Teil eines Sozialkörpers, eines größeren Ganzen betrachtete, in dem er freiwillig den ihm zustehenden Platz einzunehmen habe. De Koninck schrieb: „Wir sind, vorrangig und grundlegend, Teile – Teile der Familie, der politischen Gemeinschaft, des erschaffenen Universums, der Stadt Gottes.“[357] Auch Arthur F. Utz betonte die Einordnung des Einzelnen in das Gemeinwohl, die „proportionale Eingliederung jeder Person in das Gesamt"[358]. Die Personalisten dagegen wiesen darauf hin, dass das Gemeinwohl dem Wohl des Einzelnen zu dienen habe. Nach Maritain[359] steht die Personwürde über der Gesellschaft, sie komme der Person als Person zu, nicht als Mitglied einer Gemeinschaft. Das Gemeinwohl werde erst dann richtig verstanden, wenn es als „Gemeinwohl *menschlicher Personen*"[360] aufgefasst wird. Dies beinhalte und erfordere, dass die Grundrechte der Person und der Familie anerkannt werden. Ein zentrales Element des Gemeinwohls sei „die bestmögliche Entwicklung der Personen, hier und jetzt"[361]. Auf dem Hintergrund des nationalsozialistischen und kommunistischen Totalitarismus betonte Maritain die Bedeutung und die Würde der Person vor allem auch deshalb, „um hinreichend klar zu machen, dass es inhuman und unerträglich [sei], dem Götzen ideologisch ausgedachter ‚kollektiver Gebilde' und deren Wohl zahllose menschliche Wesen zu opfern."[362] Die Parallelen zwischen Maritains Warnung vor der Übermacht kollektiver Gebilde und Tom Regans Angst vor einem „ökologischen Faschismus" sind offenkundig.

Die spätere Entwicklung hat den Personalisten Recht gegeben. Seit Papst Johannes XXIII. und dem Zweiten Vatikanischen Konzil weist die katholische Soziallehre auf die zentrale Bedeutung und unantastbare Würde der menschlichen Person hin, sie sieht den Menschen als „Träger, Schöpfer und das Ziel aller gesellschaftlichen Einrichtungen"[363]. Die klassische Vorzugsregel „Gemeinwohl geht vor Eigenwohl / Eigennutz" ist deshalb mit Wilhelm Korff zu präzisieren und lautet dann: „Allein unter der Voraussetzung der Respektierung der Personwürde kommt den sich von der Gemeinschaft her ergebenden Ansprüchen gegenüber den Ansprüchen des Einzelnen im Konfliktfall der Vorrang zu."[364] Das gebietet, die Gewissensentscheidung des oder der Einzelnen zu respektieren, und verbietet zugleich, andere Menschen als bloße Mittel für eigene Zwecke zu missbrauchen. Mit dem emeritierten Grazer Sozialethiker Valentin Zsifkovits ist festzuhalten, dass das Gemeinwohl „zwar nicht die Summe der Einzelwohle, sondern artverschieden vom Einzelwohl ist, [dass es] aber, soll es nicht eine anonyme, den einzelnen entfremdende Größe sein, wesentlich auf das Einzelwohl *aller* hingeordnet sein und bleiben muss“[365].

Der Wirtschaftshirtenbrief der US-amerikanischen Bischöfe aus dem Jahre 1986 definiert das Gemeinwohl als „die in Gemeinschaft mit anderen verwirklichte Würde der menschlichen Person“[366]. Diese Gemeinschaft mit anderen ist zugleich Ermöglichungsgrund und Begrenzung eigener Persönlichkeitsentfaltung und Selbstgestaltung. Der Gemeinwohlbegriff weist wie kaum ein anderer darauf hin, dass wir, wie die angloamerikanische Sozialethik es ausdrückt, „persons-in-community“ und „beings-with-others“ sind. Ebenso zentral wie die Einbindung des einzelnen Menschen in die Gemeinschaft mit anderen Menschen ist die Vernetzung (Retinität) allen Lebens und die Einbindung der Menschen und Tiere in das tragende Netzwerk der übrigen Natur. Weil ein angemessener Lebensraum (Habitat) für das Überleben und Wohlergehen von Tieren so wichtig ist, bedarf es intakter Ökosysteme. Weil aber die Integrität des Ökosystems auf das Wohl aller und jedes einzelnen Lebewesens ausgerichtet ist, darf kein Mensch für den Erhalt eines intakten Ökosystems getötet werden. Gleiches gilt, zumindest prima facie, auch für (empfindungsfähige, schmerzsensible) Tiere: Solange die Ursachen für die entstandene prekäre Situation nicht geklärt bzw. beseitigt werden (z. B. die Zerstörung intakten Lebensraums), solange nicht klar und eindeutig gezeigt werden kann, dass die Tötung von bestimmten Tieren die einzige Möglichkeit ist, eine ökologische Katastrophe beträchtlichen Ausmaßes zu verhindern und solange nicht sämtliche Möglichkeiten alternativer, weniger gewalttätiger Lösungsmöglichkeiten erwogen und erprobt worden sind, darf kein Tier für das – im letzten nie völlig eindeutig zu definierende – Wohl eines Ganzen geopfert werden.

Die Rückbindung des Gemeinwohls an das Wohl aller Tiere und eines jeden Tieres ist gerade im Hinblick auf die Rechtfertigung der Jagd von großer Bedeutung, genauer: der sogenannten „therapeutischen Jagd", wie sie der US-amerikanische Philosoph Gary E. Varner bezeichnet und von „Subsistenzjagd" (Jagd, um Nahrung zu beschaffen) und „Jagdsport" (Jagd als Freizeitvergnügen) unterscheidet. „Therapeutische Jagd" darf – ganz im Gegensatz zu den heute üblichen Jagdgepflogenheiten – aus tierethischer Sicht immer nur letztes Mittel (ultima ratio) sein, das im Idealfall nie zum Einsatz kommt, weil bereits weniger gewalttätige Methoden zur Kontrolle oder Reduktion überhöhter Bestände von freilebenden Wildtieren wie Empfängnisverhütung oder eine Veränderung der Umweltbedingungen den gewünschten Erfolg bringen.

„Wenn wir an einen Zustand oder eine zu treffende Maßnahme den Maßstab des Gemeinwohls anlegen", erklärte Oswald von Nell-Breuning den formalen Gehalt des Gemeinwohlbegriffs, „wissen wir genau, was wir meinen oder wonach wir fragen, ob nämlich dieser Zustand oder diese Maßnahme einzelne oder bestimmte Gruppen in der Gesellschaft auf Kosten anderer oder des Ganzen begünstigt, oder ob das Ganze so geordnet ist und / oder gestaltet wird, dass alle seine Glieder davon Vorteile haben oder doch die Vorteile derer, die solche genießen, nicht dadurch erkauft sind, dass anderen unbillige Lasten auferlegt werden."[367] Wer seine speziesistische Brille abnimmt und diese Definition aufmerksam durchliest, wird sofort merken, wie elementar und eklatant der menschliche Umgang mit (empfindungsfähigen) Tieren dem Gemeinwohl widerspricht.

2. Pro Life, Pro Animal: Eine konsistente Ethik des Lebens

Der Begriff *konsistente Ethik des Lebens (Consistent Ethic of Life)* geht auf den US-amerikanischen Kardinal Joseph Bernardin[368] und seinen theologischen Berater, den katholischen Ethiker Bryan Hehir, zurück. Von 1983 an bis zu seinem Tod im Jahre 1996 hat Bernardin als Erzbischof von Chicago diesen Begriff in die kirchliche und gesellschaftliche Debatte eingeführt und in zahlreichen Vorträgen und Publikationen erläutert und verbreitet.

In Abgrenzung zur „Religiösen Rechten", die in den USA auch innerhalb des Katholizismus bis heute eine nicht unwesentliche Rolle spielt, vertrat Bernardin die Ansicht, dass die Abtreibung von Ungeborenen nicht isoliert von anderen Lebensschutzthemen betrachtet werden dürfe. Die Kirche könne nur dann glaubwürdig für den Schutz des menschlichen Lebens eintreten, wenn sie nicht bloß gegen Abtreibung auftrete, sondern den Lebensschutz als „Gewand ohne Nähte"[369] betrachte, als Konzept aus einem Guss, das vom Lebensbeginn bis zum Lebensende reiche und auch alle Lebenssituationen dazwischen berücksichtige. Nach Bernardin darf nicht der Eindruck entstehen, die Kirche sorge sich um das geborene Leben weniger als um das ungeborene. In einem Vortrag an der Georgetown University in Washington, DC im Oktober 1984 stellt der damalige Kardinal von Chicago fest: „Die katholische Haltung zur Abtreibung bedingt aus Gründen der Logik und der Liebe eine sozialethische Betrachtungsweise, die das Recht auf Leben mit einer ganzen Reihe anderer Rechte verbindet: das Recht auf Nahrung, medizinische Versorgung, Arbeit, Wohnen. Die Verteidigung des menschlichen Lebens führt unweigerlich zur Achtung der Menschenrechte im nationalen und internationalen Bereich. […] Die Glaubwürdigkeit unseres Eintretens für das Lebensrecht jedes ungeborenen Kindes wird gestärkt, wenn wir konsequent für die Obdachlosen, die Hungernden und Hilfsbedürftigen in unserer Nation und für die Notleidenden dieser Welt eintreten."[370] Die konsistente Ethik des Lebens ist deshalb konsistent, weil sie das Leben als ein außerordentlich hohes Gut anerkennt und diese hohe Wertschätzung des Lebens in unterschiedlichen Kontexten zur Sprache bringt und bekräftigt. Das bedeutet jedoch nicht, dass sich eine konsistente Ethik des Lebens auf einen ausnahmslosen Vorrang des Lebens vor allen anderen Werten reduzieren lässt, alle Fragen des Lebensschutzes ohne jede Differenzierung behandelt, die Existenz moralischer Konflikte leugnet und einzelfallbezogene, kasuistische Güter- und Wertabwägungen für überflüssig hält.

In gewisser Weise hat Bernardin mit seiner konsistenten Ethik des Lebens schon jene Kurskorrektur vorweggenommen, die Papst Franziskus seit seinem Amtsantritt in der katholischen Kirche durchgeführt hat: Sozialethische Themen sind stärker in das Zentrum kirchlichen Engagements gerückt, Verbindungen und Vernetzungen zwischen unterschiedlichen Bereichen des Lebensschutzes werden hervorgehoben. Allerdings vermitteln auch in der Gegenwart zahlreiche kirchliche Stellungnahmen sowohl rechtskonservativ-katholischer als auch protestantisch-evangelikaler Provenienz den Eindruck, als würde eine christliche Ethik des Lebens sich mehr oder weniger ausschließlich mit menschlichem Leben vor der Geburt und vor dem Tode zu beschäftigen haben: Der Schutz noch nicht geborener Kinder vor Abtreibung und embryonale Stammzellenforschung sowie der Schutz Sterbender vor jeder Form der Euthanasie wird als zentrale, allen anderen Lebensschutzthemen weit überragende Hauptaufgabe christlicher Ethik gesehen. Der Schutz schon geborener Kinder vor omnipräsenten Autorasern, prügelnden Vätern, religiöser Diskriminierung, sozialer Not und einer zerstörten Natur ist für diese Gruppen vergleichsweise unwichtig. In dieser Hinsicht ist Bernardins Konzept einer konsistenten Ethik des Lebens ein immenser Fortschritt und ein großer Gewinn.

Doch bleibt auch Bernardins Ethik – im Unterschied zu Schweitzers Ethik der Ehrfurcht vor dem Leben – partiell defizitär: Bernardins konsistente Ethik des Lebens ist eine konsistente Ethik des *menschlichen* Lebens, nicht des Lebens *aller* Geschöpfe Gottes. Ist in einer konsistenten theologischen Ethik des Lebens also kein Platz für Tiere? Oder, um mit dem kanadischen Moraltheologen John Berkman zu fragen: „Ist eine konsistente Ethik des Lebens konsistent, ohne dass Tiere mitberücksichtigt werden?“[371] Die Antwort, die Berkman gibt und die ich teile, lautet nein.

Kardinal Bernardin sprach sich dafür aus, zwischen den moralischen Überzeugungen einer einzelnen Person oder einer partikularen Gemeinschaft und gesellschaftlichen Normen bzw. staatlichen Gesetzen genau zu unterscheiden. Ihn beschäftigte die Frage, wie eine Person oder Gemeinschaft die Durchsetzung ihrer eigenen ethischen Überzeugungen im zivilgesellschaftlichen und staatsbürgerlichen Bereich erreichen kann. „Es ist meine Aufgabe“, sagte Bernardin in seinem Vortrag an der Georgetown University, „das ganze Sittengesetz zu lehren. Aber es ist ebenso meine Aufgabe, nach dem zu suchen, was im staatsbürgerlichen Bereich möglich und am wirksamsten ist.“[372] Der Kardinal bekannte sich hinsichtlich der Frage nach den erfolgversprechendsten Strategien, moralische Überzeugungen in konkrete Politik oder Gesetze umzusetzen, zu innerkirchlicher Pluralität. Anders gesagt: Abtreibung ist im Allgemeinen unvereinbar mit einer konsistenten Ethik des Lebens. Das heißt allerdings nicht, dass Anhänger dieses ethischen Konzepts verpflichtet wären, die Androhung von Haftstrafen für Frauen, die abgetrieben haben, für das geeignetste Mittel und die beste, humanste Lösung zur Verhinderung oder Reduzierung von Abtreibungen zu halten. Formal und ein Stück weit auch inhaltlich – trotz diverser Unterschiede geht es ja doch in beiden Fällen um Leben und Tod von Geschöpfen Gottes – gilt für die gesellschaftliche und politische Umsetzung des vegetarisch-veganen Zielimperativs Ähnliches: Die staatliche Anordnung einer vegetarischen Ernährungsweise bei gleichzeitiger Androhung von Haftstrafen für Fleischproduzenten und -konsumenten wird kein adäquates Mittel sein, Omnivoren zu Vegetariern zu machen, sondern stellt wegen der zu erwartenden zahlreichen negativen Nebenfolgen eine jener kontraproduktiven Lösungsstrategien dar, die der Philosoph und Psychotherapeut Paul Watzlawick mit „Die Lösung ist das Problem"[373] beschrieben hat. Es ist nicht ausgeschlossen, dass ein totales gesetzliches Verbot der Fleischproduktion und des Fleischessens ähnlich negative Folgen haben würde wie das totale gesetzliche Verbot des Alkohols, das zwischen 1920 und 1933 in den USA herrschte: „Amerika sollte moralisch und körperlich gesunden, dies hatten sich die Gegner des ‚Königs Alkohol' auf die Fahnen geschrieben. Tatsächlich wurde die Prohibition jedoch ein Konjunkturpaket für die Organisierte Kriminalität."[374]

Wie auch immer die Strategie zur fortschreitenden Verringerung des Fleischkonsums in der Gesellschaft im Einzelnen aussehen mag, strengere Tierschutzgesetze und die Streichung aller Subventionen für Tierfabriken werden dazu ebenso gehören müssen wie Steuern auf Fleisch, um die Kostenwahrheit der Fleischproduktion herauszustellen und damit die Nachfrage zu reduzieren. Tierethische Information und Bildung spielen selbstverständlich ebenfalls eine zentrale Rolle. In der Bildungsarbeit darf, gerade auch im innerkirchlichen Bereich, die Kenntnis von und Vertrautheit mit dem Konzept einer konsistenten Ethik des Lebens nicht fehlen.

Im November 2008 habe ich mich auf dem österreichischen Tierrechtskongress in Wien mit dem Tiroler Tierschutzaktivisten, mehrfachen Familienvater, bildenden Künstler und Restaurator Chris Moser unterhalten. Ich erinnere mich gut daran, dass mir Moser mitteilte, er esse weder Tiere noch Tierprodukte und trinke auch keinen Alkohol. Moser fügte hinzu, dass ihn sein konsequentes Engagement für Tiere davon überzeugt habe, dass auch die Abtreibung Ungeborener nicht mit dem Respekt vor dem Leben vereinbar sei. Ob Chris Moser den Begriff „konsistente Ethik des Lebens" kennt, weiß ich nicht. Wie auch immer, Moser ist jedenfalls ein eindrucksvoller Repräsentant dieses ethischen Konzeptes.

3. Achtsamkeit: Dinge wahrnehmen, die wir nicht gerne sehen

In dem bereits erstmals in Kapitel 2 erwähnten Roman *Das Leben der Tiere* erzählt der südafrikanische Nobelpreisträger für Literatur, John M. Coetzee, von der Schriftstellerin Elisabeth Costello, die von einem College in der US-amerikanischen Kleinstadt Waltham zu Gastvorlesungen eingeladen wurde. In ihrer ersten Vorlesung teilt Frau Costello den Zuhörern Folgendes mit: „Heute Vormittag hat man mir Waltham gezeigt. Es scheint eine recht angenehme Stadt zu sein. Ich habe nichts Schreckliches gesehen, keine Versuchslabors der Pharmaindustrie, keine Großmästereien, keine Schlachthöfe. Und doch bin ich sicher, dass es sie gibt. ... Sie sind überall in der Nähe, während ich hier rede, nur wissen wir in gewissen Sinn nichts von ihnen. Ich will es deutlich sagen: Rings um uns herrscht ein System der Entwürdigung, der Grausamkeit und des Tötens, das ... kein Ende kennt ..., unaufhörlich Kaninchen, ... Geflügel, Vieh für das Messer des Schlächters auf die Welt bringt."[375]

Ich denke, die Beschreibung Elisabeth Costellos trifft zu: Die meisten Menschen verdrängen die Tatsache aus ihrem Bewusstsein, dass unzählige Tiere wie bloße Sachen, wie empfindungslose Verbrauchsgüter betrachtet und behandelt werden, nicht als leidensfähige Mitgeschöpfe, gegenüber denen wir Menschen Pflichten haben. Sehr viele Menschen sind oder stellen sich blind und taub gegenüber dem ungeheuren Leid, das den Tieren durch Massen- und Intensivtierhaltung, Tiertransporte und Tierexperimente, Jagd und Straßenverkehr, Stierkampf und ähnliches tierquälerisches Brauchtum zugefügt wird. Sie schauen und hören nicht hin, wenn Tiere massenhaft gequält und buchstäblich am laufenden Band geschlachtet werden.

Achtsamkeit dagegen ist genaues Hinsehen und Hinhören, ist die konzentrierte Wahrnehmung dessen, was man tut und was man ist, tierethisch betrachtet natürlich auch dessen, was man *isst*. Achtsamkeit ist gerade auch im Hinblick auf jene moralischen Ansichten und praktischen Verhaltensweisen nötig, die als kulturell selbstverständlich betrachtet und darum als Gegenstand ethischer Reflexion häufig übersehen werden.

Achtsamkeit spielt eine zentrale Rolle in der buddhistischen Religion und Spiritualität, vor allem im Zen-Buddhismus. Dabei geht es darum, dort, wo man gerade ist, wirklich zugegen zu sein, das momentane Geschehen wahr und ernst zu nehmen: Methode und Ziel sind ein achtsames Leben im Hier und Jetzt. Prägnant illustriert wird die zentrale Stellung der Achtsamkeit durch folgende Zen-Geschichte: Als in einem Dialog zwischen zwei Zen-Mönchen der eine von den außergewöhnlichen Wundertaten seines Meisters sprach, antwortete ihm der andere im wahren Geist des Zen, dass auch sein Meister ein hervorragender Mann sei, der die erstaunlichsten Kunststücke fertigbringe. Zum Beispiel: Wenn er schläft, dann schläft er, wenn er isst, dann isst er.[376] Der seit vielen Jahren in Frankreich lebende vietnamesische Zen-Meister Thich Nhât Hanh[377] betrachtet die diversen alltäglichen Verrichtungen als Achtsamkeitsübungen: Aufwachen und Zähneputzen, Essen zubereiten und Geschirr spülen, Mandarinen essen und Tee trinken, im Freien spazieren und den Fußboden aufkehren, telefonieren und den Computer einschalten.

Ein aufmerksames, konzentriertes Leben und Sensibilität für die durch unsere Sinne vermittelten Erfahrungen im Hier und Jetzt haben auch im Christentum eine lange Tradition: Der französische Jesuit Jean Pierre de Caussade sprach in der ersten Hälfte des 18. Jahrhunderts vom „Sakrament des gegenwärtigen Augenblicks“[378], der 1968 verstorbene US-amerikanische Trappistenmönch Thomas Merton[379], der Thich Nhât Hanh als seinen Bruder bezeichnete, bemerkte: „Heute können wir mit einer großen Zahl von Instrumenten Dinge erforschen, die wir nie für möglich gehalten hätten. Aber wir übersehen das, was sich genau vor uns befindet.“[380] *In Laudato Sí* bezeichnet Papst Franziskus seinen heiligen Namensvetter aus Assisi als „das Beispiel schlechthin für die *Achtsamkeit* gegenüber dem Schwachen und für eine froh und authentisch gelebte ganzheitliche Ökologie.“ (Nr. 10) Der Papst regt dazu an, „eine *Kultur der Achtsamkeit* zu fördern, die die gesamte Gesellschaft erfüllt.“ (Nr. 231)

Spätestens hier wird deutlich, dass die Haltung der Achtsamkeit auch ethisch höchst relevant ist. Unvoreingenommene Achtsamkeit für die Realität, ein Wissen um die Dinge, wie sie sind und liegen, ist nach dem katholischen Philosophen Josef Pieper unverzichtbarer Bestandteil der Kardinal- oder Grundtugend der Klugheit. „Sehen dessen, was ist“, führt Pieper weiter aus, „soll man nun ja nicht für eine Kleinigkeit halten; es handelt sich um ein höchst anspruchsvolles … Unternehmen.“[381] In dem zuerst vom belgischen Priester (und späteren Kardinal) Joseph Cardin propagierten und sowohl von der Befreiungstheologie als auch vom päpstlichen Lehramt übernommenen methodischen Dreischritt von Sehen – Urteilen – Handeln gilt die genaue Wahrnehmung und Analyse der Realität als Voraussetzung gesellschaftlicher Veränderung.[382] Mehrere Philosophinnen, Religionswissenschaftlerinnen und Theologinnen, unter ihnen Iris Murdoch, Martha Nussbaum, Anne C. Klein und Daphne Hampson haben die Praxis der „Aufmerksamkeit" („attention", „attending") als Bedingung ethischen Erkenntnisgewinns und moralischer Lebensführung besonders herausgestellt: „Aufmerksamkeit", schreibt beispielsweise Hampson, „beinhaltet, sowohl auf sich selbst als auch auf andere zu hören und zu sehen. Es kann auch beinhalten, dass man sich von Kunst oder außergewöhnlicher Literatur betreffen lässt, oder dass man die Natur beobachtet. Indem man aufmerksam ist, ist man fähig zu wachsen, sich zu ändern und dann angemessen zu reagieren, wenn dies angebracht ist."[383]

Achtsam zu sein bedeutet, sich dem Schönen und Guten zu öffnen, es wahrzunehmen, wert zu schätzen und sich daran zu freuen. Achtsamkeit beinhaltet allerdings auch die sensible, genaue Wahrnehmung eigenen und fremden Leids. Der österreichisch-amerikanische Benediktiner David Steindl-Rast hat dies auf seine poetische Art wie folgt beschrieben: „Wir müssen Dinge ins Auge fassen, die wir nicht gerne sehen. Wir werden vielleicht das Weinen der Welt hören, das Weinen der Unterdrückten. Wir werden vielleicht riechen, dass etwas faul ist im Staate Dänemark. Wenn wir uns zu Tisch setzen, werden wir das Salz der Tränen kosten, das aus der Dritten Welt mit unseren Lebensmitteln importiert wird. Wir werden ... zutiefst berührt sein von allem Schönen und von allem Schweren und Schrecklichen, das es in unserer Welt gibt."[384] Zum Schrecklichen in der Welt zählt zweifellos auch jenes unermessliche Leid, dass Menschen den Tieren zufügen und das zum überwiegenden Teil vermeidbar wäre, würden die Menschen achtsamer, mitfühlender und gerechter handeln.

„Wenn Schlachthäuser Wände aus Glas hätten", hat Paul McCartney behauptet, „würden sich alle Menschen vegetarisch ernähren."[385] Achtsamkeit als eine Haltung, die verhindert, dass wir Augen und Ohren verschließen, wenn uns etwas unangenehm ist, ist zweifellos eine *notwendige* Bedingung, keine Tiere zu essen. Sie ist aber keine *hinreichende* Bedingung dafür. In dieser Hinsicht scheint mir Sir Pauls Diktum zu optimistisch: Wahrnehmungen können zwar zu ethischen Einsichten führen, müssen es aber nicht. Es gibt nicht wenige Menschen, die sich an fast jede Art von Grausamkeit gewöhnen, und noch mehr Menschen, die die Informationen über ihnen unangenehme Tatsachen verdrängen, verleugnen, verharmlosen oder uminterpretieren *(kognitive Dissonanz)*. Viele Omnivoren schwören zwar der Gewalt gegen Tiere verbal ab, indem sie bekennen, Tieren sollten keine *unnötigen* Schmerzen zugefügt werden. Sie nehmen tierische Angst und tierische Schmerzen allerdings als *nötig* in Kauf, sobald es um ihre eigenen Essgewohnheiten und Geschmacksvorlieben geht.

4. Das Wirken des Geistes: Von anderen Religionen lernen

Die katholische Kirche hat im Jahre 1965 in der Konzilserklärung *Nostra aetate* über die nichtchristlichen Religionen festgestellt, dass sie „nichts von alledem ab[lehnt], was in diesen Religionen wahr und heilig ist." (Art. 2) Die mit dem Konzil begonnene Wertschätzung der nichtchristlichen Religionen wird auch im 21. Jahrhundert trotz neu entstandener religiöser Fundamentalismen weitergeführt, von der katholischen Kirche ebenso wie von den protestantischen, anglikanischen und orthodoxen Kirchen. In einem Dokument zum Dialog der Religionen vom 1. Januar 2004 erklärte der Ökumenische Rat der Kirchen (Weltkirchenrat), dass „mit dem Bewusstsein für die religiöse Pluralität … auch die Notwendigkeit gewachsen [sei], die Beziehungen und den Dialog unter den Menschen verschiedenen Glaubens zu verbessern."[386] Es wird anerkannt, dass der Geist Gottes auch in anderen Religionen wehen würde, dass der Geist Gottes in ihnen auf eine Art und Weise, die aus menschlicher Sicht nicht zu begreifen ist, am Werk sei und sich das Wirken des Geistes menschlichen Definitionen, Beschreibungen und Grenzen entziehe.

Was interreligiöse Gespräche im Bereich der Tierethik betrifft, so habe ich an zwei Veranstaltungen teilgenommen, die sich um dieses Gespräch bemühten: der „erste Kirchentag Mensch und Tier" Ende August 2010 in Dortmund und der „First Annual Summer School on Animal Ethics" im Juli 2014 in Oxford, die sich dem Thema „Religion and Animal Protection" widmete. Auf dem Dortmunder Kirchentag wurde eine interreligiöse Erklärung verabschiedet, die sich gegen Massen- und Intensivtierhaltung aussprach, an der *Oxford Summer School for Animal Protection* nahmen Universitätslehrerinnen und -lehrer aus vielen verschiedenen Ländern ebenso teil wie Studierende, die noch an ihrer Masterarbeit oder Dissertation arbeiteten und Teile daraus in ihren Referaten präsentierten, Mitarbeiterinnen aus Tierheimen und Tierschutzorganisationen, ein Psychoanalytiker und zwei Bischöfe.

Interreligiöse Tierethik in Oxford

Einer der Bischöfe war John Pritchard, der damalige anglikanische Oberhirte von Oxford, der offen die Tiervergessenheit der christlichen Kirchen, auch seiner eigenen, eingestand. Pritchard wies allerdings auch auf einige tierfreundliche christliche Traditionsstränge hin: das keltische oder iroschottische Christentum beispielsweise und die britische Tierschutzbewegung des 19. Jahrhunderts, die stark christlich geprägt war. Der andere Bischof war der achtzigjährige Metropolit Kallistos Ware, der zu den weltweit renommiertesten orthodoxen Theologen zählt. Er berichtete von seinem

Besuch eines orthodoxen Klosters in den USA, wo ihm die Mönche ohne Gewissensbisse ihre in Legebatterien gehaltenen Hühner zeigten. Ware dagegen sprach sich im Rahmen der Summer School deutlich gegen Massen- und Intensivtierhaltung aus: „Tierfabriken sind Blasphemie."[387] Natürlich ging es bei der Tagung nicht allein um die christlich Religion in all ihren Ausprägungen, sondern auch um andere religiöse Traditionen: Judentum und Islam, Hinduismus und Sikhismus, Buddhismus und Jainismus, afrikanische und indianische Religion. Man erfuhr über mythologische indische Göttergestalten wie Ganesha, den elefantenköpfigen Sohn Shivas, und Narisimha, einen Avatar Vishnus, dessen Form halb Mensch, halb Löwe ist. Man lernte das Kloster Skanda Vale Ashram in Wales kennen, dessen hinduistische Gemeinschaft sich auch um erkrankte Tiere kümmert und sie bis zu deren Tode pflegt. Richard Gombrich, der emeritierte Oxforder Professor für Sanskrit und Gründer des *Oxford Centre for Buddhist Studies*, stellte fest, dass es im Mahayana Buddhismus mehr Vegetarier gebe als im älteren Theravada Buddhismus, in dem man sich noch streng an die Lehre des Buddha halte, dass die Mönche das zu essen hätten, was man ihnen in die Bettelschale hineingebe, also auch Fleisch. (Gombrich fügte hinzu, dass diese Pflicht zum Verzehr des Erhaltenen auch für den Fall gelte, dass einem Leprakranken, der seine Hand über die Bettelschale halte, gerade ein Finger abfällt.) Sidney Blankenship vom Stamm der Cherokee stellte die holistische Weltsicht der amerikanischen Indianer dar. Blankenship zufolge hätten die Indianer vor dem Eintreffen der europäischen Eroberer über keine Haustiere verfügt. Erhellend und ernüchternd zugleich fand ich die Ausführungen des in Südafrika lehrenden Erziehungswissenschaftlers Kai Horsthemke, der über den Status von Tieren in afrikanischen Religionen referierte. Seine Untersuchungen diverser afrikanischer Religionen, die trotz ihrer Vielzahl an Bekenntnissen, Riten und Mythologien grundlegende Gemeinsamkeiten aufweisen, sowie der lebensphilosophischen afrikanischen Konzepte von *Ubuntu* (Personwerdung des Einzelnen durch andere Personen, Gemeinsinn) und *Ukama* (Sein in Beziehung, Relationalität) erlauben Horsthemke zufolge keine romantische Verklärung dieser Religionen. „Die Moral afrikanischer Religionen ist im Wesentlichen anthropozentrisch“, lautete Horsthemkes Resümee. In tierethischer Hinsicht zumindest hat die Ankunft christlicher Missionare in Afrika offenbar nicht viel verändert.

Mitgefühl aus Indien

Zweifellos gibt es in den beiden anderen abrahamitischen Religionen neben dem Christentum, also Judentum und Islam, eine Reihe von tierfreundlichen Elementen: die Sicht der Tiere als *nefesch chaya*, als beseelte, empfindungsfähige Lebewesen in der Tora, das talmudische Verbot der Tierquälerei *Tza'ar Ba'alei chayim*, das beinhaltet, kranke Tiere zu pflegen[388] sowie die Erzählungen über den Propheten Muhammad, die seine Sorge um das Wohl der Tiere belegen.[389]

Als besonders tierfreundlich gelten Religionen, die ihren Ursprung in Indien haben: Hinduismus, Jainismus und Buddhismus.[390] Sie zeichnen sich u. a. dadurch aus, dass Tiere einen vergleichsweise hohen Stellenwert besitzen. Diese Tierfreundlichkeit ist auf die theologischen Konzepte von Karma (die Folgen von Taten in diesem und im nächsten Leben) und Samsara (Kreislauf von Geburt, Tod und Wiedergeburt) zurückzuführen, nach der Menschen auch als Tiere wiedergeboren werden können. Eine zentrale Rolle spielt auch die ethische Ahimsā-Lehre. Ahimsā bedeutet nicht verletzen, Gewaltfreiheit, Fürsorge und Liebe und dies in Gedanken, Worten und Werken. Dieses Nicht-Verletzen bezieht sich nicht nur auf Menschen, sondern umfasst alle Lebewesen. Auch wenn bestimmte westliche Romantisierungen und

Glorifizierungen der indischen Religionen der differenzierten und gebrochenen Realität nicht entsprechen, so ist der Zusammenhang zwischen den in Indien entstandenen Religionen, Mitgefühl mit Tieren und der Verbreitung einer vegetarischen Ernährungsweise nicht von der Hand zu weisen. Die Aussage „Ich bin Vegetarier, weil ich Hindu bin" oder „Ich bin Veganerin, weil ich Buddhistin bin" würde allgemein akzeptiert und verstanden. Dagegen würde die Erklärung „Ich esse weder Fleisch noch Fisch, weil ich Christ bin", überraschend, ungewöhnlich und ungewohnt klingen, zumindest vorerst noch.

Der Hinduismus, eine uneinheitliche Religion, die eine Vielfalt von in Indien gewachsenen religiösen Traditionen einschließt, ist im Umgang mit Tieren nicht frei von Widersprüchen. Einerseits spielt die Ahimsā-Lehre bei vielen Hinduisten nach wie vor eine wichtige Rolle. Es war Mahatma Gandhi, der sie im 20. Jahrhundert öffentlichkeitswirksam verkündet und vorgelebt hat. Gandhi war davon überzeugt, dass sich das hinduistische Gebot des Nicht-Verletzens auch auf die Tiere bezieht: „Ich glaube, dass geistiger Fortschritt an einem gewissen Punkt von uns verlangt, dass wir aufhören, unsere Mitlebewesen zur Befriedigung unseres körperlichen Verlangens zu töten."[391] Gandhi verteidigte auch die hinduistische Verehrung der Kuh. Ihr Schutz war für ihn ein Zeichen dafür, dass die gesamte nichtmenschliche Kreatur geschützt werden müsse.[392] Andererseits gab es im Hinduismus bis vor kurzem Tieropfer, insbesondere am berüchtigten Opferfest zu Ehren der Göttin Gadhimai, das alle fünf Jahre im nepalesischen Ort Bariyarpur stattfand und bei dem Tausende von Tiere, vor allem Büffel, aber auch Ziegen, Schafe und Vögel auf brutale Art öffentlich geschlachtet wurden. Das (hoffentlich) letzte dieser Tieropferfeste fand Ende November 2014 statt. Die zahlreichen Proteste gegen diese 300 Jahre alte Tradition, die von Tierschutz- und Tierrechtsorganisationen aus aller Welt veranstaltet wurden, haben Wirkung gezeigt: Am 28. Juli 2015 gab die *Gadhimai Tempel-Stiftung* bekannt, dass das Gadhimai-Schlachtfest für immer eingestellt werde. „Auch in Zukunft werden die Gadhimai-Feste noch gefeiert werden", erklärte die Tempel-Stiftung weiter, „aber es werden ‚Feste des Lebens' sein."

Tierethisch um einiges radikaler, aber zahlenmäßig auch viel kleiner als der Hinduismus ist die Religion des Jainismus.[393] Seine Angehörigen, die Jaina, sind zum Vegetarismus verpflichtet und dürfen weder den Beruf des Fleischers / Metzgers ausüben noch in der Lederverarbeitung tätig sein. Jaina essen auch keine Eier, und viele von ihnen vermeiden zusätzlich den Konsum von Gemüsesorten, die unter der Erde wachsen (Kartoffeln, Karotten, Knoblauch, Zwiebeln, rote Rüben / Beete), weil bei ihrer Ernte allzu leicht Kleinlebewesen im Erdreich getötet werden könnten. Zahlreiche Jaina leben in Klöstern. Einige der Jain-Mönche und Jain-Nonnen tragen beständig Mundbinden, um nicht versehentlich Insekten zu verschlucken. Vor jedem Schritt kehren sie mit einem weichen Besen den Boden, um das Zertreten von Kleinlebewesen zu verhindern.

Der überwiegende Teil der weltweit knapp 4 Millionen Jaina lebt in Indien. Es gibt sie aber auch im Westen: In Potters Bar, 25 Kilometer nördlich von London, wurde im August 2005 eine neuer großer Jain-Tempel für die 30.000 Jaina eröffnet, die in und um London leben. Mahavira (ca. 599–527 v. Chr.), der Gründer des Jainismus, lebte etwa zeitgleich mit Gotama Buddha (563–483 v. Chr.) Auch der Buddhismus ist eine vergleichsweise tierfreundliche Religion, wenn auch nicht so konsequent wie der Jainismus. Im Sammelband „Ethos der Weltreligionen" würdigt der Religionswissenschaftler Peter Gerlitz die buddhistische Einstellung gegenüber den Tieren wie folgt: „Zu einer Zeit, da in anderen Kulturen das Tier als Opfer im Kult verwendet wurde und Tausende von Tieren auf und an den Altären der Götter ihr Leben lassen mussten, gab es im Buddhismus bereits erste Ansätze zu einer *Tier-Ethik.*"[394] Der Brauch, Tiere vor dem Schlachter zu bewahren, ist in vielen Ländern Asiens (z. B. in Sri Lanka und Myanmar) weit verbreitet. An Festtagen werden Vögel aus ihren Käfigen befreit und den Metzgern Hühner, Schweine und Hunde abgekauft. Die Tiere werden freigelassen oder in Tierheimen, die den Klöstern gehören, untergebracht, wo sie bis zu ihrem natürlichen Tode versorgt werden. In buddhistischen Ländern gibt es auch zahlreiche Tierkrankenhäuser.

Es gibt viele Buddhisten, die Vegetarier oder Veganer sind, andere aber sind Fleischesser. Das erste Gebot des Buddhismus, dass das Töten aller Lebewesen verbietet, wird häufig so interpretiert, dass es dem einzelnen Buddhisten lediglich vorschreibe, „dass er nicht töten und dass nicht eigens für ihn ein Lebewesen getötet werden darf."[395] Nach Meinung einiger buddhistischer Lehrer habe Buddha zwar einerseits empfohlen, kein Fleisch zu essen, andererseits gestattete er seinen Anhängern, bei ihren Bittgängen auch fleischhaltige Speisen für ihre Almosenschalen zu akzeptieren, weil sie die Tötung des Tieres ja nicht selbst veranlasst hätten.

Andere Gelehrte widersprechen dieser Auffassung vehement. Einer der bedeutendsten davon ist Geshe Thupten Phelgye, Hauptvertreter einer vegetarischen Lebensweise im tibetischen Buddhismus. Im Studienjahr 2011/12 war Geshe Thupten Phelgye ebenso wie ich Gastprofessor am Department of Religious Studies an der Gonzaga University in Spokane, USA, wo wir uns näher kennen lernten und gemeinsam einen Vortrag für die Kollegen unseres Department über vegetarische Ernährung in unseren jeweiligen Religionen hielten. Das Interesse und die Offenheit unserer Kollegen an der Gonzaga University für dieses Thema taten uns gut, denn wir beide hatten bisher die Erfahrung gemacht, dass der härteste Widerstand gegen die vegetarische Ernährung häufig von den eigenen Mitbrüdern und Berufskollegen kommt.

Unabhängig davon, was Buddha gesagt oder gemeint hat, erscheint eine moralphilosophische Kasuistik, die zwischen „eigens für mich getötet“ und „allgemein für den Supermarkt getötet“ unterscheidet, in einer Welt der Tierfabriken und der Naturausbeutung fehl am Platz zu sein, wenn nicht gar zynisch.[396] Der buddhistische Tierrechtler Norm Phelps[397] hält diesen wie alle anderen buddhistischen Rechtfertigungsversuche für das Essen von Fleisch nicht nur für verfehlt, sondern für einen Verrat an den zentralen buddhistischen Lehren vom Nicht-Verletzen (ahimsā) und vom Mitgefühl (karuna).

Mitgefühl kann definiert werden als „der Wunsch, dass alle Wesen frei von Leid sein mögen.“[398] „Mögen alle Wesen frei von Leiden und den Bedingungen für Leiden sein!“ lautet ein bekannter buddhistischer Segensspruch. „Mögen alle Wesen Glück und die Bedingungen für Glück besitzen! Mögen alle Wesen glücklich sein!“[399] Aus diesem Mitgefühl heraus und als Folge ihrer Achtsamkeitspraxis verpflichten sich die Mönche und Nonnen des buddhistischen Klosters von Plum Village in Frankreich, das ich vor einigen Jahren besucht habe, das Leben von Menschen und Tieren zu achten und zu schützen. Thich Nhat Hanh, der Gründer der Gemeinschaft von Plum Village und des *Tiep Hien Ordens (Order of Interbeing)*, hat fünf an die buddhistischen Übungsregeln *(Silas)* angelehnte Achtsamkeitsübungen verfasst. Die erste Achtsamkeitsübung widmet sich dem Schutz der Menschen, der Tiere und der Natur. Thich Nhat Hanh hat nicht nur die Menschen, sondern auch die Tiere im Blick, wenn er in der ersten Achtsamkeitsübung festhält: „Ich bin entschlossen, nicht zu töten, das Töten durch andere zu verhindern und keine Form des Tötens zu dulden, sei es auf der Welt, in meinen Gedanken oder in meiner Lebensweise.“[400]

Die Mönche und Nonnen von Plum Village haben sich lange Zeit vegetarisch ernährt, seit einigen Jahren leben sie vegan. Für einige der Mönche und Nonnen in Plum Village schließt die Haltung des Nicht-Tötens sogar Moskitos, Flöhe und Zecken ein.[401] Das geht einerseits eindeutig über das hinaus, was tierethisch allgemein verbindlich ist, wirft aber andererseits die Frage auf, wie und nach welchen Kriterien in strengen Konfliktsituationen zwischen menschlichem und tierischem Leben, menschlichen und tierischen Interessen zu entscheiden ist.

Moralische Konflikte und ethische Dilemma-Situationen sind ein integraler Bestandteil jeder Ethik, selbstverständlich auch der Tierethik. Wie man damit individual- und sozialethisch umgeht, wird im nun folgenden abschließenden Punkt dieses Buches behandelt.

5. Persönliche und gesellschaftliche Moralkonflikte

Vorzugsregeln und politischer Widerspruch

Die *Royal Society for the Prevention of Cruelty to Animals (RSPCA)* machte vor einigen Jahren in ihrer Zeitschrift darauf aufmerksam, dass ihre Mitarbeiter häufig mit moralischen Konflikten konfrontiert seien: „Güte gegenüber Tieren zu fördern und Leid zu verhindern ist nicht so unkompliziert und eindeutig, wie es erscheinen mag; die RSPCA muss sich tagtäglich mit ethischen Dilemmas auseinandersetzen."[402] Als Beispiel für ein solches Dilemma, also eine belastende, zugespitzte Konfliktsituation, in der zwischen zwei gut zu begründenden, aber einander ausschließenden Handlungsalternativen zu entscheiden ist, wird die Verwendung von Versuchstieren genannt, die derzeit immer noch notwendig sei, um die Wirksamkeit und Sicherheit von Impfstoffen für andere Tiere zu testen. Schwierigkeiten bereitet es laut RSPCA auch, die Auswirkungen von tierärztlicher Hightech-Medizin, die Organtransplantationen, Krebstherapien und künstliche Gliedmaßen anbietet, auf die zukünftige Lebensqualität von Tieren umfassend zu beurteilen. Barney Reed, ein wissenschaftlicher Mitarbeiter des RSPCA, zieht aus der Tatsache moralischer Konflikte in der Tierschutz- und Tierrechtsarbeit folgenden Schluss: „Wir erkennen, dass wir praktisch nur dann vorankommen, wenn unser Idealismus durch einen pragmatischen Realismus gezähmt wird.“[403] In Reeds Bekenntnis zu einer „Ethik des Kompromisses“[404] steckt zweifellos Richtiges, es darf aber nicht als vorschnelle Resignation oder Kapitulation vor moralischen Konflikten oder als vorauseilende Zurücknahme hoher Ideale missverstanden werden.

Moralische Konflikte entstehen, weil es in einer begrenzten und komplexen Welt notwendigerweise zu Konkurrenzen zwischen verschiedenen Gütern und Werten kommt. Die Schwierigkeit und Herausforderung, in moralischen Streitfragen begründete, argumentativ nachvollziehbare und ethisch angemessene Urteile zu fällen, betrifft sowohl einzelne Personen als auch Gemeinschaften und Gesellschaften. Individuelle wie kollektive ethische Entscheidungsfindungen sind dabei auf Güter- und Wertabwägungen verwiesen, die idealerweise zu einem gut begründeten bzw. einem gesellschaftlich weitgehend zustimmungsfähigen Wertvorzugsurteil führen. Als Entscheidungshilfe stellt die Ethik bewährte Vorzugsregeln zur Verfügung, die helfen sollen, zwischen Handlungsalternativen leichter und mit größerer Wahrscheinlichkeit die ethisch vorzugswürdige bzw. weniger unvollkommene *(minus malum)* zu wählen.[405] Demnach ist unter sonst gleichen Bedingungen *(ceteris paribus)* der ranghöhere Wert dem niederen vorzuziehen: Menschenwürde und Tierwürde vor Profitmaximierung. Der fundierende, fundamentalere Wert hat Priorität vor dem fundierten: Zuerst leben, dann philosophieren. (Dass es zwischen den beiden genannten Vorzugsregeln selbst zu Spannungen kommen kann, sei hier nur angemerkt). Die Handlung mit der größeren Wahrscheinlichkeit auf Erfolg hat ceteris paribus Vorrang vor einer mit geringeren Erfolgsaussichten.

Welche Vorzugsregeln sind für den Bereich der Tierethik besonders relevant? Eine prominente und vieldiskutierte Regel ist das *Worse-off-Principle* Tom Regans[406]. Um es zu illustrieren, verwendet Regan das hypothetische Beispiel eines Rettungsbootes, auf dem sich vier Menschen und ein Hund befinden. Das Boot kann von seiner Kapazität her eigentlich nur vier Individuen tragen, deshalb muss ein Individuum das Boot verlassen oder alle werden ertrinken. Obwohl Regans Tierrechtsposition zufolge alle geistig normalen Säugetiere, die ein Jahr oder älter sind, gleichberechtigte Mitglieder der moralischen Gemeinschaft sind, plädiert er in dem vorliegenden strengen Konfliktfall nach dem *Worse-off-Principle* für ein Überbordwerfen des Hundes. Warum? Der Tod ist nach Regan für einen Menschen etwas noch Tragischeres als für einen Hund; der Mensch wäre also im Todesfall schlimmer dran (worse off) als der Hund. Regans Vorzugsregel blieb allerdings nicht unwidersprochen. Eine zweite Vorzugsregel Regans nennt sich *Miniride (Minimize Overriding) Principle*[407]*:* Dieser Grundsatz besagt, dass eine Handlung, die wenigen (Unschuldigen) schadet, ceteris paribus einer Handlung vorzuziehen ist, die vielen (Unschuldigen) schadet. Dem wird man zustimmen können, aber es handelt sich bei diesem Prinzip doch primär um eine neue Bezeichnung für eine alte Vorzugsregel.

Ein anderes ethisches Prinzip, das sich *Handlung mit Doppelwirkung*[408] nennt, ist ebenfalls tierethisch von Bedeutung. Es lautet wie folgt: Die Inkaufnahme von nicht direkt intendierten, aber unvermeidlichen negativen Nebenfolgen, die bei dem Streben nach einem an sich guten Ziel eintreten können, ist dann berechtigt, wenn die Wert- und Übelbilanz insgesamt positiv ausfällt, das heißt wenn die negativen Nebenfolgen nicht schlimmer sind als das angestrebte Gute. Dieses Prinzip wird bei einem Einwand gegen die vegetarische und vegane Ernährungsweise relevant, der u. a. vom US-amerikanischen Tierzuchtwissenschaftler Steve Davis[409] vorgebracht wurde. Davis behauptete, dass der von Vegetariern und Veganern nicht intendierten, aber mitverursachten Tötung durch Mähdrescher bei der Getreideernte mehr Tiere, vor allem Wildtiere wie Feldmäuse, Maulwürfe und Rehe, zum Opfer fallen würden als durch die Haltung und Schlachtung von Weiderindern, die auf Wiesen grasen. Wie der Wirtschaftswissenschaftler und Zukunftsforscher Gaverick Matheny[410] nachgewiesen und wie auch Peter Singer und Jim Mason in ihrem Buch *The Ethics of What We Eat*[411] mit Berufung Matheny ausführen, beinhaltet die von Davis vorgebrachte Kalkulation einen schweren Rechnungsfehler: Sie beruht auf der falschen Annahme, dass ein Hektar Land, auf dem Weidevieh grast, dieselbe Anzahl von Menschen ernähren kann wie ein Hektar Land, auf dem Getreide angebaut wird. Tatsächlich aber können auf einem Hektar Land, auf dem Soja und Mais angebaut werden, 1000 kg Protein produziert werden. Um die gleiche Menge von Protein von Weiderindern zu erhalten, wären zehn Hektar Land notwendig. Matheny zieht daraus folgenden Schluss: „Sobald wir Davis' Mathematik korrigiert haben, wird uns klar, dass vegan lebende Menschen die geringste Zahl an Wildtieren töten, knapp gefolgt von den Ovo-Lacto-Vegetariern."[412]

Dennoch sollte die Tatsache, dass bei der Getreideernte zahlreiche Wildtiere verletzt oder getötet werden, Anlass sein, darüber nachzudenken, wie ihre Zahl verringert werden kann. Der Schweizer Tierschutz[413] schlägt etwa vor, Rehkitze mit Hilfe von Menschenketten, Hunden, Infrarotdetektoren und sogar Drohnen aufzuspüren und aus Feld oder Wiese zu vertreiben. Es gibt zudem tierschonende Befahrmuster der Felder durch Mähmaschinen, die den Tieren den Rückzug aus den noch ungemähten Flächen erleichtern und die nicht zeitaufwändiger sind als herkömmliche Befahrmuster.[414]

Ethische Entscheidungsmodelle wie die genannten Vorzugsregeln stellen nicht nur für die Entscheidungsfindung des oder der Einzelnen unverzichtbare Argumentationsstrategien dar, sondern auch für die gesellschaftliche Debatte. Das Ideal eines „herrschaftsfreien Diskurses“ (Jürgen Habermas) zwischen gleichrangigen Subjekten, in dem sich das besser begründete Argument als allgemein zustimmungsfähige Einsicht durchsetzt, wird faktisch immer wieder durch ungleiche gesellschaftliche Machtverteilungen und die Beharrungskraft von Traditionen unterlaufen. Dennoch haben es soziale Bewegungen immer wieder geschafft, die Anliegen diskriminierter Bevölkerungsgruppen (Bürgerrechtsbewegung in den USA, Frauenbewegung) und die Sorge um öffentliche Güter (Umweltbewegung) zumindest partiell gegenüber Macht und Interessen wirtschaftlicher und gesellschaftlicher Eliten durchzusetzen. In eingeschränktem Maß gilt dies auch für die Tierrechtsbewegung, die sowohl das öffentliche Bewusstsein als auch die Tiergesetzgebung ein Stück weit geändert hat. Das war nur möglich, in dem man sich in der Auseinandersetzung kreativer und konfrontativer Formen des politischen Widerspruchs bis hin zum zivilen Ungehorsam[415] bediente. Gerade in Demokratien ist jedoch darauf zu achten, dass Aktionen des öffentlichen Widerspruchs den Kriterien der Erforderlichkeit, der Verhältnismäßigkeit, der Gewaltfreiheit, der Dialog- und Kompromissbereitschaft und des Respekts vor dem Gegner und der demokratischen Rechtsordnung als ganzer entsprechen. Sie sollten vorrangig appellativen, bewusstseinsbildenden Charakter haben. Umgekehrt können moralische Überzeugungskonflikte letztlich nur dann konstruktiv und friedlich ausgetragen werden, wenn Bürgerproteste und die darin ausgedrückten Anliegen von der übrigen Gesellschaft und den staatlichen Organen ernst genommen werden. Ein Staat dagegen, dessen einzige oder vorrangige Antwort auf die konsequente Arbeit von NGOs strengere Gesetze und härteres polizeiliches Vorgehen gegen engagierte Bürgerinnen und Bürger ist, beschädigt seine eigene Legitimität.

Zum Schluss: Ihr Kind oder der Hund?

In seinem Werk *Introduction to Animal Rights* schildert Gary L. Francione folgenden hypothetischen moralischen Konflikt: Sie kommen von der Arbeit nach Hause und entdecken, dass ihr Haus in Flammen steht. In dem Haus befinden sich aber noch ihr Kind und ihr Hund. Sie sind die einzige Person, die sich in der Nähe des Hauses aufhält. Das Feuer hat schon so um sich gegriffen, dass sie nicht beide, Kind und Hund, retten können. Sie müssen sich zwischen Ihrem Kind und ihrem Hund entscheiden. Wen würden sie retten? Selbst für den konsequenten Tierrechtler Francione ist die Antwort klar: Sie retten ihr Kind. (Er weist jedoch auch zu Recht darauf hin, dass man in einer solchen Situation sein eigenes Kind auch dann retten würde, wenn das andere Individuum nicht ein Hund, sondern das Kind von jemand anderem wäre.) Doch Francione lässt es nicht bei dieser Feststellung bewenden, sondern macht darauf aufmerksam, dass wir in einer Gesellschaft leben, in der dieses konkrete Vorzugsurteil, das für eine strenge Konfliktsituation angemessen ist, auf alle anderen Interaktionen zwischen Menschen und Tieren übertragen wird: „Obwohl wir in Notsituationen oder strengen Konfliktfällen Menschen gegenüber Tieren den Vorrang geben, so ist uns auch bewusst, dass Tiere (oder zumindest viele von ihnen) im Unterschied zu Pflanzen und Steinen genauso wie wir empfindungsfähig („sentient") sind – sie sind Wesen, die ein Bewusstsein besitzen und subjektive Erfahrungen von Schmerz und Leid haben können."[416] Die meisten Menschen sind davon überzeugt, dass zumindest Säugetiere und Vögel empfindungsfähig sind. Doch die wenigsten handeln danach, denn sie

„betrachten *jede* Interaktion zwischen Menschen und Tieren in Analogie zu dem Konfliktfall des brennenden Hauses.“[417] Wir würden zwar theoretisch anerkennen, dass es unmoralisch ist, (nichtmenschlichen) Tieren *unnötige Leiden* zuzufügen, praktisch würden Schmerz und Leid der Tiere jedoch fast immer als notwendig gerechtfertigt, wenn es um menschliche Interessen und Gewohnheiten, Vorlieben und Vergnügungen geht.

Es gibt in den Interaktionen zwischen Menschen und Tieren zweifellos echte moralische Konflikte, es gibt Situationen, in denen man keine rasche Lösung zur Hand hat und es gibt Sachlagen, wo einem nichts Anderes übrig bleibt als die „Insuffizienz der Wirklichkeit“[418] in ihrer Tragik anzunehmen. Mensch-Tier-Beziehungen führen jedoch nicht nur zu moralischen Konflikten zwischen unterschiedlichen Idealen oder Ideal und Realität, sondern vor allem auch zu moralischen Konflikten und Diskrepanzen im Menschen selbst: Einstellung gegen Verhalten („attitude-behavior gap“), Gewohnheit gegen ethische Einsicht. Lange eingeübte alte Gewohnheiten zu hinterfragen und sich neue, bessere, lebensfreundlichere und tiergerechtere Gewohnheiten anzueignen, ist freilich keine einfache Sache. Hilfreich dabei kann die Erfahrung zahlreicher Menschen sein, dass eine zunächst primär als äußere Pflicht empfundene Handlung nach einiger Zeit zu einer Selbstverständlichkeit und zu einem inneren Bedürfnis geworden ist.

Am Schluss eines Beitrages, der 1985 in dem Sammelband *In Defence of Animals* erschienen ist, stellt Tom Regan fest: „Das Schicksal der Tiere ist in unserer Hand.“ Regan ergänzt: Gott gewähre, dass wir dieser Aufgabe gewachsen sind.“[419]

Anmerkungen

N. B.: Sämtliche im Buch zitierte Textstellen, die aus einem in der englischen oder amerikanischen Originalsprache angegebenen Werk stammen, wurden vom Autor des vorliegenden Buches ins Deutsche übersetzt.

1 Tutu, Desmond, Foreword. Extending Justice and Compassion, in: Linzey, Andrew (Hg.), The Global Guide to Animal Protection. Urbana / Chicago / Springfield 2013, o. S.
2 Ebd.
3 Manning, Henry Edward, Speeches Against Vivisection. Catholic Concern for Animals. http://www.all-creatures.org/ca/archive-manning.html (10.01.2016).
4 Ude, Johannes, „Du sollst nicht töten!" Dornbirn 1948, 388, 390.
5 Oxford Centre for Animal Ethics, Video Summer School 2014.
6 Ich verwende im Allgemeinen gendergerechte Sprache. Dort aber, wo die Redaktion einer Zeitung oder ein Buchverlag aus Gründen der besseren Lesbarkeit eines Textes von gendersensiblen Formulierungen abrät, halte ich mich an diese Vorgabe. Natürlich sind Männer mit gemeint, wenn ich weibliche Substantive und Pronomen verwende, und natürlich sind Frauen mit gemeint, wenn ich – was in diesem Buch in der Regel der Fall ist – das so genannte generische Maskulinum gebrauche.
7 Fülbeck, Tobias, Vegane und vegetarische Ernährung. 13 Anzeichen dafür, dass in Deutschland Gemüse zum Star wird, in: Huffington Post, 18.06.2014. http://www.huffingtonpost.de/2014/06/18/veganer-vegetarier-ernaehrung-gemuese_n_5507328.html (02.01.2016).
8 Balluch, Martin, Der Hund und sein Philosoph. Plädoyer für Autonomie und Tierrechte, Wien [2]2015.
9 Schweitzer, Albert, Kultur und Ethik. Sonderausgabe mit Einschluss von Verfall und Wiederaufbau der Kultur, München 1960 (Nachdruck 1972), 317.

[10] Ebd., 318.

[11] Merton Thomas, No Man is an Island, Boston 2005 (Ersterscheinung 1955), 273.

[12] Poier, Alf, Weil der Mensch zählt. http://www.songtexte.com/songtext/alf-poier/weil-der-mensch-zahlt-2bc2145a.html (02.01.2016).

[13] Bryson, Bill, Eine kurze Geschichte von fast allem, München ^{4}2004, 591.

[14] Ebd. Zum Dodo vgl. auch Remele, Kurt, Dead as a Dodo. Vom Ende des Menschen als Krone der Schöpfung, in: Jahresbericht des Naturhistorischen Museums Wien 2013, 9–14.

[15] Mausetot, in: DWDS. Das Wortauskunftssystem zur deutschen Sprache in Geschichte und Gegenwart. http://zwei.dwds.de/wb/mausetot (02.01.2016).

[16] The Oxford Dodo, Oxford University Museum of Natural History. http://www.oum.ox.ac.uk/learning/htmls/dodo.htm (02.01.2016).

[17] Dronte oder Dodo, Naturhistorisches Museum Wien. http://www.nhm-wien.ac.at/presse/top_10?presseartikel_id=1350263474736 (02.01.2016).

[18] Ziswiler, Vincent, Der Dodo. Fantasien und Fakten zu einem verschwundenen Vogel, Zürich 1996, 66.

[19] Ebd, 8.

[20] Dodo tot, Baum tot, in: Die Zeit, 30.09.1977. http://www.zeit.de/1977/40/dodo-tot-baum-tot (02.01.2016).

[21] Vgl. Flannery, Tim / Schouten, Peter, A Gap in Nature. Discovering the Word's Extinct Animals, New York 2001.

[22] Vgl. Kolbert, Elizabeth, Das sechste Sterben. Wie der Mensch Naturgeschichte schreibt, Berlin 2015; Schratter, Dagmar, Kampf gegen das Artensterben, in: Die Furche, 09.04.2014. http://www.furche.at/system/showthread.php?t=61759 (02.01.2016). How many species are we losing? WWF Global. http://wwf.panda.org/about_our_earth/biodiversity/biodiversity/ (02.01.2016).

[23] Vgl. Breitmaulnashorn Nola in San Diego gestorben, in: Der Standard, 23. November 2015. http://derstandard.at/2000026235934/Breitmaulnashorn-Nola-in-San-Diego-gestorben (29.12.2015).

[24] Vgl. Rettet die Affen von Mauritius. Ärzte gegen Tierversuche e.V. http://www.aerzte-gegen-tierversuche.de/de/helfen/aktionen/1341-rettet-die-affen-von-mauritius (02.01.2016).

[25] Vgl. Primatenforschung: Institut in Tübingen will Affenversuche vorerst einstellen, in: Spiegel Online – Wissenschaft. http://

www.spiegel.de/wissenschaft/medizin/tuebingen-institut-will-affenversuche-vorerst-einstellen-a-1031871.html (02.01.2016).

26 Zu den Auffassungen unterschiedlicher Philosophen und Theologen über Tiere vgl. folgende Sammlung relevanter Texte: Linzey, Andrew / Clarke, Paul Barry (Hg.), Animal Rights. A Historical Anthology, New York, 2004.

27 Vgl. Aristoteles, Animals are for Our Use, in: Linzey / Clarke, Animal Rights, 58.

28 Thomas von Aquin, Die Summe wider die Heiden in vier Büchern. Das dritte Buch, zweite Hälfte, Erläuterungen von August Brunner SJ, Leipzig 1937, 113. Vgl. Jones, Deborah M., The School of Compassion. A Roman Catholic Theology of Animals, Leominster 2009, 44–47.

29 Vgl. Descartes, Animals as Automata, in: Linzey / Clarke, Animal Rights, 14–17; Taylor, Angus, Animals and Ethics. An Overview of the Philosophical Debate, Toronto [3]2009, 36–38.

30 Vgl. Taylor, Animals and Ethics, 38.

31 Vgl. ebd., 46–49.

32 Foer, Jonathan Safran, Tiere essen, Frankfurt am Main [4]2014, 290f.

33 Walzer Michael, Lokale Kritik – globale Standards. Zwei Formen moralischer Auseinandersetzung, Hamburg 1996, 19. Vgl. auch Petrus, Klaus, Würde in: Ferrari, Arianna / Petrus, Klaus (Hg.), Lexikon der Mensch-Tier-Beziehungen, Bielefeld 2015, 424–427.

34 Vgl. McCormick, Richard A., Corrective Vision. Explorations in Moral Theology, Kansas City 1994, 56f.; Schüller, Bruno, Die Begründung sittlicher Urteile. Typen ethischer Argumentation in der Moraltheologie, Düsseldorf [3]1987, 73–80.

35 Hinman, Lawrence M., Ethics. A Pluralistic Approach to Moral Theory, Fort Worth u. a. [2]1998, 5.

36 Vgl. Fill, Alwin, Ökolinguistik. Eine Einführung, Tübingen 1993.

37 Linzey, Andrew / Cohn, Priscilla N., From the Editors. Terms of Discourse, in: Journal of Animal Ethics 1/1 (Spring 2011) VII.

38 Zinn, Howard, A People's History of the United States, New York 1980, 3.

39 Die Unabhängigkeit. Kongresssitzung vom 4. Juli 1776, Einstimmige Erklärung der dreizehn Vereinigten Staaten von Amerika. http://usa.usembassy.de/etexts/gov/unabhaengigkeit.pdf (02.01.2016)

40 Primatt, Humphry, The Duty of Mercy and the Sin of Cruelty to Brute Animals. Hg. v. Richard D. Ryder, Fontwell, Sussex 1992 (Ersterscheinung 1776).

[41] Ebd., 22.

[42] Vgl. Singer, Peter, The Expanding Circle, Ethics, Evolution, and Moral Progress. With a New Afterword by the Author, Princeton 2011.

[43] Primatt, Duty, 22.

[44] Ebd., 23.

[45] Bentham, Jeremy, An Introduction to the Principles of Morals and Legislation, New York 1945 (Ersterscheinung 1789), Kapitel 17, Abschnitt 1, Fußnote zu Paragraf 4.

[46] Rowlands, Mark, Gerechtigkeit für alle, in: Wolf, Ursula (Hg.), Texte zur Tierethik, Stuttgart 2008, 169.

[47] Taylor, Animals and Ethics, 51 f.

[48] Salt, Henry S., Animals' Rights. Considered in Relation to Social Progress, New York 1894. http://www.animal-rights-library.com/texts-c/salt01.htm (02.01.2016).

[49] Ryder, Richard D., Speciesism, in: Bekoff, Marc (Hg.), Encyclopedia of Animal Rights and Animal Welfare, Westport, CT 1998, 261 f.

[50] Vgl. Remele, Kurt, Animal Theology and Ethics, in: Runehov, Anne / Oviedo, Lluis (Hg.), Encyclopedia of Sciences and Religions, Dordrecht u. a.: Springer, 102–104.; Linzey, Animal Rights; Wolf, Ursula / Tuider, Jens, Tierethische Positionen. Bundeszentrale für politische Bildung. http://www.bpb.de/gesellschaft/umwelt/bioethik/176364/tierethische-positionen?p=all (02.01.2016).

[51] Singer, Peter, Animal Liberation. Die Befreiung der Tiere, Erlangen 2015 (US-amerikanische Ersterscheinung 1975).

[52] Vgl. Singer, Peter / Mason, Jim, The Ethics of What We Eat. Why Our Food Choices Matter, Emmaus 2006, 259.

[53] Ryder, Richard D., Speciesism, in: Bekoff, Marc (Hg.), Encyclopedia of Animal Rights and Animal Welfare, Westport, CT 1998, 320.

[54] Interview mit Peter Singer, Arte TV, 02.09.2008. http://webcache.googleusercontent.com/search?q=cache:199x-EAJLCYJ:www.arte.tv/de/interview-mit-peter-singer/704992,CmC%3D562290.html+&cd=1&hl=de&ct=clnk&gl=at (02.01.2016).

[55] Regan, Tom, The Case for Animal Rights. Updated with a new Preface, Berkeley / Los Angeles 2004. (Ersterscheinung 1983) Vgl. auch Lengauer, Erwin / Theuer, Eberhart, Tierrechte. Irrational, extrem, gefährlich? In: Riether, Edith / Weiss, Noah Michael (Hg.), Tier – Mensch – Ethik, Wien / Berlin 2012, 73–104.

[56] Francione, Gary L., Introduction to Animal Rights. Your Child or the Dog? Philadelphia 2007.

[57] Donaldson, Sue / Kymlicka, Will, Zoopolis. Eine politische Theorie der Tierrechte, Berlin 2013.

[58] Adams, Carol J., The Sexual Politics of Meat. A Feminist-Vegetarian Critical Theory (Twentieth Anniversary Edition), New York / London 2010 (Ersterscheinung 1990).

[59] Kheel, Marti, Nature Ethics. An Ecofeminist Perspective, Lanham u. a. 2008.

[60] Linzey, Andrew, Animal Theology, London 1994; ders., Animal Rights (1976), 31 f.

[61] Ders., Why Animal Suffering Matters. Philosophy, Theology, and Practical Ethics. Lecture given at Dulwich Picture Gallery in London, Oxford 2014 (DVD), 152 - 155.

[62] Ders., Animal Theology, 135; vgl. ders., Animal Rights (1976).

[63] Hursthouse, Rosalind, Die Anwendung der Tugendethik auf unsere Behandlung der anderen Tiere, in: Wolf, Ursula (Hg.), Texte zur Tierethik, Stuttgart 2008, 121 - 131.

[64] Nussbaum, Martha, Die Grenzen der Gerechtigkeit. Behinderung, Nationalität und Spezieszugehörigkeit, Berlin 2010.

[65] Rowlands, Mark, Animals and Moral Motivation. A Response to Clement, in: Journal of Animal Ethics 3/1 (Spring 2013) 15 - 24.

[66] Morton, David B., Pain, in: Bekoff, Marc (Hg.), Encyclopedia of Animal Rights and Animal Welfare, Westport, CT 1998, 263 - 264; Teutsch, Gotthard M., Mensch und Tier. Lexikon der Tierschutzethik, Göttingen 1987, 122 - 125.

[67] Balcombe, Jonathan, Pleasurable Kingdom. Animals and the Nature of Feeling Good, London u. a. 2006.

[68] Vgl. Elwood, Robert W. / Magee, Barry, Shock Avoidance by Discrimination Learning in the Shore Crab (Carcinus maenas) is Consistent with a Key Criterion for Pain", in: Journal of Experimental Biology 216 (2013) 253 - 258; Experiments Reveal that Crabs and Lobsters Feel Pain. http://blogs.nature.com/news/2013/08/experiments-reveal-that-crabs-and-lobsters-feel-pain.html (02.01.2013)

[69] Rowan, Andrew N., Invertebrates and Pain, in: Bekoff, Marc (Hg.), Encyclopedia of Animal Rights and Animal Welfare, Westport 1998, 266.

[70] Bekoff, Marc / Pierce, Jessica, Wild Justice. The Moral Lives of Animals, Chicago 2009; Bekoff, Marc, Animal Manifesto. Six Reasons for Expanding Our Compassion Footprint, Novota, CA 2010, 79 - 101.

[71] Rowlands, Animals, 19.

[72] Katechismus der Katholischen Kirche. Neuübersetzung aufgrund der Editio typica Latina, München u. a.1997, Paragraf 2416.

[73] Goodall, Jane, Why it is Time for a Theological Zoology! In: Hagencord, Rainer (Hg.), Wenn sich Tiere in der Theologie tummeln. Ansätze einer theologischen Zoologie, Regensburg 2010, 16.

[74] Vgl. Taylor, Animals and Ethics, 52–54.

[75] Ebd., 12.

[76] Vgl. Balluch, Martin, Die Kontinuität von Bewusstsein. Das naturwissenschaftliche Argument für Tierrechte, Wien 2005.

[77] Laun, Andreas, Die Entwicklung der Arten – und der Mensch. http://stjosef.at/dokumente/evo_laun.htm (10.01.2016).

[78] Korff, Wilhelm, Theologische Ethik. Eine Einführung, Freiburg i. Br. 1975, 14.

[79] Ein guter und anschaulicher Überblick über die unterschiedlichen umweltethischen Begründungsmodelle ist zu finden in: Gudorf, Christine E. / Huchingson, James E. (Hg.), Boundaries. A Casebook in Environmental Ethics, Washington, D. C. [2]2010, 3–28.

[80] Vgl. Remele, Animal Protection and Environmentalism, in: Linzey, Andrew (Hg.): The Global Guide to Animal Protection, Urbana u. a. 2013, S. 68–69.

[81] Singer, Animal Liberation, 7 f.

[82] Linzey Andrew, Sentientism, in: Bekoff, Marc (Hg.), Encyclopedia of Animal Rights and Animal Welfare, Westport, CT 1998, 311.

[83] Gaudium et spes. Pastorale Konstitution über die Kirche in der Welt von heute, in: Lexikon für Theologie und Kirche Bd. III / 14, Das Zweite Vatikanische Konzil. Dokumente und Kommentare. Hg. von Brechter, Heinrich Suso u. a. Freiburg i. Br. 1986, 241–592, Art. 24.

[84] Sozialhirtenbrief der katholischen Bischöfe Österreichs, 15. Mai 1990. Hg. vom Sekretariat der Österreichischen Bischofskonferenz. Wien 1990, Nr. 52.

[85] Renewing the Earth, An Invitation to Reflection and Action on Environment in the Light of Catholic Social Teaching. A Statement of the United States Catholic Conference, Washington, D. C. [4]1998. http://www.usccb.org/issues-and-action/human-life-and-dignity/environment/renewing-the-earth.cfm (02.01.2016).

[86] Vgl. Franziskus, Laudato Sí. Über die Sorge für das gemeinsame Haus. Hg. vom Sekretariat der Deutschen Bischofskonferenz, Bonn 2015. (Verlautbarungen des Apostolischen Stuhls Nr. 202).

[87] Franziskus, Papstrede vor der UNO; Address of the Holy Father. http://de.radiovaticana.va/news/2015/09/25/papstrede_vor_-der_ uno/1174603 (02.01.2016).

[88] Franziskus, Laudato Sí, Nr. 89; vgl. auch Franziskus, Evangelii Gaudium. Hg. vom Sekretariat der Deutschen Bischofskonferenz, Bonn 2013. (Verlautbarungen des Apostolischen Stuhls Nr. 194), Nr. 215.

[89] Freude am Leben. Sonntagsblatt für Steiermark Nr. 17, 26. April 2015, IV.

[90] Zum Verhältnis von Artenschutz und Tierschutz vgl. TIERethik. Zeitschrift zur Mensch-Tier-Beziehung 7/2 (2015).

[91] Coetzee, J[ohn] M[axwell]: Das Leben der Tiere, Frankfurt am Main [2]2001, 12.

[92] Ebd., 41 f.

[93] Tischgebete. http://www.kath-tg.ch/tl_files/kath-tg.ch/pfarreien/tobel/kirche-tobel%E2%80%93st-johannes-taeufer-und-evangelist/ Tischgebet-A4-s2_NEU-Innen_.pdf (02.01.2016).

[94] Vgl. Brown, Culum / Laland, Kevin / Krause, Jens, Fish Cognition and Behavior, Hoboken, N. J. [2]2011.

[95] Schillebeeckx, Edward, Menschen. Die Geschichte von Gott, Freiburg i Br. 1990, 34, 57.

[96] Lamb, Matthew L., Solidarity with Victims, New York 1982, 14.

[97] Baum, Gregory, Amazing Church. A Catholic Theologian Remembers a Half-Century of Change, Maryknoll, N. Y. 2005, 80 f.

[98] Bechmann, Ulrike, Ein Streit über zerstörerische Religion. Debatte, in: Kleine Zeitung, 30.10.2015, 44.

[99] Vgl. Pöppelmann, Christa, Nomen est omen. Die bekanntesten lateinischen Zitate und Redewendungen und was dahinter steckt, München 2009, 42.

[100] Coetzee, Leben der Tiere, 41 f.

[101] Harrison, Ted, The Durham Phenomenon. What does today's most controversial bishop really believe? London 1985, 95.

[102] Küng, Christ sein, München [5]1975, 241. Vgl. Andrew Linzeys kritischen Kommentar, in: Linzey, Animal Theology, 69.

[103] Peters, Anne / Stucki, Stucki / Boscardin, Livia, The Animal Turn – What Is It and Why Now? *Verfassungsblog*, April 14, 2014. http://www.verfassungsblog.de/de/the-animal-turn-what-is-it-and-why-now/#.U2YIhmCKDcu. (02.01.2016).

[104] Stürzer, Michael (Hg.), Buddhismus. Von Anfängergeist bis Zen, Berlin 2006, 95.

[105] Weißgrab, Gerhard, Buddhismus im Westen. Gedanken für den Tag, 26.08.2006, Radioprogramm Ö1. http://religion.orf.at/projekt03/tvradio/ra_gedanken_tag.htm (02.01.2016).

[106] Walzer, Michael, Lokale Kritik – globale Standards. Zwei Formen moralischer Auseinandersetzung, Hamburg 1996; Küng, Hans, Weltethos für Weltpolitik und Weltwirtschaft, München 1997, 134–138.

[107] Kelly, Kevin, 50 Years Receiving Vatican II, A Personal Odyssey. In: CatholicIreland.net. May 10, 2012. http://www.catholicireland.net/50-years-receiving-vatican-ii-a-personal-testimony (02.01.2016).

[108] Katechismus (1997).

[109] Coetzee, Leben der Tiere, 41 f.

[110] Bechmann, Streit, 44.

[111] Deidun, Tom, The Bible and Christian Ethics, in: Hoose, Bernard (Hg.), Christian Ethics. An Introduction, Collegeville 1998, 12.

[112] Pfürtner, Stephan H., Kirche und Sexualität, Reinbek bei Hamburg ^{2}1973, 174.

[113] Zsifkovits, Valentin, Ethik des Friedens, Linz 1987, 38.

[114] Vgl. Linzey, Animal Theology, 127–129.

[115] Vgl. Schroer, Silvia, Tiere in der Bibel. Eine kulturgeschichtliche Reise, Freiburg i. Br. 2013.

[116] Hagencord, Rainer, Die Würde der Tiere. Eine religiöse Wertschätzung, Gütersloh 2011, 90.

[117] Rheinz, Hanna, Judentum, in: Ferrari, Arianna / Petrus, Klaus (Hg.), Lexikon der Mensch-Tier-Beziehungen, Bielefeld 2015, 187–190, 187 f.

[118] Schroer, Silvia, Du sollst dem Rind beim Dreschen das Maul nicht zubinden / Dtn 25,4, in: Hagencord, Tiere in der Theologie, 38.

[119] Vorgrimler, Herbert, Neues Theologisches Wörterbuch. Neuausgabe, Freiburg i. Br. 2008, 621.

[120] Schroer, Rind, 42.

[121] Zur Verantwortung des Menschen für das Tier als Mitgeschöpf. Ein Diskussionsbeitrag des Wissenschaftlichen Beirats der Beauftragten für Umweltfragen des Rates der Evangelischen Kirche in Deutschland, hg. vom Kirchenamt der Evangelischen Kirche Deutschland. Hannover 1991(EKD Texte 41) 7; Die Verantwortung des Menschen für das Tier. Positionen – Überlegungen – Anregungen, hg. vom Sekretariat der Deutschen Bischofskonferenz, Bonn 1993 (Arbeitshilfen 113), 17.

[122] Schroer, Rind 41.

[123] Vgl Ps 8,6: „Du hast ihn [den Menschen] nur wenig geringer gemacht als Gott, / hast ihn mit Herrlichkeit und Ehre gekrönt."

Vgl. Benedikt XVI., Was ist das – der Glaube? Joseph Ratzinger / Papst Benedikt XVI.-Stiftung http://ratzinger-papst-benedikt-stiftung.de/glaubensjahr_4.html (16.12.2015).

124 Wir fragen Prominente.

125 Barth, Karl, Die kirchliche Dogmatik, Bd. 3. Die Lehre von der Schöpfung, Teil 4. Zollikon-Zürich 1957, 404.

126 Ebd., 401.

127 Ebd., 403.

128 Dodd, C. H., The Parables of the Kingdom, London 1935.

129 Metz, Johann Baptist, Zur Theologie der Welt, Mainz / München 1968, 144.

130 Ebd.

131 Vgl. Schüller, Die Begründung, 17–20; Hossfeld, Frank-Lothar, „Du sollst nicht töten!" Das fünfte Dekaloggebot im Kontext alttestamentlicher Ethik, Stuttgart 2003, 22–24.

132 Walzer, Lokale Kritik.

133 Drewermann, Eugen, Die Zehn Gebote. Zwischen Weisung und Weisheit. Gespräche mit Richard Scheider, Düsseldorf ^{2}2006, 92.

134 Ebd., 110.

135 Vgl.Bauckham, Richard, Jesus and Animals II. What Did He Practise? In: Linzey, Andrew / Yamamoto, Dorothy (Hg.), Animals on the Agenda, London 2008, 49–60; Jones, School, 20.

136 Katechismus (1997), Paragraf 2416.

137 His Eye Is on the Sparrow.

138 Deschner, Karlheinz, Das schwärzeste aller Verbrechen. Christen gegen die Kreatur. Eine Polemik, in: Die Zeit Nr. 35, 22.08.1997, 40.

139 Vgl. Klinghardt, Matthias, Legionsschweine in Gerasa. Lokalkolorit und historischer Hintergrund von Mk 5,1–20, in: Zeitschrift für neutestamentliche Wissenschaft 98 (2007), 28–48.

140 Klinghardt, Legionsschweine, 35.

141 Vgl. Bauckham, Jesus and Animals, 51; Phelps, Norm, The Great Compassion. Buddhism and Animal Rights, New York 2004, 112 f.

142 Vgl. Bauckham, Jesus and Animals, 51–53.

143 Meier, John P., A Marginal Jew, Bd. 1: Rethinking the Historical Jesus. The Roots of the Problem and the Person, New York 1991, 398.

144 Benedikt XVI., Predigt bei der Abendmahlmesse in der Lateranbasilika, Gründonnerstag, 5. April 2007.http://www.vatican.va/holy_father/benedict_xvi/homilies/2007/documents/hf_ben-xvi_hom_20070405_coena-domini_ge.html (02.01.2016).

145 Vgl. Linzey, Animal Theology, 132–134.

[146] Herzer, Jens, Zeichen und Wunder. Neutestamentliche Perspektiven. Vortrag in Leipzig am 02.11.2007. https://relpaed.theol.uni-leipzig.de/fileadmin/relpaed.theol.uni-leipzig.de/uploads/herzer06.pdf (02.01.2016).

[147] McKenzie, John L., The New Testament without Illusion, New York 1982, 27.

[148] Dear, John, Christianity and Vegetarianism: Pursuing the Nonviolence of Jesus. Norfolk, VA: PETA. http://www.afa-online.org/docs/Christianity%20and%20Vegetarianism.pdf (15.06.2015).

[149] Schillebeeckx, Menschen, 31 f.

[150] Vgl. Kindheitsevangelium des Thomas.

[151] Zit. nach Dunkerley, Roderic, Beyond the Gospels. Harmondsworth [2]1961, 143 f.

[152] Ebd.

[153] Ebd., 143.

[154] Ebd., 144.

[155] Ebd., 144.

[156] Rotzetter, Anton, Streicheln, mästen, töten. Warum wir mit Tieren anders umgehen müssen, Freiburg i. Br. 2012, 75–78.

[157] McCormick, Religious Faith, 168.

[158] Regan, Animal Rights, 305–312: The *Miniride Principle*, the *Worse-off Principle*.

[159] Labonca, Schlachtung. http://www.labonca.at/labonca/das_weideschlachthaus/schlachtung/ (02.01.2016).

[160] Ebd.

[161] Vgl. Foer, Tiere essen, 278.

[162] DeGrazia, David, Animal Rights: A Very Short Introduction, Oxford 2002, 61.

[163] Vgl. Coren, Stanley, Does My Dog Recognize Himself in the Mirror? In: Psychology Today, 7. Juli 2011. https://www.psychologytoday.com/blog/canine-corner/201107/does-my-dog-recognize-himself-in-mirror (10.01.2016).

[164] Lockwood, Michael, Singer on Killing and the Preference of Life, in: Inquiry 22 (1979) 157–171.

[165] Regan, Animal Rights, 243–248.

[166] Coetzee, Leben der Tiere, 71.

[167] Ebd., 73.

[168] Ebd.

[169] Lassek, Reinhard, Schöner als biologisch erforderlich, in: Spektrum, 15.10.2008. http://www.spektrum.de/rezension/warum-voegel-singen/968695 (10.02.2016).

170 The Challenge of Peace: God's Promise and Our Response. The U. S. Bishops' A Pastoral Letter on War and Peace in the Nuclear Age, London 1983, Nr. 70, 80.

171 Bryson, Picknick, 30.

172 Wilbert, Chris, What Is Doing the Killing? Animal Attacks, Man Eaters, and Shifting Boundaries and Flows of Human-Animal Relations, in: Animal Studies Group (Hg.), Killing Animals, Urbana 2006, 30–49.

173 Rotzetter, Streicheln, mästen, töten, 78.

174 Kapellari, Egon, Gespräche über die Jagd. Ein fast mystisches Erlebnis, in: Der Anblick Nr. 2 (2006) 34–37, 35.

175 Ebd., 35 f.

176 Ebd., 36.

177 Ebd., 37 (meine Hervorhebung).

178 Vgl. Loske, Karl-Heinz, Von der Jagd und den Jägern. Bruder Tier und sein Recht zu leben, Münster 2006.

179 Deschner, Verbrechen.

180 Ebd.

181 Ebd.

182 Ebd.

183 Vgl. Grumett, David / Muers, Rachel, Theology on the Menu. Ascetism, Meat and Christian Diet, Abingdon 2010, 107–127.

184 Vgl. Blenkinsopp, Joseph, Treasures Old and New. Essays in the Theology of the Pentateuch, Grand Rapids, MI / Cambridge, U. K. 2004, 36.

185 Vgl. Krech III, Shepard, The Ecological Indian. Myth and History, New York, N.Y 2000.

186 Raban, Jonathan, Driving Home. An American Journey, New York 2010.

187 Raban, Driving Home, 49.

188 Vgl. Deloria, Vine, Jr., For this Land. Writings on Religion in America, New York, N. Y. 1999, 250–260.

189 Linzey, Andrew / Cohn-Sherbok, Dan, After Noah Animals and the Liberation of Theology, London 1997, 2.

190 Zum Ausdruck „unbeweint" vgl. Bernhart, Joseph, Die unbeweinte Kreatur. Reflexionen über das Tier. Neu hg. von Georg Schwaiger, München [2]1987

191 Sozialethische Überlegungen: Wir müssen Tiere als unsere Mitgeschöpfe wieder mehr achten. Interview mit Prof. Dr. Michael Rosenberger, in: Gottwald, Franz-Theo, Geschöpfe wie wir. Zur Verantwortung des Menschen für die Nutztiere – Kirchliche Positionen, München 2004, 67; Kommen Hunde in den Himmel,

Herr Hagencord? In: Der Spiegel 15, 4. April 2015. http://www.spiegel.de/spiegel/print/d-133262125.html (20.12.2015)

[192] Camosy, Charles, For Love of Animals. Christian Ethics, Consistent Action, Cincinnati, OH 2013 (Kindle E-Book), Kap. 2, Pos. 449; Theologe Die einen hätscheln wir, die anderen essen wir, in: Kathpress Nr. 288, 2. Dezember 2015, 14.

[193] Irenäus, Fünf Bücher gegen die Häresien (Contra Haereses), München 1912 (Bibliothek der Kirchenväter, 1. Reihe, Band 3) 29,1. http://www.unifr.ch/bkv/buch62.htm (02.01.2016).

[194] Origenes, Acht Bücher gegen Celsus (Contra Celsum), München 1926. (Bibliothek der Kirchenväter, 1. Reihe, Band 52 und 53) 74. https://www.unifr.ch/bkv/buch46.htm (02.01.2016).

[195] Ebd.

[196] Ebd.

[197] Augustinus, Zweiundzwanzig Bücher über den Gottesstaat. Kempten / München 1911–16. (Des heiligen Kirchenvaters Aurelius Augustinus ausgewählte Schriften 1–3, Bibliothek der Kirchenväter, 1. Reihe, Band 01, 16, 28) Buch 1, 20. http://www.unifr.ch/bkv/buch91.htm (02.01.2016).

[198] Ebd.

[199] Ebd.

[200] Augustinus, De Moribus Ecclesia Catholicae et de Moribus Manichaeorum – Die Lebensführung der katholischen Kirche und die Lebensführung der Manichäer. Zweisprachige Ausgabe. Eingeleitet, kommentiert und herausgegeben von Elke Rutzendörfer, Paderborn u. a., Ferdinand Schöningh 2004 (Werke Bd. 25). 2, XVII. 59. Vgl. Jones, School, 40f.

[201] Ebd. Wörtlich lautet die Übersetzung dieser Stelle im vorliegenden Werk wie folgt: „Wir sehen nämlich und nehmen an den Lauten wahr, wenn Tiere unter Schmerz sterben, was freilich der Mensch am Tier geringschätzt, weil er mit ihm, das natürlich keine Geistseele hat, durch keine Rechtsgemeinschaft verbunden ist." Ich habe mich dagegen im Wesentlichen an eine in zeitgemäßer Sprache erstellte Übersetzung der Textstelle gehalten: Jensen, Anette / Scheub, Ute, Menschen und Tiere. Wir haben sie zum Fressen gern, in: Der Tagesspiegel, 26.01.2001. http://www.tagesspiegel.de/weltspiegel/menschen-und-tiere-wir-haben-sie-zum-fressen-gern/197258.html (02.01.2016).

[202] Grumet / Meurs, Theology, 85.

[203] Die Benediktsregel, Eine Anleitung zu christlichem Leben. Der vollständige Text der Regel übersetzt und erklärt von Georg Holzherr, Einsiedeln / Köln 1980, 185.

[204] Grimm, Veronika, From Feasting to Fasting, the Evolution of a Sin, Attitudes to Food in Late Antiquity, London 1996, 187.
[205] Vorgrimler, Wörterbuch, 489.
[206] Van de Weyer, Robert (Hg.), Letters of Pelagius, London 1995. Zit. nach Jones, School, 42.
[207] Clayton Philip / Peacocke, Arthur (Hg.), In Whom We Live and Move and Have Our Being. Panentheistic Reflections on God's Presence in a Scientific World, Grand Rapids, MI / Cambridge, U. K. 2004.
[208] Vorgrimler, Wörterbuch, 479.
[209] Grumet / Meurs, Theology, 95.
[210] Vgl. Lambert Malcolm, Die Geschichte der Katharer. Aufstieg und Fall der großen Ketzerbewegung, Darmstadt 2001.
[211] Lambert, Katharer, 99.
[212] Rosenberger, Michael, Der Traum vom Frieden zwischen Mensch und Tier. Eine christliche Tierethik, München 2015, 201.
[213] Rosenberger, Traum, 201 – 202.
[214] Leitzmann, Claus, Vegetarismus. Grundlagen, Vorteile, Risiken, München [4]2012, 23.
[215] Drewermann, Eugen, Über die Unsterblichkeit der Tiere. Hoffnung für die leidende Kreatur, Düsseldorf 2008, 28.
[216] It's not a sin to starve your dog [,] says archbishop, in: The Fellowship of Life. http://www.all-creatures.org/fol/art-20090509-1.html (02.01.2016).
[217] Rahner, Karl, Kritisches Wort. Aktuelle Probleme in Kirche und Welt, Freiburg i. Br. 1970, 186.
[218] Bernhart, Kreatur, 7 (Vorwort).
[219] Kommen Hunde in den Himmel?
[220] Kronsbein, Joachim, Ab in den Himmel, in: Der Spiegel 52 (2009). http://www.spiegel.de/spiegel/print/d-68316867.html (02.01.2016).
[221] *This Sunday* with Prof. Andrew Linzey (1993). https://www.youtube.com/watch?v=NDsJ4TD6MAE (02.01.2016).
[222] Vgl. zum Folgenden: Dinzelbacher, Peter, Mittelalter, in: Ders. (Hg.), Mensch und Tier in der Geschichte Europas, Stuttgart 2000; Hergemüller, Bernd-Ulrich, Krötenkuss und schwarzer Kater. Ketzerei, Götzendienst und Unzucht in der inquisitorischen Phantasie des 13. Jahrhunderts, Warendorf 1996, 155 f.
[223] Hergemüller, Krötenkuss, 156.
[224] Vgl. Baranzke, Heike, Lammfleisch Gottes. Den Christen fehlt ein Ethos des Schlachtens, in: Die Zeit, 02.04.1998. http://www.zeit.de/1998/15/Lammfleisch_Gottes (02.01.2016).

[225] Brauchtumsseiten – Speisenweihe. http://www.brauchtumsseiten.de/a-z/s/speisenweihe/home.html. (02.01.2016).

[226] Zulehner, Paul M., Verbuntung. Kirchen im weltanschaulichen Pluralismus. Religion im Leben der Menschen 1970–2010, Ostfildern 2011.

[227] Remele, Kurt, Gedankenlose Völlerei. Zu den umwelt- und tierethischen Aspekten des Fleischkonsums, in: Amosinternational. Internationale Zeitschrift für christliche Sozialethik Nr. 2 (2013), 38.

[228] Fuchs, Guido, Gott und Gaumen. Eine kleine Theologie des Essens und Trinkens, München 2010, 50, 53.

[229] Animal Equality. Zur Verteidigung aller Tiere. http://www.animalequality.de/essen (02.01.2016).

[230] Theroux, Paul, Fresh-Air Fiend. Travel Writings, 1985–2000, London 2000, 436.

[231] Joy, Melanie, Why We Love Dogs, Eat Pigs, and Wear Cows. An Introduction to Carnism, San Francisco, CA. 2010; Mannes, Jeff, Karnismus, in: Ferrari, Arianna / Petrus, Klaus (Hg.), Lexikon der Mensch-Tier-Beziehungen, Bielefeld 2015, 191–193.

[232] Joy, Dogs, Pigs, Cows, 18.

[233] Vgl. Adam, Adolf, Ethik der Jagd, Paderborn 1996, 74–84.

[234] Keillor, Garrison, We Are Still Married, London 1993, 101.

[235] Lecky, William Edward Hartpole, History of European Morals from Augustus to Charlemagne, Bd. 2. New York 1870, 183, 188.

[236] Kingsford, Anna, Her Life, Letters, Diary and Work, Bd. 2, London 1896, 288–289.

[237] Jones, School, 97–98.

[238] Goldner, Colin, Great Ape Projekt, in: Ferrari, Arianna / Petrus, Klaus (Hg.), Lexikon der Mensch-Tier-Beziehungen, Bielefeld 2015, 136–138.

[239] Spanish bishop reacts to law granting rights to chimps and apes. http://www.catholicnewsagency.com/news/spanish_bishop_reacts_to_law_granting_rights_to_chimps_and_apes/ (02.01.2016).

[240] Linzey, Andrew, Animal Gospel, Louisville, KY, 1999, 62.

[241] Carretero-González, Margarita, From Excommunication to Silence. Catholic Attitudes to Bullfighting, in: Abstract of Papers. Oxford Summer School on Animal Ethics, 2014, 6.

[242] Pius V., De salute gregis. Zit. nach Regenstein, Lewis G., Replenish the Earth. A History of Organized Religion's Treatment of Animals and Nature – Including the Bible's Message of Conservation and Kindness to Animals, London 1991, 81.

[243] Jones, School, 179.

[244] Burgen Stephen, We're a violent nation – director tackles Spain's festive culture of animal cruelty, in: The Guardian, 06.07.2015. http://www.theguardian.com/world/2015/jul/06/violent-nation-spain-festival-animal-cruelty-turkey-bulls-film-santa-fiesta (02.01.2016).

[245] Joyner, Alfred, Santa Fiesta, How over 60.000 animals are killed each year during Spain's religious festivals. In: International Business Times, 22.07.2015. http://www.ibtimes.co.uk/santa-fiesta-how-over-60000-animals-are-killed-each-year-during-spains-religious-festivals-1507409 (02.01.2016).

[246] Burgen, Violent Nation.

[247] Moloney, M. E., Animals can't say no. Leserbrief, in: The Tablet, 12. Februar 1983, 10. http://archive.thetablet.co.uk/article/12th-february-1983/10/animals-cant-say-no (20.12. 2015)

[248] Vgl. Remele, Kurt, Alter Hut, alte Moral. Zur Wirkung des vorweihnachtlichen Auftritts Benedikt XVI. aus der Perspektive eines Hermelins, in: Der Standard Nr. 5158, 24.12.2005, 46.

[249] Benedikt XVI., Licht der Welt. Der Papst, die Kirche und die Zeichen der Zeit. Ein Gespräch mit Peter Seewald, Freiburg i. Br. 2010, 110.

[250] Ebd., 109.

[251] Fakten zur Pelzproduktion. ProTier – Stiftung für Tierschutz und Ethik. http://www.protier.ch/site/index.cfm?id_art=97250&actMenuItemID=45057&vsprache=de.

[252] Tier-Haut-Couture: Pelze zwischen Mode und Moral, in: Die Welt, 09.01.2013. http://www.welt.de/newsticker/leute/stars/article112636901/Tier-Haut-Couture-Pelze-zwischen-Mode-und-Moral.html (02.01.2016).

[253] Fabbretti, Nazareno, Animals write ... Dear humans, Middlegreen 1990, 45.

[254] Bender, Ludovico, Animali, in: Roberti, Francesco (Hg.), Dizionario di teologia morale, Rom [2]1957, 67 (Übersetzung durch die Italienischlehrerinnen Susanne Kaiser und Elisabeth Pleßnigg).

[255] Hörmann, Karl, Tier, in: Ders. (Hg.), Lexikon der christlichen Moral, Innsbruck u. a. 1578.

[256] Spindelböck, Josef, Das Evangelium des Lebens. Moraltheologische Überlegungen zum 5. Gebot Gottes – eine katechetische Darlegung anhand des „Katechismus der katholischen Kirche". 5-teilige Radioserie im Juli 2002 (Radio Maria Österreich, Radio Horeb), 4. https://stjosef.at/artikel/evangelium_des_lebens_radio serie.htm (02.01.2016).

[257] Honecker, Martin, Grundriß der Sozialethik, Berlin 1995, 276.

[258] Gabbe, Bettina, Die Katzen des Papstes, in: Kleine Zeitung, 09.03.2010, 14.

[259] Ratzinger, Joseph, Gott und die Welt. Glauben und Leben in unserer Zeit. Ein Gespräch mit Peter Seewald, Stuttgart / München 2000, 67 f.

[260] The Tablet, 13.02.1999, 221.

[261] Entscheidend war der Aufruf seiner Heiligkeit, Tiere als Geschöpfe Gottes zu sehen, die unseren Schutz und Respekt verdienen. http://www.peta.de/papst-franziskus-ist-petas-person-of-the-year-2015#.VnR2RybSncu (18.12.2015).

[262] Meeting with the Members of the General Assembly. Die deutsche Übersetzung dieser Textstelle aus der Rede des Papstes vor der Generalversammlung der UNO war semantisch und syntaktisch mangelhaft. Ich habe sie mit dem spanischen Original und der sachlich und grammatikalisch wesentlich besseren englischen Übersetzung verglichen und eine eigene Übersetzung ins Deutsche angefertigt.

[263] Vgl. Singer, Peter, Reconsidering Man's Dominion. Project Syndicate, 14.07.2015. http://www.project-syndicate.org/commentary/pope-francis-encyclical-animal-welfare-by-peter-singer-2015-07 (10.01.2016).

[264] Papst Franziskus ist „PETAs Person of the Year 2015." http://www.peta.de/papst-franziskus-ist-petas-person-of-the-year-2015#.Vnaw2SbSncu (02.01.2016).

[265] Rosenberger, Michael, Im Zeichen des Lebensbaums. Ein theologisches Lexikon der christlichen Schöpfungsspiritualität, Würzburg 2001, 185.

[266] Linzey, Andrew, Why Animal Suffering Matters. Philosophy, Theology, and Practical Ethics. Lecture given at Dulwich Picture Gallery in London, Oxford 2014 (DVD), 53.

[267] Rosenberger, Zeichen, 185.

[268] Vgl. Festetics, Antal, Ob alle Menschen eine Seele haben? In: Die Presse 09.06.2012. http://diepresse.com/home/leben/mode/764417/Antal-Festetics_Ob-alle-Menschen-eine-Seele-haben (10.01.2016).

[269] Rosenberger, Zeichen, 185.

[270] Österreich hat einen Weltmeister. Österreich ist unangefochtener Weltmeister in Sachen Bio-Landwirtschaft. https://www.bmlfuw.gv.at/land/bio-lw/Bioweltmeister.html (02.01.2016); Foer, Tiere essen, 377.

271 Gojowczyk, Jiska, Ökofaire Beschaffungspraxis in Kirche und Diakonie. Potentiale, Hemmnisse und Handlungsperspektiven, Stuttgart 2011.

272 Foer, Tiere essen, 246.

273 Rosenberger, Zeichen, 180.

274 Leder oder Pelz – Was ist schlimmer? Für welches Produkt leiden Tiere mehr? http://www.peta.de/pelz-oder-leder#.VnaaWybSncs (02.01.2016).

275 Schockenhoff, Eberhard, Ethik des Lebens. Grundlagen und neue Herausforderungen, Freiburg i. Br. ^{2}2013., 569.

276 Ebd., 568.

277 Ebd., 596.

278 Leitzmann, Vegetarismus; Singer / Mason, Ethics, 223–230.

279 Adams Carol J., Sexual Politics.

280 Schockenhoff, Ethik, 607.

281 Papst Franziskus ist „PETAs Person of the Year 2015".

282 Vgl. Sezgin, Hilal, Artgerecht ist nur die Freiheit. Eine Ethik für Tiere oder Warum wir umdenken müssen, München ^{3}2014.

283 Katechismus (1993).

284 Katechismus (1997).

285 Vgl. Gumbley, Walter, Saints and Animals, in: http://www.all-creatures.org/ca/ark-196-saints.html (10.01.2016); Jones, School, 53–94. Zu den Abschnitten über Heilige und über Theologen vgl. Remele, Von Hermelinen, 173–177.

286 Bernhart, Joseph, Heilige und Tiere, Weißenhorn ^{2}1997, 81.

287 Jones, School, 75, 91.

288 Vgl. Rotzetter, Tiere, 71 f.

289 Duddy, Cathal, From Steward to Family Member. A Franciscan Approach to Environmental Theology (Paper), Konferenz der Europäischen Gesellschaft für katholische Theologie „Eager Longing of Creation", Limerick, Irland, 21. August 2009.

290 Vgl. Holl, Adolf, Der letzte Christ. Franz von Assisi, Frankfurt am Main 1982, 181–191.

291 Kotrschal, Kurt, Wolf – Hund – Mensch. Die Geschichte einer jahrtausende alten Beziehung, Wien 2012.

292 Nimmervoll, Lisa, Die mit den Wölfen tanzt, in: Der Standard, 04.02.2013. http://derstandard.at/1358305610218/Die-mit-den-Woelfen-tanzt (10.01.2016).

293 Orthodoxe Perspektiven. Asyldebatte und biblische Schlachtungen, in: http://www.pro-oriente.at/?site=ps20071109140103 (10.01.2016).

294 AKUT. Aktion Kirche und Tiere e. V. http://www.aktion-kirche-und-tiere.de/cms/front_content.php?idcatart=655 (10.01.2016).

295 Glauberger Schuldbekenntnis. http://www.aktion-kirche-und-tiere.de/cms/upload/Downloads/Glauberger_Schuldbekenntnis.Fertig.pdf (10.01.2016)

296 Drewermann, Eugen, Der tödliche Fortschritt. Von der Zerstörung der Erde und des Menschen im Erbe des Christentums, Regensburg ^{5}1981, 93.

297 Vgl. Kimmel, Wolfgang, „Gott der Tiere“. Theologisch-ethische Grundlagen im Dialog mit Andrew Linzey, Dissertation im Fach Moraltheologie an der Universität Wien, 2011. http://othes.univie.ac.at/16603/ (10.01.2016).; Linzey, Animal Theology.

298 Vgl. Linzey, Animal Rights.

299 Inge, William Ralph, http://www.trianglevegsociety.org/artalkncsec.pdf (10.01.2016).

300 Vorbilder der Deutschen. Albert Schweitzer ist auch heute für sehr viele Menschen Vorbild. Allensbacher Kurzbericht, 15. Januar 2013. http://www.ifd-allensbach.de/uploads/tx_reportsndocs/PD_2013_01.pdf (10.01.2016).

301 Schweitzer, Kultur und Ethik, 239.

302 Vgl. Farkas, Reinhard, Ungeteilter Frieden – Ein Beitrag zum 125. Geburtstag von Johannes Ude (1874–1965), in: Anima. Zeitschrift für Tierrechte 15,4 (1999) 3–6.

303 Ude, Du sollst nicht töten, 388, 390.

304 Dann, Christian Adam / Knapp, Albert, Wider die Tierquälerei. Frühe Aufrufe zum Tierschutz aus dem württembergischen Pietismus, hg. von Martin H. Jung, Leipzig 2002, 20.

305 Ebd., 20.

306 Chien-hui, Li, Mobilizing Christianity in the Antivivisection Movement in Victorian Britain, in: Journal of Animal Ethics 2/2 (Fall 2012), 143.

307 Ebd., 143.

308 Vgl. Grumett / Muers, Theology, 63–71. Linzey, Animal Theology, 136; Regenstein, Replenish, 179 f.

309 Zit. nach Linzey, Animal Suffering, 38.

310 Ebd., 39.

311 Ebd.

312 Ebd., 38.

313 Vatican official calls for more just relationship with animals. http://www.animalfreedom.org/english/column/vatican.html (10.01.2016).

[314] Lexikon des Stierkampfes. http://stierkampf.dreamlex.de/lexicon.php?id=1287 (02.01.2016).

[315] Laudato Sí, Nr. 89.

[316] Ebd., Nr. 90.

[317] Ratzinger, Gott und die Welt, 67f.

[318] Schweitzer, Albert, Aus meiner Kindheit und Jugendzeit, München 2005, 38.

[319] Sommer Volker, Tierethik. Menschenrechte für Affen, in: Geo 33. http://www.geo.de/GEO/natur/tierwelt/tierethik-menschenrechte-fuer-affen-74044.html (10.01.2016). Vgl. Sezgin, Hilal, Hinter den Kulissen des Vorzeige-Zoos, in: Frankfurter Allgemeine Zeitung, 03.07.2014. http://www.faz.net/aktuell/feuilleton/debatten/tierrecht-debatte-hinter-den-kulissen-des-vorzeige-zoos-13023484.html?printPagedArticle=true#pageIndex_2.

[320] Akhtar, Aysha, The Flaws and Human Harms of Animal Experimentation, in: Cambridge Quarterly of Healthcare Ethics 24 (2015), 416. Vgl. Normalizing the Unthinkable: The Ethics of Using Animals in Research. A Report by the Working Group of the Oxford Centre for Animal Ethics, Hg. von Linzey, Andrew / Linzey, Clair, Oxford 2015.

[321] Vgl. Linzey, Animal Suffering (DVD). Ich habe Linzeys Vergleich allerdings noch ausgebaut und mit verschiedenen Details ausgeschmückt.

[322] Vgl. Kunze, Anne, Die Schlachtordnung, in: Die Zeit Nr. 51 (11. Dezember 2014) 21–23; Pachirat, Timothy, Every Twelve Minute. Industrialized Slaughter and the Politics of Sight, New Haven / London 2011.

[323] Harari, Yuval Noah, Industrial farming is one of the worst crimes in history, in: The Guardian, 25.09.2015. http://www.theguardian.com/books/2015/sep/25/industrial-farming-one-worst-crimes-history-ethical-question (10.01.2016).

[324] Singer / Mason, Ethics, 232–237.

[325] Vidal, John: 10 ways vegetarianism can help save the planet. http://www.guardian.co.uk/lifeandstyle/2010/jul/18/vegetarianism-save-planet-environment (10.01.2016).

[326] Lifestock's Long Shadow. Environmental Issues and Options. Food and Agriculture Organization of the United Nations, Rom 2006. http://www.fao.org/docrep/010/a0701e/a0701e00.HTM (10.01.2016). Vgl. auch Goodland, Robert / Anhang, Jeff, Lifestock and Climate Change. World Watch, November / Dezember 2009. http://www.worldwatch.org/files/pdf/Livestock%20and%20Climate%20Change.pdf (10.01.2016). Dieser Report des

Wordwatch Institute aus dem Jahre 2009 setzt den Beitrag der Viehzucht zu den Treibhausgasemissionen noch wesentlich höher an, nämlich bei 51 Prozent.

327 Lifestock's Long Shadow, 269.

328 Saxena, Anand M., The Vegetarian Imperative, Baltimore 2011 (Kindle E-Book), Pos. 105.

329 Leitzmann, Ernährung, 87.

330 Ebd., 88.

331 Position of the American Dietetic Association.

332 Ornish, Dean, The Spectrum. A Scientifically Proven Program to Feel Better, Live Longer, Lose Weight and Gain Health, New York 2007.

333 Ders., „What's Good for You is Good for Planet." https://www.youtube.com/watch?v=lqhBLQGs1wY (10.01.2016).

334 WHO stuft Wurst als krebserregend ein.

335 Vgl. Saxena, Vegetarian Imperative.

336 Sprachwissenschaftlich handelt es sich dabei um ein sogenanntes Portmanteauwort.

337 Donaldson / Kymlicka, Zoopolis 305.

338 Ebd.

339 Schweitzer, Kindheit, 38.

340 O'Reilley, Mary Rose, The Barn at the End of the World. The Apprenticeship of a Quaker, Buddhist Shepherd, Minneapolis 2000, 33.

341 Vgl. Major North American CAS Conference – June 2016. Call for Conference Papers. http://www.eacas.eu/2015/11/26/major-north-american-cas-conference-june-2016/ (10.01.2016).

342 Vgl. Witschen, Dieter, Mehr als die Pflicht. Studien zu supererogatorischen Handlungen und ethischen Idealen, Fribourg / Freiburg i. Br. 2006.

343 Häring, Bernhard, Zielethik, in: Lexikon für Theologie und Kirche. Sonderausgabe. Hg. von Höfer, Josef / Rahner, Karl, Bd. 10, Freiburg i. Br. ^{2}1986, Sp. 1369.

344 Zsifkovits, Demokratie, 83.

345 Vgl. Ginters, Rudolf, Die Ausdruckshandlung. Eine Untersuchung ihrer sittlichen Bedeutsamkeit, Düsseldorf 1976.

346 Clark, Stephen R. L., Empty Gluttony, in: Linzey, Andrew / Regan, Tom (Hg.), Animals and Christianity, A Book of Readings, Eugene, OR 2007, 202.

347 Vgl. Priestland, Gerald, Coming Home. An Introduction to the Quakers, London 2004, 12f.

348 Saxena, Vegetarian Imperative.

[349] Union Songs. Step by Step. http://unionsong.com/u030.html (02.01.2016)

[350] Vgl. Remele, Kurt, Tanz um das goldene Selbst? Therapiegesellschaft, Selbstverwirklichung und Gemeinwohl, Graz u. a. 2001, 347–413. Von der evangelischen Kirche wurde der Gemeinwohlbegriff z. B. in der wirtschaftsethischen Denkschrift der EKD *Gemeinwohl und Eigennutz* von 1991 verwendet.

[351] Nell-Breuning, Oswald von, Gerechtigkeit und Freiheit. Grundzüge katholischer Soziallehre, Wien u. a. 1980, 342.

[352] Paul VI., Enzyklika Populorum Progressio, Nr. 3. http://w2.vatican.va/content/paul-vi/de/encyclicals/documents/hf_p-vi_enc_26031967_populorum.html (10.01.2016).

[353] The Common Good and the Catholic Church's Social Teaching. A Statement by the Catholic Bishops' Conference of England and Wales (1996), Nr. 6. http://www.catholic-ew.org.uk/Catholic-News-Media-Library/Archive-Media-Assets/Files/CBCEW-Publications/The-Common-Good-and-the-Catholic-Church-s-Social-Teaching (02.01.2016).

[354] Benedikt XVI., Caritas in veritate, Nr. 50.

[355] Regan, Animal Rights, 72.

[356] Vgl. Remele, Tanz 383–394. Der Begriff des „Kommunitarismus“ ist in den 1980er Jahren als Bezeichnung für jene Philosophinnen und Sozialwissenschaftler üblich geworden, die sich einer Konzeption des Individuums als „ungebundenes Selbst“ (Michael Sandel) entgegensetzen und eine stärkere Einbindung in und Verantwortung für die Gemeinschaft fordern.

[357] De Koninck, Charles, De la primauté du bien commun, contre les personnalistes, Quebec 1943, 57 f. Zit. nach Keys, Mary M., Personal Dignity and the Common Good, A Twentieth-Century Thomistic Dialogue, in: Grasso, Kenneth u. a. (Hg.), Catholicism, Liberalism, and Communitarianism. The Catholic Intellectual Tradition and the Moral Foundations of Democracy, Lanham, MD/London 1995, 178.

[358] Utz, Arthur F., Der Gemeinwohlbegriff der katholischen Soziallehre und seine Anwendung auf die Bestimmung der Wohlfahrt, in: Müller, H. J. (Hg.), Wohlfahrtsökonomik und Gemeinwohl, Paderborn u. a. 1987, 109.

[359] Maritain, Jacques, The Person and the Common Good, Notre Dame, IN ^{2}1972, 58.

[360] Ebd., 50 (Hervorhebung im Original).

[361] Ebd., 53–54.

[362] Keys, Personal Dignity, 185–186.

[363] Johannes XXIII., Enzyklika Mater et magistra, Nr. 219 http://w2.vatican.va/content/john-xxiii/de/encyclicals/documents/hf_j-xxiii_enc_15051961_mater.html (02.01.2016).; vgl. auch Gaudium et spes Art. 25.

[364] Korff, Wilhelm, Ethische Entscheidungskonflikte. Zum Problem der Güterabwägung, in: Handbuch der christlichen Ethik. Aktualisierte Neuausgabe, Bd. 3. Hg. von Hertz, Anselm u. a., Freiburg i. Br. 1993, 84.

[365] Zsifkovits, Gemeinwohl 855.

[366] Nationale Konferenz der katholischen Bischöfe der Vereinigten Staaten von Amerika: Wirtschaftliche Gerechtigkeit für alle: Die katholische Soziallehre und die amerikanische Wirtschaft, in: Gegen Unmenschlichkeit in der Wirtschaft, Freiburg i. Br. 1987, Nr. 28.

[367] Nell-Breuning, Soziallehre, 24.

[368] Bernardin, Moral Vision for America. Vgl. auch Camosy, Love of Animals, Kap. 10.

[369] Bernardin, ebd., 42.

[370] Ebd., 45.

[371] Berkman, John, Is the Consistent Ethic of Life Consistent without a Concern for Animals? In: Linzey, Andrew /Yamamoto, Dorothy (Hg.), Animals on the Agenda, London 1998, 237–247.

[372] Bernardin, Moral Vision, 48.

[373] Watzlawick, Paul / Weakland, John H. / Fisch, Richard, Lösungen. Zur Theorie und Praxis menschlichen Wandels, Bern u. a. [3]1984, 51 f.; Schockenhoff, Ethik des Lebens, 572.

[374] Lüpke, Marc von, Ende der Prohibition. Kein Alkohol war auch keine Lösung, in: Der Spiegel, 05.12.2013. http://www.spiegel.de/einestages/ende-der-prohibition-1933-aus-fuer-das-alkoholverbot-in-den-usa-a-951321.html (10.01.2016)..

[375] Coetzee, Tiere, 15.

[376] Vgl. Wetering, Janwillem van de, Der leere Spiegel. Erfahrungen in einem japanischen Zen-Kloster, Reinbek bei Hamburg 1986, 25 f.

[377] Vgl. Nhat Hanh, Thich, Das Wunder der Achtsamkeit. Einführung in die Meditation, Zürich 1988, 11–13.

[378] De Caussade, Jean-Pierre, The Sacrament of the Present Moment, San Francisco 1982 (Ersterscheinung 1861).

[379] Vgl. Merton, Thomas, Gewaltlosigkeit. Eine Alternative, Zürich / Köln 1986, 361–364.

[380] Zit. nach Nouwen, Henri, Thomas Merton. Contemplative Critic, San Francisco 1981, 75.

[381] Pieper, Josef, Die Aktualität der Kardinaltugenden. Klugheit, Gerechtigkeit, Tapferkeit, Maß, in: Altes Ethos – neues Tabu. Dokumentation, Köln 1974, 22f.

[382] Vgl. Johannes XXIII., Mater et magistra Nr. 236f. Vgl. dazu Pieper, Kardinaltugenden 23: „Freilich ist das Sehen erst die Hälfte der Klugheit; die andere Hälfte der Klugheit besteht darin, das Wirklichkeitswissen zu 'übersetzen' in das Beschließen und Tun."

[383] Hampson, Daphne, After Christianity, London 1996, 260.

[384] Steindl-Rast, David, Wir sind daheim in dieser Welt. Eine Betrachtung über die Sinne als Wege zum Sinn. Videokassette (Audiovisuelle Medienstelle der Diözese Graz-Seckau), o. J.

[385] If slaughterhouses had glass walls.

[386] Ökumenischer Rat der Kirchen, Ökumenische Erwägungen zum Dialog und zu den Beziehungen mit Menschen anderer Religionen. 30 Jahre Dialog und überarbeitete Leitlinien. 01.01. 2004. https://www.oikoumene.org/de/resources/documents/programmes/interreligious-dialogue-and-cooperation/interreligious-trust-and-respect/ecumenical-considerations-for-dialogue-and-relations-with-people-of-other-religions?set_language=de (02.01.2016).

[387] Ware, Kallistos, Compassion for animals in the Orthodox Church. Vortrag im Rahmen der Annual Oxford Animal Ethics Summer School, 21. Juli 2014, St. Stephen's House, Oxford (meine Mitschrift).

[388] Rheinz, Judentum, 188.

[389] Krausen, Halima, Islam, in: Ferrari, Arianna / Petrus, Klaus (Hg.), Lexikon der Mensch-Tier-Beziehungen. Bielefeld 2015, 178.

[390] Vgl. Remele, Kurt, Zwischen Apathie und Mitgefühl. Religiöse Lehren aus tierethischer Perspektive, in: Interdisziplinäre Arbeitsgemeinschaft Tierethik (Hg.), Tierrechte. Eine interdisziplinäre Herausforderung, Erlangen 2007, 265–267.

[391] Mayer, Daniel, Hinduismus und Vegetarismus.http://www.vegetarismus.ch/heft/2004-3/hinduismus.htm (02.01.2016).

[392] Vgl. Knörzer, Guido, Töten und Fressen? Spirituelle Impulse für einen anderen Umgang mit Tieren, München 2001, 83: „Wir wissen aus der Alltagspraxis, dass genau diese religiöse Verehrung im Grunde genommen einen Tierschutz für Kühe stark behindert."

[393] Vgl. Donaldson, Brianne, Jainismus, in: Ferrari, Arianna / Petrus, Klaus (Hg.), Lexikon der Mensch-Tier-Beziehungen, Bielefeld 2015, 184–187.

[394] Gerlitz, Peter, Das Ethos des Buddhismus, in: Khoury, Adel Theodor (Hg.), Ethos der Weltreligionen, Freiburg i. Br. 1993, 57.

[395] Klöcker, Michael / Tworuschka, Monika / Tworuschka, Udo (Hg.), Wörterbuch Ethik der Weltreligionen. Die wichtigsten Unterschiede und Gemeinsamkeiten, Gütersloh 1995, 176.

[396] Vgl. Singer, Peter, Writing on an Ethical Life, New York 2000, 68.

[397] Phelps, Great Compassion.

[398] Stürzer, Buddhismus, 95.

[399] Weißgrab, Buddhismus.

[400] Die fünf Achtsamkeitsübungen.

[401] Vgl. Nhat Hanh, Achtsam leben, 112 f.; O'Reilley, Barn, 137 f.

[402] Difficult Decisions, in: RSPCA Animal Life, Autumn 2010, 20 f.

[403] Ebd.

[404] Korff, Wilhelm, Kernenergie und Moraltheologie, Frankfurt am Main 1979, 90.

[405] Ebd., 68–90. Vgl. auch Remele, Konflikt.

[406] Regan, Animal Rights (2004) 307–312.

[407] Ebd., 305–307.

[408] Korff, Moraltheologie, 81.

[409] Davis, Steven, The Least Harm Principle May Require that Humans Consume a Diet Containing Large Herbivores, Not a Vegan Diet, in: Journal of Agricultural and Environmental Ethics 16 (2003) 387–394.

[410] Matheny, Geverick, Least Harm, A Defence of Vegetarianism from Steven Davis's Omnivorous Proposal, in: Journal of Agricultural and Environmental Ethics 16 (2003) 387–394.

[411] Singer / Mason, Ethics, 255.

[412] Matheny, Least Harm, 507.

[413] STS-Merkblatt. Wildtiere. Rehkitzrettung. Rehkitze schützen bei der Heuernte. http://www.tierschutz.com/publikationen/wildtiere/infothek/mb_rehkitzrettung.pdf (02.01.2016).

[414] Schützt die Wildtiere. Von innen nach außen mähen und ernten. Bayerischer Bauernverband u. a. http://www.jagd-bayern.de/fileadmin/_BJV/Veranstaltungen_und_News/Landesjaegertag_Bamberg/Boschuere_Schuetzt_die_Wildtiere.pdf (02.01.2016).

[415] Vgl. Remele, Kurt, Ziviler Ungehorsam. Eine Untersuchung aus der Sicht christlicher Sozialethik, Münster 1992.

[416] Francione, Animal Rights, XXII f.

[417] Ebd., XXV.

[418] Korff, Moraltheologie, 89.

[419] Regan, Animal Rights (1985).

Literatur

Adam, Adolf: Ethik der Jagd, Paderborn 1996

Adams, Carol J.: The Sexual Politics of Meat. A Feminist-Vegetarian Critical Theory. Twentieth Anniversary Edition, New York / London 2010. (Ersterscheinung 1990)

Akhtar, Aysha: The Flaws and Human Harms of Animal Experimentation, in: Cambridge Quarterly of Healthcare Ethics 24 (2015) 407-419

AKUT. Aktion Kirche und Tiere e. V. http://www.aktion-kirche-und-tiere.de/cms/front_content.php?idcatart=655 (10.01.2016)

Animal Equality. Zur Verteidigung aller Tiere. http://www.animalequality.de/essen (10.02.2016)

Augustinus: De Moribus Ecclesia Catholicae et de Moribus Manichaeorum - Die Lebenführung der katholischen Kirche und die Lebensführung der Manichäer. Zweisprachige Ausgabe. Eingeleitet, kommentiert und herausgegeben von Elke Rutzendörfer, Paderborn u. a. 2004 (Werke Bd. 25)

Augustinus: Zweiundzwanzig Bücher über den Gottesstaat. Kempten / München 1911-16. (Des heiligen Kirchenvaters Aurelius Augustinus ausgewählte Schriften 1-3, Bibliothek der Kirchenväter, 1. Reihe, Band 01, 16, 28). http://www.unifr.ch/bkv/buch91.htm (02.01.2016)

Balcombe, Jonathan: Pleasurable Kingdom: Animals and the Nature of Feeling Good, London u. a. 2006

Balluch, Martin: Der Hund und sein Philosoph. Plädoyer für Autonomie und Tierrechte, Wien ^{2}2015

Balluch, Martin: Die Kontinuität von Bewusstsein. Das naturwissenschaftliche Argument für Tierrechte, Wien 2005

Baranzke, Heike: Lammfleisch Gottes. Den Christen fehlt ein Ethos des Schlachtens, in: Die Zeit, 02.04.1998. http://www.zeit.de/1998/15/Lammfleisch_Gottes (02.01.2016)

Barth, Karl: Die kirchliche Dogmatik, Bd.3: Die Lehre von der Schöpfung, Teil 4. Zollikon-Zürich 1957.

Bauckham, Richard: Jesus and Animals II: What Did He Practise? in: Linzey, Andrew / Yamamoto, Dorothy (Hg.): Animals on the Agenda, London 2008, 49–60
Baum, Gregory: Amazing Church. A Catholic Theologian Remembers a Half-Century of Change, Maryknoll, N. Y. 2005
Bechmann, Ulrike: Ein Streit über zerstörerische Religion. Debatte, in: Kleine Zeitung, 30.10.2015, 44
Bekoff, Marc / Pierce, Jessica: Wild Justice. The Moral Lives of Animals, Chicago 2009
Bekoff, Marc, and Carron A. Meaney (Hg.): Encyclopedia of Animal Rights and Animal Welfare, Westport, CT 1998
Bekoff, Marc: Animal Manifesto. Six Reasons for Expanding Our Compassion Footprint, Novota, CA: 2010
Bender, Ludovico: Animali, in: Roberti, Francesco (Hg.): Dizionario di teologia morale, Rom ²1957, 67–68
Benedikt XVI.: Enzyklika Caritas in veritate. http://w2.vatican.va/content/benedict-xvi/de/encyclicals/documents/hf_ben-xvi_enc_20090629_caritas-in-veritate.html (10.01.2016)
Benedikt XVI.: Licht der Welt. Der Papst, die Kirche und die Zeichen der Zeit. Ein Gespräch mit Peter Seewald, Freiburg i. Br. 2010.
Benedikt XVI.: Predigt bei der Abendmahlmesse in der Lateranbasilika, Gründonnerstag, 5. April 2007. http://www.vatican.va/holy_father/benedict_xvi/homilies/2007/documents/hf_ben-xvi_hom_20070405_coena-domini_ge.html (02.01.2016)
Benedikt XVI.: Was ist das – der Glaube? Joseph Ratzinger / Papst Benedikt XVI.-Stiftung http://ratzinger-papst-benedikt-stiftung.de/glaubensjahr_4.html (16.12.2015)
Bentham, Jeremy: An Introduction to the Principles of Morals and Legislation, New York 1945 (Ersterscheinung 1789)
Berkman, John: Is the Consistent Ethic of Life Consistent without a Concern for Animals? In: Linzey, Andrew /Yamamoto, Dorothy: Animals on the Agenda. London 1998, 237–247
Bernardin, Joseph: A Moral Vision for America, hg. von Langan, John, Washington, D. C. 1998
Bernhart, Joseph: Die unbeweinte Kreatur. Reflexionen über das Tier, neu hg. von Georg Schwaiger, München ²1987
Bernhart, Joseph: Heilige und Tiere, Weißenhorn ²1997
Blenkinsopp, Joseph: Treasures Old and New: Essays in the Theology of the Pentateuch, Grand Rapids, MI / Cambridge, U. K. 2004

Bodderas, Elke: Fische sind intelligent - nicht nur im Schwarm, in: Die Welt, 10.01.2011. http://www.welt.de/wissenschaft/article12068006/Fische-sind-intelligent-nicht-nur-im-Schwarm.html (02.01.2016)

Brauchtumsseiten - Speisenweihe. http://www.brauchtumsseiten.de/a-z/s/speisenweihe/home.html (02.01.2016)

Breitmaulnashorn Nola in San Diego gestorben, in: Der Standard, 23. November 2015. http://derstandard.at/2000026235934/Breitmaulnashorn-Nola-in-San-Diego-gestorben (29.12.2015)

Brown, Culum / Laland, Kevin / Krause, Jens: Fish Cognition and Behavior. Hoboken, N. J. ²2011

Bryson, Bill: Eine kurze Geschichte von fast allem, München ⁴2004

Bryson, Bill: Picknick mit Bären, München 1999

Burgen, Stephen: We're a violent nation - director tackles Spain's festive culture of animal cruelty, in: The Guardian, 06.07.2015. http://www.theguardian.com/world/2015/jul/06/violent-nation-spain-festival-animal-cruelty-turkey-bulls-film-santa-fiesta (02.01.2016)

Camosy, Charles: For Love of Animals. Christian Ethics, Consistent Action, Cincinnati, OH 2013 (Kindle E-Book).

Carretero-González, Margarita: From Excommunication to Silence: Catholic Attitudes to Bullfighting, in: Abstract of Papers. Oxford Summer School on Animal Ethics, 2014: Religion and Animal Protection, 6

Chien-hui, Li: Mobilizing Christianity in the Antivivisection Movement in Victorian Britain, in: Journal of Animal Ethics 2/2 (Fall 2012) 141 - 161

Clark, Stephen R. L.: Empty Gluttony, in: Linzey, Andrew / Regan, Tom (Hg.): Animals and Christianity. A Book of Readings. Eugene, OR 2007.

Clayton, Philip / Peacocke, Arthur (Hg.): In Whom We Live and Move and Have Our Being. Panentheistic Reflections on God's Presence in a Scientific World, Grand Rapids, MI / Cambridge, U. K. 2004

Coetzee, J[ohn] M[axwell]: Das Leben der Tiere, Frankfurt am Main ²2001

Coren, Stanley: Does My Dog Recognize Himself in the Mirror? In: Psychology Today, 7. Juli 2011. https://www.psychologytoday.-com/blog/canine-corner/201107/does-my-dog-recognize-himself-in-mirror (10.01.2016)

Dann, Christian Adam / Knapp, Albert: Wider die Tierquälerei. Frühe Aufrufe zum Tierschutz aus dem württembergischen Pietismus, hg. von Martin H. Jung, Leipzig 2002

Das Geschäft mit dem Tod – Das letzte Artensterben. Ausstellung Naturhistorisches Museum Wien, 23. Oktober 2013 – 21. April 2014. http://www.nhm-wien.ac.at/jart/prj3/nhm/data/uploads/Pressemappe_Artensterben_211013.pdf (02.01.2016)

Das Kindheitsevangelium des Thomas. http://minerva79.de/para/b%C3%BCcher/kindheitsevangelium/kindheitsthomas.html (02.01.2016)

Davis, Steven: The Least Harm Principle May Require that Humans Consume a Diet Containing Large Herbivores, Not a Vegan Diet, in: Journal of Agricultural and Environmental Ethics 16 (2003) 387–394

De Caussade, Jean-Pierre: The Sacrament of the Present Moment, San Francisco 1982 (Ersterscheinung 1861)

De Koninck, Charles: De la primauté du bien commun, contre les personnalistes, Quebec 1943

Dear, John: Christianity and Vegetarianism: Pursuing the Nonviolence of Jesus. Norfolk, VA. http://www.afa-online.org/docs/Christianity%20and%20Vegetarianism.pdf (15.06.2015)

DeGrazia, David: Animal Rights: A Very Short Introduction, Oxford 2002

Deidun, Tom: The Bible and Christian Ethics, in: Hoose, Bernard (Hg.): Christian Ethics: An Introduction, Collegeville, MN, 1998, 3–46

Deloria, Vine, Jr.: For this Land. Writings on Religion in America, New York, N. Y. 1999.

Deschner, Karlheinz: Das schwärzeste aller Verbrechen. Christen gegen die Kreatur. Eine Polemik, in: Die Zeit Nr. 35, 22.08.1997, 40

Die fünf Achtsamkeitsübungen nach Zenmeister Thich Nhat Hanh. http://www.phathue.de/newsletter/fuenf-achtsamkeitsubungen/ (02.01.2016)

Die Benediktsregel. Eine Anleitung zu christlichem Leben. Der vollständige Text der Regel übersetzt und erklärt von Georg Holzherr, Einsiedeln / Köln 1980

Die Unabhängigkeit. Kongresssitzung vom 4. Juli 1776. Einstimmige Erklärung der dreizehn Vereinigten Staaten von Amerika. http://usa.usembassy.de/etexts/gov/unabhaengigkeit.pdf (02.01.2016)

Die Verantwortung des Menschen für das Tier. Positionen – Überlegungen – Anregungen, hg. vom Sekretariat der Deutschen Bischofskonferenz, Bonn 1993 (Arbeitshilfen 113)

Difficult Decisions, in: RSPCA Animal Life, Autumn 2010, 20f.

Dinzelbacher, Peter: Mittelalter, in: ders. (Hg.): Mensch und Tier in der Geschichte Europas, Stuttgart 2000, 181 - 292, 211 - 230
Dodd, C. H.: The Parables of the Kingdom, London 1935
Dodo tot, Baum tot, in: Die Zeit, 30.09.1977. http://www.zeit.de/1977/40/dodo-tot-baum-tot (02.01.2016)
Donaldson, Brianne: Jainismus, in: Ferrari, Arianna / Petrus, Klaus (Hg.): Lexikon der Mensch-Tier-Beziehungen, Bielefeld 2015, 184 - 187
Donaldson, Sue / Kymlicka, Will: Zoopolis. Eine politische Theorie der Tierrechte, Berlin 2013
Drewermann, Eugen: Der tödliche Fortschritt. Von der Zerstörung der Erde und des Menschen im Erbe des Christentums, Regensburg [5]1981
Drewermann, Eugen: Die Zehn Gebote. Zwischen Weisung und Weisheit. Gespräche mit Richard Scheider, Düsseldorf [2]2006
Drewermann, Eugen: Über die Unsterblichkeit der Tiere. Hoffnung für die leidende Kreatur, Düsseldorf 2008
Dronte oder Dodo. Naturhistorisches Museum Wien. http://www.nhm-wien.ac.at/presse/top_10?presseartikel_id=1350263474736 (02.01.2016)
Duddy, Cathal: From Steward to Family Member: A Franciscan Approach to Environmental Theology (Paper), Konferenz der Europäischen Gesellschaft für katholische Theologie „Eager Longing of Creation“, Limerick, Irland, 21. August 2009
Dunkerley, Roderic: Beyond the Gospels, Harmondsworth [2]1961
Elwood, Robert W. / Magee, Barry: Shock Avoidance by Discrimination Learning in the Shore Crab (Carcinus maenas) is Consistent with a Key Criterion for Pain“, in: Journal of Experimental Biology 216 (2013) 253 - 258
Entscheidend war der Aufruf seiner Heiligkeit, Tiere als Geschöpfe Gottes zu sehen, die unseren Schutz und Respekt verdienen. http://www.peta.de/papst-franziskus-ist-petas-person-of-the-year-2015#.VnR2RybSncu (18.12.2015)
Experiments Reveal that Crabs and Lobsters Feel Pain. http://blogs.nature.com/news/2013/08/experiments-reveal-that-crabs-and-lobsters-feel-pain.html (02.01.2013)
Fabbretti, Nazareno: Animals write ... Dear humans, Middlegreen 1990
Fakten zur Pelzproduktion. ProTier - Stiftung für Tierschutz und Ethik. http://www.protier.ch/site/index.cfm?id_art=97250&actMenuItemID=45057&vsprache=de

Farkas, Reinhard: Ungeteilter Frieden – Ein Beitrag zum 125. Geburtstag von Johannes Ude (1874–1965), in: Anima. Zeitschrift für Tierrechte 15,4 (1999) 3–6
Festetics, Antal: Ob alle Menschen eine Seele haben? In: Die Presse 09.06.2012. http://diepresse.com/home/leben/mode/764417/Antal-Festetics_Ob-alle-Menschen-eine-Seele-haben (10.01.2016)
Fill, Alwin: Ökolinguistik. Eine Einführung, Tübingen 1993
Flannery, Tim / Schouten, Peter: A Gap in Nature. Discovering the Word's Extinct Animals, New York 2001
Foer, Jonathan Safran: Tiere essen, Frankfurt am Main [4]2014
Francione, Gary L.: Introduction to Animal Rights. Your Child or the Dog? Philadelphia 2007
Franziskus: Apostolisches Schreiben Evangelii Gaudium, hg. vom Sekretariat der Deutschen Bischofskonferenz, Bonn 2013. (Verlautbarungen des Apostolischen Stuhls Nr. 194)
Franziskus: Laudato Sí. Über die Sorge für das gemeinsame Haus, hg. vom Sekretariat der Deutschen Bischofskonferenz, Bonn 2015. (Verlautbarungen des Apostolischen Stuhls Nr. 202)
Franziskus: Papstrede vor der UNO. http://de.radiovaticana.va/news/2015/09/25/papstrede_vor_der_uno/1174603 (02.01.2016)
Freude am Leben, in: Sonntagsblatt für Steiermark Nr. 17, 26. April 2015, IV.
Fülbeck, Tobias: Vegane und vegetarische Ernährung: 13 Anzeichen dafür, dass in Deutschland Gemüse zum Star wird, in: Huffington Post, 18.06.2014. http://www.huffingtonpost.de/2014/06/18/veganer-vegetarier-ernaehrung-gemuese_n_5507328.html (02.01.2016)
Fuchs, Guido: Gott und Gaumen. Eine kleine Theologie des Essens und Trinkens, München 2010
Gabbe, Bettina: Die Katzen des Papstes, in: Kleine Zeitung, 09.03.2010, 14
Gaudium et spes. Pastorale Konstitution über die Kirche in der Welt von heute, in: Lexikon für Theologie und Kirche Bd. III / 14: Das Zweite Vatikanische Konzil. Dokumente und Kommentare, hg. von Brechter, Heinrich Suso u. a. Freiburg i. Br. 1986, 241–592
Gerlitz, Peter: Das Ethos des Buddhismus, in: Khoury, Adel Theodor (Hg.): Ethos der Weltreligionen, Freiburg i. Br. 1993, 47–74
Ginters, Rudolf: Die Ausdruckshandlung. Eine Untersuchung ihrer sittlichen Bedeutsamkeit, Düsseldorf 1976
Glauberger Schuldbekenntnis. http://www.aktion-kirche-und-tiere.de/cms/upload/Downloads/Glauberger_Schuldbekenntnis.Fertig.pdf (10.01.2016)

Gojowczyk, Jiska: Ökofaire Beschaffungspraxis in Kirche und Diakonie. Potentiale, Hemmnisse und Handlungsperspektiven, Stuttgart 2011

Goldner, Colin: Great Ape Projekt, in: Ferrari, Arianna / Petrus, Klaus (Hg.): Lexikon der Mensch-Tier-Beziehungen, Bielefeld 2015, 136–138

Goodall, Jane: Why it is Time for a Theological Zoology! In: Hagencord, Rainer (Hg.): Wenn sich Tiere in der Theologie tummeln. Ansätze einer theologischen Zoologie, Regensburg 2010, 10–20

Goodland, Robert / Anhang, Jeff: Lifestock and Climate Change. World Watch, November / Dezember 2009. http://www.worldwatch.org/files/pdf/Livestock%20and%20Climate%20Change.pdf (10.01.2016)

Grimm, Veronika: From Feasting to Fasting, the Evolution of a Sin: Attitudes to Food in Late Antiquity, London 1996

Grumett, David / Muers, Rachel: Theology on the Menu. Ascetism, Meat and Christian Diet, Abingdon 2010

Gudorf, Christine E. / Huchingson, James E. (Hg.): Boundaries. A Casebook in Environmental Ethics, Washington, D. C. ²2010

Gumbley, Walter: Saints and Animals, in: http://www.all-creatures.org/ca/ark-196-saints.html (10.01.2016)

Hagencord, Rainer: Die Würde der Tiere, Eine religiöse Wertschätzung, Gütersloh 2011

Hampson, Daphne: After Christianity, London 1996

Harari,Yuval Noah: Industrial farming is one of the worst crimes in history, in: The Guardian, 25.09.2015. http://www.theguardian.com/books/2015/sep/25/industrial-farming-one-worst-crimes-history-ethical-question (10.01.2016)

Häring, Bernhard: Zielethik, in: Lexikon für Theologie und Kirche. Sonderausgabe, hg. von Höfer, Josef / Rahner, Karl, Bd. 10. Freiburg i. Br. ²1986, Sp. 1369

Harrison, Ted: The Durham Phenomenon. What does today's most controversial bishop really believe? London 1985

Hergemüller, Bernd-Ulrich: Krötenkuss und schwarzer Kater. Ketzerei, Götzendienst und Unzucht in der inquisitorischen Phantasie des 13. Jahrhunderts, Warendorf 1996

Herzer, Jens: Zeichen und Wunder. Neutestamentliche Perspektiven. Vortrag in Leipzig am 2.11.2007. https://relpaed.theol.uni-leipzig.de/fileadmin/relpaed.theol.uni-leipzig.de/uploads/herzer06.pdf (02.01.2016)

Hinman, Lawrence M.: Ethics. A Pluralistic Approach to Moral Theory, Fort Worth u. a. ²1998

His Eye Is on the Sparrow. http://johntroutman.com/lyrics/hiseyeisonthesparrow.html (02.01.2016).
Holl, Adolf: Der letzte Christ. Franz von Assisi, Frankfurt am Main 1982
Honecker, Martin: Grundriß der Sozialethik. Berlin 1995
Hörmann, Karl: Tier, in: ders. (Hg.): Lexikon der christlichen Moral. Innsbruck u. a., 1576–1579
Hossfeld, Frank-Lothar: „Du sollst nicht töten!" Das fünfte Dekaloggebot im Kontext alttestamentlicher Ethik, Stuttgart: Kohlhammer 2003
How many species are we losing? WWF Global. http://wwf.panda.org/about_our_earth/biodiversity/biodiversity/ (02.01.2016)
Hursthouse, Rosalind: Die Anwendung der Tugendethik auf unsere Behandlung der anderen Tiere, in: Wolf, Ursula (Hg.): Texte zur Tierethik, Stuttgart 2008, 121–131
Inge, William Ralph. http://www.trianglevegsociety.org/artalk-ncsec.pdf (10.01.2016)
Interview mit Peter Singer, Arte TV, 02.09.2008. http://webcache.-googleusercontent.com/search?q=cache:199x-EAJLCYJ:www.arte.tv/de/interview-mit-peter-singer/704992,CmC%3D562290.html+&cd=1&hl=de&ct=clnk&gl=at (02.01.2016)
Irenäus: Fünf Bücher gegen die Häresien (Contra Haereses), München 1912 (Bibliothek der Kirchenväter, 1. Reihe, Band 3). http://www.unifr.ch/bkv/buch62.htm (02.01.2016)
It's not a sin to starve your dog [,] says archbishop, in: The Fellowship of Life. http://www.all-creatures.org/fol/art-20090509-1.html (02.01.2016)
Jensen, Anette / Scheub, Ute: Menschen und Tiere. Wir haben sie zum Fressen gern, in: Der Tagesspiegel, 26.01.2001. http://www.tagesspiegel.de/weltspiegel/menschen-und-tiere-wir-haben-sie-zum-fressen-gern/197258.html. (02.01.2016)
Johannes XXIII.: Enzyklika Mater et magistra. http://w2.vatican.va/content/john-xxiii/de/encyclicals/documents/hf_j-xxiii_enc_15051961_mater.html (02.01.2016)
Jones, Deborah M.: The School of Compassion. A Roman Catholic Theology of Animals, Leominster 2009
Joy, Melanie: Why We Love Dogs, Eat Pigs, and Wear Cows. An Introduction to Carnism, San Francisco, CA 2010
Joyner, Alfred: Santa Fiesta: How over 60.000 animals are killed each year during Spain's religious festivals, in: International Business Times, 22.07.2015.

http://www.ibtimes.co.uk/santa-fiesta-how-over-60000-animals-are-killed-each-year-during-spains-religious-festivals-1507409 (02.01.2016)

Kapellari, Egon: Gespräche über die Jagd. Ein fast mystisches Erlebnis, in: Der Anblick Nr. 2 (2006) 34 - 37

Katechismus der Katholischen Kirche, München u. a. 1993

Katechismus der Katholischen Kirche. Neuübersetzung aufgrund der Editio typica Latina. München u. a. 1997

Keillor, Garrison: We Are Still Married, London 1993

Kelly, Kevin: 50 Years Receiving Vatican II: A Personal Odyssey. In: CatholicIreland.net. May 10, 2012. http://www.catholicireland.-net/50-years-receiving-vatican-ii-a-personal-testimony (02.01.2016)

Keys, Mary M: Personal Dignity and the Common Good: A Twentieth-Century Thomistic Dialogue, in: Grasso, Kenneth u. a. (Hg.): Catholicism, Liberalism, and Communitarianism. The Catholic Intellectual Tradition and the Moral Foundations of Democracy, Lanham, MD/London 1995, 173 - 195

Kheel, Marti: Nature Ethics. An Ecofeminist Perspective, Lanham u. a. 2008

Kingsford, Anna: Her Life, Letters, Diary and Work, Bd. 2, London 1896

Kimmel, Wolfgang: „Gott der Tiere“. Theologisch-ethische Grundlagen im Dialog mit Andrew Linzey. Dissertation im Fach Moraltheologie an der Universität Wien, 2011. http://othes.univie.ac.at/16603/ (10.01.2016)

Klinghardt, Matthias: Legionsschweine in Gerasa. Lokalkolorit und historischer Hintergrund von Mk 5,1 - 20, in: Zeitschrift für neutestamentliche Wissenschaft 98 (2007) 28 - 48

Klöcker, Michael / Tworuschka, Monika / Tworuschka, Udo (Hg.): Wörterbuch Ethik der Weltreligionen. Die wichtigsten Unterschiede und Gemeinsamkeiten, Gütersloh 1995

Knörzer, Guido: Töten und Fressen? Spirituelle Impulse für einen anderen Umgang mit Tieren, München 2001

Kolbert, Elizabeth: Das sechste Sterben. Wie der Mensch Naturgeschichte schreibt, Berlin 2015

Kommen Hunde in den Himmel, Herr Hagencord? In: Der Spiegel 15, 4. April 2015. http://www.spiegel.de/spiegel/print/d-133262125.html (20.12.2015)

Korff, Wilhelm: Ethische Entscheidungskonflikte: Zum Problem der Güterabwägung, in: Handbuch der christlichen Ethik. Aktua-

lisierte Neuausgabe, Bd. 3. Hg. von Hertz, Anselm u. a., Freiburg i. Br. 1993, 78–92
Korff, Wilhelm: Kernenergie und Moraltheologie, Frankfurt am Main 1979
Korff, Wilhelm: Theologische Ethik. Eine Einführung, Freiburg i. Br. 1975
Kotrschal, Kurt: Wolf – Hund – Mensch. Die Geschichte einer jahrtausende alten Beziehung, Wien 2012
Krausen, Halima: Islam, in: : Ferrari, Arianna / Petrus, Klaus (Hg.): Lexikon der Mensch-Tier-Beziehungen, Bielefeld 2015, 178–180
Krech III, Shepard: The Ecological Indian. Myth and History, New York, N.Y 2000
Kronsbein, Joachim: Ab in den Himmel, in: Der Spiegel 52 (2009). http://www.spiegel.de/spiegel/print/d-68316867.html (02.01.2016)
Küng, Hans: Christ sein. München [5]1975
Küng, Hans: Weltethos für Weltpolitik und Weltwirtschaft, München 1997
Kunze, Anne: Die Schlachtordnung, in: Die Zeit Nr. 51 (11. Dezember 2014) 21–23
Labonca. Schlachtung. http://www.labonca.at/labonca/das_weideschlachthaus/schlachtung/ (02.01.2016)
Lamb, Matthew L.: Solidarity with Victims, New York 1982
Lambert, Malcolm: Die Geschichte der Katharer. Aufstieg und Fall der großen Ketzerbewegung, Darmstadt 2001
Lassek, Reinhard: Schöner als biologisch erforderlich, in: Spektrum, 15.10.2008. http://www.spektrum.de/rezension/warum-voegel-singen/968695 (10.02.2016)
Laun, Andreas: Die Entwicklung der Arten – und der Mensch. http://stjosef.at/dokumente/evo_laun.htm (10.01.2016)
Lecky, William Edward Hartpole: History of European Morals from Augustus to Charlemagne, Bd. 2. New York 1870.
Leder oder Pelz – Was ist schlimmer? Für welches Produkt leiden Tiere mehr? http://www.peta.de/pelz-oder-leder#.VnaaWybSncs (02.01.2016)
Leitzmann, Claus: Gesunde Ernährung. Die 101 wichtigsten Fragen, München 2010
Leitzmann, Claus: Vegetarismus. Grundlagen, Vorteile, Risiken, München [4]2012
Lengauer, Erwin / Theuer, Eberhart: Tierrechte: Irrational, extrem, gefährlich? In: Riether, Edith / Weiss, Noah Michael (Hg.): Tier – Mensch – Ethik, Wien / Berlin 2012, 73–104

Lexikon des Stierkampfes. http://stierkampf.dreamlex.de/lexicon.php?id=1287 (02.01.2016)
Lifestock's Long Shadow. Environmental Issues and Options. Food and Agriculture Organization of the United Nations, Rom 2006. http://www.fao.org/docrep/010/a0701e/a0701e00.HTM (10.01.2016)
Linzey, Andrew: Address at Westminster Abbey. http://www.oxfordanimalethics.com/what-we-do/commentary/address-at-westminster-abbey/ (02.01.2016)
Linzey, Andrew / Clarke, Paul Barry (Hg.): Animal Rights. A Historical Anthology. New York, 2004.
Linzey, Andrew / Cohn, Priscilla N.: From the Editors. Terms of Discourse, in: Journal of Animal Ethics 1/1 (Spring 2011) VII–IX
Linzey, Andrew / Cohn-Sherbok, Dan: After Noah: Animals and the Liberation of Theology, London 1997
Linzey, Andrew / Regan Tom (Hg.): Animals and Christianity. A Book of Readings. Eugene, OR 2007
Linzey, Andrew: Animal Gospel. Louisville, KY 1999
Linzey, Andrew: Animal Rights, in: Clarke, Paul Barry / Linzey, Andrew (Hg.): Dictionary of Ethics. Theology and Society, London / New York 1996, 29–33
Linzey, Andrew: Animal Rights. A Christian Assessment of Man's Treatment of Animals, London 1976
Linzey, Andrew: Animal Theology, London 1994
Linzey, Andrew: Sentientism, in: Bekoff, Marc (Hg.): Encyclopedia of Animal Rights and Animal Welfare, Westport, CT 1998, 311
Linzey, Andrew: Why Animal Suffering Matters. Philosophy, Theology, and Practical Ethics, Lecture given at Dulwich Picture Gallery in London, Oxford 2014. (DVD)
Linzey, Andrew: Why Animal Suffering Matters, Oxford 2009
Lockwood, Michael: Singer on Killing and the Preference of Life, in: Inquiry 22 (1979) 157–171
Loske, Karl-Heinz: Von der Jagd und den Jägern. Bruder Tier und sein Recht zu leben, Münster 2006.
Lüpke, Marc von: Ende der Prohibition. Kein Alkohol war auch keine Lösung, in: Der Spiegel, 05.12.2013. http://www.spiegel.de/einestages/ende-der-prohibition-1933-aus-fuer-das-alkoholverbot-in-den-usa-a-951321.html (10.01.2016)
Major North American CAS Conference – June 2016. Call for Conference Papers. http://www.eacas.eu/2015/11/26/major-north-american-cas-conference-june-2016/ (10.01.2016)

Mannes, Jeff: Karnismus, in: Ferrari, Arianna / Petrus, Klaus (Hg.): Lexikon der Mensch-Tier-Beziehungen, Bielefeld 2015, 191–193
Manning, Henry Edward: Speeches against Vivisection. Catholic Concern for Animals. *http://www.all-creatures.org/ca/archive-manning.html (10.01.2016)*
Maritain, Jacques: The Person and the Common Good, Notre Dame, IN ²1972
Marshall, Michael E.: The Anglican Church: Today and Tomorrow, Wilton, CT 1984
Matheny, Geverick: Least Harm: A Defence of Vegetarianism from Steven Davis's Omnivorous Proposal, in: Journal of Agricultural and Environmental Ethics 16 (2003) 387–394
Mausetot, in: DWDS. Das Wortauskunftssystem zur deutschen Sprache in Geschichte und Gegenwart. http://zwei.dwds.de/wb/mausetot (02.01.2016)
Mayer, Daniel, Hinduismus und Vegetarismus.http://www.vegetarismus.ch/heft/2004-3/hinduismus.htm (02.01.2016)
McCartney, Paul: If slaughterhouses had glass walls, everyone would be vegetarian. https://www.youtube.com/watch?v=X4TON3BxTxg (02.01.2016)
McCormick, Richard A.: Corrective Vision. Explorations in Moral Theology, Kansas City, MO. 1994
McCormick, Richard A.: Does Religious Faith Add to Ethical Perception? In: Curran, Charles / McCormick, Richard A. (Hg.), The Distinctiveness of Christian Ethics, New York 1980, 156–173 (Readings in Moral Theology 2)
McKenzie, John L.: The New Testament without Illusion, New York, N. Y. 1982
Meeting with the Members of the General Assembly of the United Nations Organization. Address of the Holy Father. New York, 25.09.2015. http://w2.vatican.va/content/francesco/en/speeches/2015/september/documents/papa-francesco_20150925_onu-visita.html (02.01.2016)
Meier, John P.: A Marginal Jew, Bd. 1: Rethinking the Historical Jesus. The Roots of the Problem and the Person, New York 1991
Merton Thomas: No Man is an Island, Boston 2005 (Ersterscheinung 1955)
Merton, Thomas: Gewaltlosigkeit. Eine Alternative, Zürich / Köln: 1986
Metz, Johann Baptist: Zur Theologie der Welt, Mainz / München 1968
Moloney, M. E.: Animals can't say no. Leserbrief, in: The Tablet, 12. Februar 1983, 10.

http://archive.thetablet.co.uk/article/12th-february-1983/10/animals-cant-say-no (20.12.2015)
Morton, David B.: Pain, in: Bekoff, Marc (Hg.): Encyclopedia of Animal Rights and Animal Welfare, Westport, CT 1998, 263-264
Nationale Konferenz der katholischen Bischöfe der Vereinigten Staaten von Amerika: Wirtschaftliche Gerechtigkeit für alle: Die katholische Soziallehre und die amerikanische Wirtschaft, in: Gegen Unmenschlichkeit in der Wirtschaft, Freiburg i. Br. 1987, 3-198
Nell-Breuning, Oswald von: Gerechtigkeit und Freiheit. Grundzüge katholischer Soziallehre, Wien u. a 1980
Nell-Breuning, Oswald von: Soziallehre der Kirche. Erläuterungen der lehramtlichen Dokumente, Wien u. a. ²1978
Neueste IFES Studie bestätigt Veggie-Boom: 9 % VegetarierInnen in Österreich! http://www.ots.at/presseaussendung/OTS_20130821_OTS0142/neueste-ifes-studie-bestaetigt-veggie-boom-9-vegetarierinnen-in-oesterreich (02.01.2016)
Nhat Hanh, Thich: Achtsam leben - wie geht denn das? Berlin 2005
Nhat Hanh, Thich: Das Wunder der Achtsamkeit. Einführung in die Meditation, Zürich 1988
Nimmervoll, Lisa: Die mit den Wölfen tanzt, in: Der Standard, 04.02.2013. http://derstandard.at/1358305610218/Die-mit-den-Woelfen-tanzt (10.01.2016)
Nineham, Dennis: The Use and Abuse of the Bible. A Study of the Bible in an Age of Rapid Cultural Change, London ²1985
Normalizing the Unthinkable: The Ethics of Using Animals in Research. A Report by the Working Group of the Oxford Centre for Animal Ethics, hg. von Linzey, Andrew / Linzey, Clair, Oxford 2015
Nouwen, Henri: Thomas Merton. Contemplative Critic, San Francisco 1981.
Nussbaum, Martha: Die Grenzen der Gerechtigkeit. Behinderung, Nationalität und Spezieszugehörigkeit, Berlin 2010
O'Reilley, Mary Rose: The Barn at the End of the World. The Apprenticeship of a Quaker, Buddhist Shepherd, Minneapolis, MN 2000
Ökumenischer Rat der Kirchen: Ökumenische Erwägungen zum Dialog und zu den Beziehungen mit Menschen anderer Religionen. 30 Jahre Dialog und überarbeitete Leitlinien. 01.01. 2004. https://www.oikoumene.org/de/resources/documents/programmes/interreligious-dialogue-and-cooperation/interreligious-trust-and-

respect/ecumenical-considerations-for-dialogue-and-relations-with-people-of-other-religions?set_language=de (02.01.2016)
Origenes: Acht Bücher gegen Celsus (Contra Celsum), München 1926. (Bibliothek der Kirchenväter, 1. Reihe, Band 52 und 53). https://www.unifr.ch/bkv/buch46.htm (02.01.2016)
Ornish, Dean: „What's Good for You is Good for Planet." https://www.youtube.com/watch?v=lqhBLQGs1wY (10.01.2016)
Ornish, Dean: The Spectrum. A Scientifically Proven Program to Feel Better, Live Longer, Lose Weight and Gain Health, New York: 2007
Orthodoxe Perspektiven, Asyldebatte und biblische Schlachtungen, in: http://www.pro-oriente.at/?site=ps20071109140103 (10.01.2016)
Österreich hat einen Weltmeister. Österreich ist unangefochtener Weltmeister in Sachen Bio-Landwirtschaft. https://www.bmlfuw.gv.at/land/bio-lw/Bioweltmeister.html (02.01.2016)
Oxford Centre for Animal Ethics, Video Summer School 2014. http://www.oxfordanimalethics.com/what-we-do/religion-and-animals-project/ (02.01.2016)
Pachirat, Timothy: Every Twelve Minute. Industrialized Slaughter and the Politics of Sight, New Haven / London 2011
Papst Franziskus ist „PETAs Person of the Year 2015." http://www.peta.de/papst-franziskus-ist-petas-person-of-the-year-2015#.Vnaw2SbSncu (02.01.2016)
Paul VI.: Enzyklika Populorum Progressio. http://w2.vatican.va/content/paul-vi/de/encyclicals/documents/hf_p-vi_enc_26031967_populorum.html (10.01.2016)
Peters, Anne / Stucki, Stucki / Boscardin, Livia: The Animal Turn-What Is It and Why Now? *Verfassungsblog*, April 14, 2014. http://www.verfassungsblog.de/de/the-animal-turn-what-is-it-and-why-now/#.U2YIhmCKDcu. (02.01.2016)
Petrus, Klaus: Das unnötige Leid der Tiere, in: TIERethik 7/1 (2015) 123–131
Petrus, Klaus: Würde, in: Ferrari, Arianna / Petrus, Klaus (Hg.): Lexikon der Mensch-Tier-Beziehungen, Bielefeld 2015, 424–427
Pfürtner, Stephan H.: Kirche und Sexualität, Reinbek bei Hamburg 1973
Phelps, Norm: The Dominion of Love. Animal Rights in the Bible, New York 2002
Phelps, Norm: The Great Compassion. Buddhism and Animal Rights, New York 2004

Pieper, Josef: Die Aktualität der Kardinaltugenden: Klugheit, Gerechtigkeit, Tapferkeit, Maß. In: Altes Ethos – neues Tabu. Dokumentation, Köln 1974
Poier, Alf: Weil der Mensch zählt. http://www.songtexte.com/songtext/alf-poier/weil-der-mensch-zahlt-2bc2145a.html (02.01.2016)
Pöppelmann, Christa: Nomen est omen. Die bekanntesten lateinischen Zitate und Redewendungen und was dahinter steckt, München 2009
Priestland, Gerald: Coming Home. An Introduction to the Quakers, London 2004
Primatenforschung: Institut in Tübingen will Affenversuche vorerst einstellen. In: Spiegel Online – Wissenschaft. http://www.spiegel.de/wissenschaft/medizin/tuebingen-institut-will-affenversuche-vorerst-einstellen-a-1031871.html (02.01.2016)
Primatt, Humphry: The Duty of Mercy and the Sin of Cruelty to Brute Animals, hg. v. Richard D. Ryder. Fontwell, Sussex 1992 (Ersterscheinung 1776)
Raban, Jonathan: Driving Home. An American Journey, New York 2010
Rahner, Karl: Kritisches Wort. Aktuelle Probleme in Kirche und Welt, Freiburg i. Br. 1970
Ratzinger, Joseph: Gott und die Welt. Glauben und Leben in unserer Zeit. Ein Gespräch mit Peter Seewald, Stuttgart / München 2000
Regan, Tom: The Case for Animal Rights, in: Singer, Peter (Hg.): In Defense of Animals, Oxford / New York 1985. http://www.animal-rights-library.com/texts-m/regan03.htm (10.01.2016)
Regan, Tom: The Case for Animal Rights. Updated with a new Preface, Berkeley / Los Angeles 2004. (Ersterscheinung 1983)
Regenstein, Lewis G.: Replenish the Earth. A History of Organized Religion's Treatment of Animals and Nature – Including the Bible's Message of Conservation and Kindness to Animals, London 1991
Remele, Kurt: Alter Hut, alte Moral. Zur Wirkung des vorweihnachtlichen Auftritts Benedikt XVI. aus der Perspektive eines Hermelins, in: Der Standard Nr. 5158, 24.12.2005, 46
Remele, Kurt: Animal Protection and Environmentalism, in: Linzey, Andrew (Hg.): The Global Guide to Animal Protection, Urbana u. a. 2013, 68–69
Remele, Kurt: Animal Theology and Ethics, in: Runehov, Anne / Oviedo, Lluis (Hg.): Encyclopedia of Sciences and Religions, Dordrecht u. a., 102–104

Remele, Kurt: Dead as a Dodo: Vom Ende des Menschen als Krone der Schöpfung, in: Jahresbericht des Naturhistorischen Museums Wien 2013, 9–14

Remele, Kurt: Gedankenlose Völlerei. Zu den umwelt- und tierethischen Aspekten des Fleischkonsums, in: Amosinternational. Internationale Zeitschrift für christliche Sozialethik Nr. 2 (2013) 38–43

Remele, Kurt: Moralischer Konflikt, in: Ferrari, Arianna / Petrus, Klaus (Hg.): Lexikon der Mensch-Tier-Beziehungen, Bielefeld 2015, 248–251

Remele, Kurt: Tanz um das goldene Selbst? Therapiegesellschaft, Selbstverwirklichung und Gemeinwohl, Graz u. a. 2001

Remele, Kurt: Vergessene Tiere, verschwundener Metropolit. Bericht über die erste Summer School des Oxford Centre for Animal Ethics, in: AmosInternational. Internationale Zeitschrift für christliche Sozialethik Nr. 3 (2014) 35–38

Remele, Kurt: Ziviler Ungehorsam. Eine Untersuchung aus der Sicht christlicher Sozialethik, Münster 1992

Remele, Kurt: Zwischen Apathie und Mitgefühl. Religiöse Lehren aus tierethischer Perspektive, in: Interdisziplinäre Arbeitsgemeinschaft Tierethik (Hg.): Tierrechte. Eine interdisziplinäre Herausforderung, Erlangen 2007, 254–270

Renewing the Earth. An Invitation to Reflection and Action on Environment in the Light of Catholic Social Teaching. A Statement of the United States Catholic Conference. Washington, D. C. ^{4}1998. Siehe auch: http://www.usccb.org/issues-and-action/human-life-and-dignity/environment/renewing-the-earth.cfm (02.01.2016)

Rettet die Affen von Mauritius. Ärzte gegen Tierversuche e.V. http://www.aerzte-gegen-tierversuche.de/de/helfen/aktionen/1341-rettet-die-affen-von-mauritius (02.01.2016)

Rheinz, Hanna: Judentum, in: Ferrari, Arianna / Petrus, Klaus (Hg.): Lexikon der Mensch-Tier-Beziehungen, Bielefeld 2015, 187–190

Rosenberger, Michael: Der Traum vom Frieden zwischen Mensch und Tier. Eine christliche Tierethik, München 2015

Rosenberger, Michael: Im Zeichen des Lebensbaums: Ein theologisches Lexikon der christlichen Schöpfungsspiritualität. Würzburg 2001

Rotzetter, Anton: Streicheln, mästen, töten. Warum wir mit Tieren anders umgehen müssen, Freiburg i. Br. 2012

Rotzetter, Tiere – unsere Schwestern und Brüder. Die Tiere und ihre Wertschätzung nach den Schriften des Franz von Assisi, in: Ha-

gencord, Rainer (Hg.): Wenn sich Tiere in der Theologie tummeln. Ansätze einer theologischen Zoologie, Regensburg 2010, 57-74
Rowan, Andrew N.: Invertebrates and Pain, in: Bekoff, Marc (Hg.): Encyclopedia of Animal Rights and Animal Welfare. Westport, CT 1998, 266
Rowlands, Mark: Animals and Moral Motivation: A Response to Clement, in: Journal of Animal Ethics 3/1 (Spring 2013) 15-24
Rowlands, Mark: Gerechtigkeit für alle, in: Wolf, Ursula (Hg.): Texte zur Tierethik, Stuttgart 2008, 92-104
Ryder, Richard D.: Speciesism, in: Bekoff, Marc (Hg.): Encyclopedia of Animal Rights and Animal Welfare, Westport, CT 1998, 320
Salt, Henry S.: Animals' Rights: Considered in Relation to Social Progress, New York 1894. http://www.animal-rights-library.com/texts-c/salt01.htm (02.01.2016)
Saxena, Anand M.: The Vegetarian Imperative, Baltimore 2011. (Kindle E-Book)
Schillebeeckx, Edward: Menschen. Die Geschichte von Gott, Freiburg i.Br. 1990
Schockenhoff, Eberhard: Ethik des Lebens. Grundlagen und neue Herausforderungen, Freiburg i. Br. ^{2}2013
Schratter, Dagmar: Kampf gegen das Artensterben, in: Die Furche, 09.04.2014. http://www.furche.at/system/showthread.php?t=61759 (02.01.2016)
Schroer, Silvia: Du sollst dem Rind beim Dreschen das Maul nicht zubinden / Dtn 25,4, in: Hagencord, Rainer (Hg.): Wenn sich Tiere in der Theologie tummeln. Ansätze einer theologischen Zoologie, Regensburg 2010, 38-56
Schroer, Silvia: Tiere in der Bibel. Eine kulturgeschichtliche Reise, Freiburg i. Br. 2013
Schüller, Bruno: Die Begründung sittlicher Urteile. Typen ethischer Argumentation in der Moraltheologie, Düsseldorf ^{3}1987
Schüller, Bruno: Zur Begründung sittlicher Normen, in: Althaus, Heinz (Hg.): Der Mensch und sein sittlicher Auftrag, Freiburg i. Br. 1983, 73-96
Schützt die Wildtiere. Von innen nach außen mähen und ernten. Bayerischer Bauernverband u. a. http://www.jagd-bayern.de/fileadmin/_BJV/Veranstaltungen_und_News/Landesjaegertag_Bamberg/Boschuere_Schuetzt_die_Wildtiere.pdf (02.01.2016)
Schweitzer, Albert: Aus meiner Kindheit und Jugendzeit, München 2005

Schweitzer, Albert: Kultur und Ethik. Sonderausgabe mit Einschluss von Verfall und Wiederaufbau der Kultur, München 1960 (Nachdruck 1972)

Sezgin, Hilal: Artgerecht ist nur die Freiheit. Eine Ethik für Tiere oder Warum wir umdenken müssen, München ^{3}2014

Sezgin, Hilal: Hinter den Kulissen des Vorzeige-Zoos, in: Frankfurter Allgemeine Zeitung, 03.07.2014. http://www.faz.net/aktuell/feuilleton/debatten/tierrecht-debatte-hinter-den-kulissen-des-vorzeige-zoos-13023484.html?printPagedArticle=true#pageIndex_2

Singer, Peter / Mason, Jim: The Ethics of What We Eat. Why Our Food Choices Matter, Emmaus, PA 2006

Singer, Peter: Animal Liberation. Die Befreiung der Tiere, Erlangen 2015 (US-amerikanische Ersterscheinung 1975)

Singer, Peter: Reconsidering Man's Dominion. Project Syndicate, 14.07.2015. http://www.project-syndicate.org/commentary/pope-francis-encyclical-animal-welfare-by-peter-singer-2015-07 (10.01.2016).

Singer, Peter: The Expanding Circle: Ethics, Evolution, and Moral Progress. With a New Afterword by the Author, Princeton 2011

Singer, Peter: Writings on an Ethical Life, New York 2000, 68

Sommer, Volker: Tierethik. Menschenrechte für Affen, in: Geo 33. http://www.geo.de/GEO/natur/tierwelt/tierethik-menschenrechte-fuer-affen-74044.html (10.01.2016).

Sozialethische Überlegungen: Wir müssen Tiere als unsere Mitgeschöpfe wieder mehr achten. Interview mit Prof. Dr. Michael Rosenberger, in: Gottwald, Franz-Theo: Geschöpfe wie wir. Zur Verantwortung des Menschen für die Nutztiere – Kirchliche Positionen, München 2004, 63–72

Sozialhirtenbrief der katholischen Bischöfe Österreichs, 15. Mai 1990, hg. vom Sekretariat der Österreichischen Bischofskonferenz, Wien 1990

Spanish bishop reacts to law granting rights to chimps and apes. http://www.catholicnewsagency.com/news/spanish_bishop_reacts_to_law_granting_rights_to_chimps_and_apes/ (02.01.2016)

Spindelböck, Josef: Das Evangelium des Lebens. Moraltheologische Überlegungen zum 5. Gebot Gottes – eine katechetische Darlegung anhand des „Katechismus der katholischen Kirche", 5-teilige Radioserie im Juli 2002 (Radio Maria Österreich, Radio Horeb). https://stjosef.at/artikel/evangelium_des_lebens_radioserie.htm (02.01.2016)

Steindl-Rast, David: Wir sind daheim in dieser Welt. Eine Betrachtung über die Sinne als Wege zum Sinn, Videokassette (Audiovisuelle Medienstelle der Diözese Graz-Seckau), o. J.

STS-Merkblatt. Wildtiere. Rehkitzrettung. Rehkitze schützen bei der Heuernte. http://www.tierschutz.com/publikationen/wildtiere/infothek/mb_rehkitzrettung.pdf (02.01.2016)

Stürzer, Michael (Hg.): Buddhismus. Von Anfängergeist bis Zen, Berlin 2006

Taylor, Angus: Animals and Ethics. An Overview of the Philosophical Debate, Toronto ^{3}2009

Teutsch, Gotthard M.: Mensch und Tier. Lexikon der Tierschutzethik, Göttingen 1987

The Challenge of Peace: God's Promise and Our Response. The U. S. Bishops' A Pastoral Letter on War and Peace in the Nuclear Age, London 1983

The Common Good and the Catholic Church's Social Teaching. A Statement by the Catholic Bishops' Conference of England and Wales (1996). http://www.catholic-ew.org.uk/Catholic-News-Media-Library/Archive-Media-Assets/Files/CBCEW-Publications/The-Common-Good-and-the-Catholic-Church-s-Social-Teaching (02.01.2016)

The Oxford Dodo. Oxford University Museum of Natural History. http://www.oum.ox.ac.uk/learning/htmls/dodo.htm (02.01.2016)

Theologe: Die einen hätscheln wir, die anderen essen wir, in: Kathpress Nr. 288, 2. Dezember 2015, 14 – 15

Theroux, Paul: Fresh-Air Fiend. Travel Writings 1985 – 2000, London 2000

This Sunday with Prof. Andrew Linzey (1993). https://www.youtube.com/watch?v=NDsJ4TD6MAE (10.01.2016)

Thomas von Aquin: Die Summe wider die Heiden in vier Büchern. Das Drittes Buch. Zweite Hälfte. Erläuterungen von August Brunner SJ. Leipzig 1937

TIERethik. Zeitschrift zur Mensch-Tier-Beziehung. Thema Artenschutz, 7/2 (2015).

Tier-Haut-Couture: Pelze zwischen Mode und Moral, in: Die Welt, 09.01.2013. http://www.welt.de/newsticker/leute/stars/article112636901/Tier-Haut-Couture-Pelze-zwischen-Mode-und-Moral.html (02.01.2016)

Tischgebete: http://www.kath-tg.ch/tl_files/kath-tg.ch/pfarreien/tobel/kirche-tobel%E2%80%93st-johannes-taeufer-und-evangelist/Tischgebet-A4-s2_NEU-Innen_.pdf (02.01.2016)

Tutu, Desmond. Foreword: Extending Justice and Compassion, in: Linzey, Andrew (Hg.): The Global Guide to Animal Protection, Urbana 2013, o. S.
Ude, Johannes: „Du sollst nicht töten!“ Dornbirn 1948
Union Songs. Step by Step. http://unionsong.com/u030.html (02.01.2016)
Utz, Arthur F.: Der Gemeinwohlbegriff der katholischen Soziallehre und seine Anwendung auf die Bestimmung der Wohlfahrt, in: Müller, H. J. (Hg.): Wohlfahrtsökonomik und Gemeinwohl, Paderborn u. a. 1987, 83 – 117
Van de Weyer, Robert (Hg.): Letters of Pelagius, London 1995
Vatican official calls for more just relationship with animals. http://www.animalfreedom.org/english/column/vatican.html (10.01.2016)
Vidal, John: 10 ways vegetarianism can help save the planet. http://www.guardian.co.uk/lifeandstyle/2010/jul/18/vegetarianism-save-planet-environment (10.01.2016)
Vorbilder der Deutschen. Albert Schweitzer ist auch heute für sehr viele Menschen Vorbild. Allensbacher Kurzbericht, 15. Januar 2013. http://www.ifd-allensbach.de/uploads/tx_reportsndocs/PD_2013_01.pdf (10.01.2016)
Vorgrimler, Herbert: Neues Theologisches Wörterbuch. Neuausgabe, Freiburg i. Br. 2008
Walzer Michael: Lokale Kritik – globale Standards. Zwei Formen moralischer Auseinandersetzung, Hamburg 1996
Ware, Kallistos, Compassion for animals in the Orthodox Church. Vortrag im Rahmen der Annual Oxford Animal Ethics Summer School, 21. Juli 2014, St. Stephen's House, Oxford (meine Mitschrift).
Watzlawick, Paul / Weakland, John H. / Fisch, Richard: Lösungen. Zur Theorie und Praxis menschlichen Wandels, Bern u. a. ³1984
Weißgrab, Gerhard: Buddhismus im Westen. Gedanken für den Tag, 26.08.2006, Radioprogramm Ö1. http://religion.orf.at/projekt03/tvradio/ra_gedanken_tag.htm (02.01.2016)
Wetering, Janwillem van de: Der leere Spiegel. Erfahrungen in einem japanischen Zen-Kloster, Reinbek bei Hamburg 1986
WHO stuft Wurst als krebserregend ein. Warnung vor verarbeiteten Fleischprodukten. https://www.tagesschau.de/inland/who-fleisch-krebs-101.html (10.01.2016)
Wilbert, Chris. What Is Doing the Killing? Animal Attacks, Man Eaters, and Shifting Boundaries and Flows of Human-Animal Re-

lations, in: Animal Studies Group (Hg.): Killing Animals, Urbana 2006, 30-49
Wir fragen Prominente: Was essen Sie eigentlich an Weihnachten? In: Schrot und Korn Nr. 12 (Dezember 1998), 15
Witschen, Dieter: Mehr als die Pflicht. Studien zu supererogatorischen Handlungen und ethischen Idealen, Fribourg / Freiburg i. Br. 2006
Wolf, Jean-Claude: Gerechtigkeit für Tiere, in: Janowski, Bernd / Riede, Peter (Hg.): Die Zukunft der Tiere. Theologische, ethische und naturwissenschaftliche Perspektiven, Stuttgart 1999, 155-171
Wolf, Ursula / Tuider, Jens: Tierethische Positionen. Bundeszentrale für politische Bildung. http://www.bpb.de/gesellschaft/umwelt/bioethik/176364/tierethische-positionen?p=all (02.01.2016)
Zinn, Howard: A People's History of the United States, New York 1980.
Ziswiler, Vincent: Der Dodo. Fantasien und Fakten zu einem verschwundenen Vogel,. Zoologisches Museum der Universität, Zürich 1996
Zsifkovits, Valentin: Ethik des Friedens, Linz 1987
Zsifkovits, Valentin: Demokratie braucht Werte, Münster 1998
Zsifkovits, Valentin: Gemeinwohl, in: Klose, Alfred u. a. (Hg.): Katholisches Soziallexikon, Innsbruck/Graz ^{2}1980, Sp. 854-862
Zulehner, Paul M.: Verbuntung. Kirchen im weltanschaulichen Pluralismus. Religion im Leben der Menschen 1970-2010, Ostfildern 2011
Zur Verantwortung des Menschen für das Tier als Mitgeschöpf. Ein Diskussionsbeitrag des Wissenschaftlichen Beirats der Beauftragten für Umweltfragen des Rates der Evangelischen Kirche in Deutschland, hg. vom Kirchenamt der Evangelischen Kirche Deutschland, Hannover 1991 (EKD Texte 41)

Hubertus Lutterbach

Vom Jakobsweg zum Tierfriedhof

Wie Religion heute lebendig ist

gebunden mit Schutzumschlag
und Lesebändchen
336 Seiten

ISBN 978-3-7666-1862-7

Auch wenn immer mehr Menschen die Kirchen verlassen, weil deren Sinnangebote und Moralvorstellungen für sie an Plausibilität und Glaubwürdigkeit verloren haben, ist Religion im Alltag der Menschen offenbar höchst lebendig! Ob Tierfriedhöfe, Unfallkreuze am Straßenrand oder „Liebesschlösser" an Brückengeländern: Nach wie vor suchen Menschen nach Sinn – in ihrem Leben und darüber hinaus.
Anhand dieser erstaunlichen Beispiele arbeitet Hubertus Lutterbach drei Grundkriterien heraus, die all diesen Phänomenen zugrundeliegen: das Streben nach Individualität, nach Authentizität und Ganzheitlichkeit und die Skepsis gegenüber der institutionalisierten Religion.
Eine realitätsnahe Untersuchung zum Glaubensleben heute – mit übergreifenden Thesen.